U0887171

交通简史

从古道到云端的科技奇迹

刘光启　马淑连　丁曙光 / 主编
张默涵　宗含笑　张功明 / 副主编

化学工业出版社
·北京·

图书在版编目（CIP）数据

交通简史：从古道到云端的科技奇迹 / 刘光启，马淑连，丁曙光主编；张默涵，宗含笑，张功明副主编．北京：化学工业出版社，2025. 8. -- ISBN 978-7-122-48089-7

I. F511.9-49

中国国家版本馆CIP数据核字第2025R9F191号

责任编辑：隋权玲　　　　文字编辑：罗　锦
责任校对：田睿涵　　　　装帧设计：史利平

出版发行：化学工业出版社
（北京市东城区青年湖南街13号　邮政编码100011）
印　　装：大厂回族自治县聚鑫印刷有限责任公司
880mm×1230mm　1/32　印张$11^1/_2$　字数277千字
2026年1月北京第1版第1次印刷

购书咨询：010-64518888
售后服务：010-64518899
网　　址：http://www.cip.com.cn
凡购买本书，如有缺损质量问题，本社销售中心负责调换。

定　　价：68.00元

版权所有　违者必究

前言

交通是日常生活和工作中不可或缺的一部分，涵盖了各种出行方式、相关设施以及管理服务。

回溯到远古时期，交通的概念尚未形成。随着社会分工的逐步发展和人类文明的演进，交通体系逐步建立，最终成为人类文明的重要组成部分。科技的不断进步和人们日益增长的出行需求，促使交通工具和出行方式不断丰富，我们的生活也因此变得更加便捷。

如今，陆地上的自行车、汽车、火车和高铁，水面上的船只，空中的飞机，不同程度地扩大了我们的活动范围，缩短了各地来往的交通时间，也加速了信息交流和文化传播。而更令人振奋的是，火箭和宇宙飞船的出现，将让人类探索太空的梦想变为现实，未来或许我们真的可以像现在出门旅游一样，轻松地往返于地球和外太空之间。

纵观交通发展的历史，我们会发现它的发展速度也令人惊叹！从1769年第一辆蒸汽动力三轮牵引车问世，到1921年无人驾驶汽车试验的成功，仅用了152年；航空的发展也同样迅猛，从1903年莱特兄弟首次飞行到1969年阿姆斯特朗登月，仅仅用了66年。但是你知道吗？人类在探索交通技术的道路上，前后却经历了几千年的漫长岁月。

那么，这些交通工具是如何一步步演变成如今的样子的呢？它们的背后又有哪些动人的故事呢？本书根据交通工具及其依托的载体，分为陆上交通、水上交通、空中交通三篇分别进行详细叙述。

本书由刘光启、马淑连、丁曙光担任主编，张默涵、宗含笑、张功明担任副主编，马桂山、崔明波、于建勇、刘增平等参与了编写，杨燕担任主审。在编写过程中，我们得到了丁虹光、高原等专家的悉心指导和无私帮助，同时也参考了大量宝贵的文献资料。在此，向所有提供帮助和指导的专家、学者以及文献资料的作者表示衷心的感谢。

由于本书是一部跨学科的综合性作品，受限于作者的知识水平和经验，难免存在不足之处，恳请广大读者批评指正，以便我们不断改进和完善。

编者

目录

微信扫码
• AI交通专家
• AI科普课堂

陆上篇

越走越快的车具

远古时代，生产效率低下，人类活动范围有限，尚未形成系统的交通工具。随着农牧业的发展，人们逐渐掌握了橇、滚木搬运等技术，并发明了早期的人力车辆（如独轮车）……

随着科技和生产力的不断进步，陆上交通不断发展演进，发展到现代，各种陆上交通工具百花齐放：

自行车自19世纪诞生以来，始终是绿色出行与健身的重要选择；汽车作为普及性极高的交通工具，兼具机动灵活与舒适便捷特性，广泛服务于城乡交通；火车凭借大运量、低能耗的优势，成为长途客运与大宗货物运输的骨干力量；摩托车以经济性与机动性见长，尤其适应短途通勤及偏远地区出行的需求；城市轨道交通通过高密度发车、智能调度及清洁能源应用，有效缓解了大中城市的出行压力……这些交通工具协同作用，显著提升了社会运转效率，驱动经济发展，改善民生福祉……

展望未来，智能化（如自动驾驶）、绿色化（如氢能源驱动）与共享化将成为陆上交通革新的方向，未来我们将拥有更安全、低碳、高效的移动交通体系。

第一章　从零起步的原始交通

微信扫码
• AI交通专家
• AI科普课堂

一、行走是唯一的方式

在旧石器时代，人类各自活动的范围很小，生产效率也极低，当时并没有像现代这样众多的交通工具。如果非要说那时的“交通”方式，那么人的双腿行走便是最主要的形式（图1-1左）。至于载物，人们主要依靠手拖、肩挑、背扛等方式（图1-1右）。一代又一代的人用自己的双脚徒步丈量大地，而正常行走的速度，一般为每小时3 ～ 5千米。

图1-1　远古时代人类的“交通”方式

二、前进一步用拉橇

当人类进入新石器时代后，随着狩猎采集量的增加和原始农业的出现，肩挑背扛等体力运输方式的弊端显现出来：运输能力非常有限，难以满足运力需求。那么，人们是如何搬运重物、提升运力的呢？人们一开始尝试使用绳子拖拉，或者将粗树干和藤蔓捆绑在一起，制成简易的拖板，将重物放在上面，由人拖着走。这种方法虽然简陋，但已经是很大的进步。后来，人们不断对拖板进行改良，在树干上打孔、开槽，并安装上木板，制作出了更加稳固和耐用的交通工具，后人称之为“橇”（图1-2）。它与一个没有轮子的拖车相似，虽然使用起来仍然费力，但已经能够较好地解决搬运重物的问题。

到了公元前8000年左右，随着牛、驴等动物的驯化，人类开始利用畜力运输。考古发现，公元前3500年的两河流域已经有了牛拉橇；在青铜时代（公元前1500年左右），北欧地区的人们已经用驯鹿来拉雪橇了（图1-3）。这些动物交通工具的出现，极大地提高了人们的搬运效率和生产力。后来，随着轮式交通工具的发展和普及，拉橇逐渐被边缘化了，但雪橇在北极圈内仍是因纽特人等原住民冬季的重要交通工具，2021年格陵兰岛仍有83%的村落依赖狗拉雪橇进行日常物资运输，除此之外，拉橇多在一些旅游项目、极地探险或特定文化活动中使用。

图1-2 橇

图1-3 驯鹿拉雪橇

三、使用省力的滚木

新石器时代中后期，随着农业革命带来的生产剩余和部落贸易的发展，大宗物资运输的需求日益增多。我们的先民在实践中发现，将重物放置在连续滚动的圆木上移动时，所需的牵引力比直接拖拽所需的力要小得多。由此，他们想出了一个巧妙的搬运方法——轨木运输法（图1-4）：在重物的移动路径上，铺设一些平行的圆木作为轨道，然后将重物放置在圆木上，再通过人力、畜力等推动或拉动重物，使其沿着圆木轨道前进。这种运输方法巧妙地利用了滚动摩擦小于滑动摩擦的原理，极大地节省了人力，不仅提高了搬运效率，更为后来车轮的发明奠定了坚实的基础。

现在的大型运输机货舱地板上配备的滑轨系统（图1-5），可以被视为古代滚木运输方式的一种高级发展和现代应用。

图1-4 “轨木运输法”模拟图

图1-5 运输机货舱地板上的滑轨系统

【知识链接】滚木运输法在人民英雄纪念碑建造中的应用

滚木运输法虽然在技术层面相对落后，但在某些特定场合下，仍然发挥着不可替代的作用。以我国修建人民英雄纪念碑为例，碑身所用的花岗岩石料采自青岛浮山大金顶山，开采时重量达300多吨。经过数次加工，这块石料被瘦身成103吨。

在将这块石料从浮山石料场运往青岛大港货运站的过程中，面临着长约15千米的运输距离。考虑到修建临时铁路的成本高昂（经测算，修造路基就要花费21万元），工作人员最终决定采用古代滚木运输法的现代变体进行运输。此时，滚木已经升级为无缝钢管，人力拉拽也被三台大马力拖拉机所取代（图1-6）。

鉴于这块“中华第一碑”的重大意义，它不仅仅是一块普通的花岗岩石料，更是凝聚了中华民族的精神追求和集体记忆的宝贵财富。因此，在约15千米的运输路程中，运送人员悉心呵护，全程陪伴，历经34天才将石料安全送达目的地。由于当时铁道部还没有合适的重载车辆，为了满足运输需求，工作人员又特地从东北沈阳铁路局调来载重100吨的车皮。然而，即便如此，仍需对石料进行进一步的瘦身处理，使其重量减少到94吨，才能勉强装上开往北京的专列。

我国建筑学家梁思成先生曾对这块碑心石的巨大尺寸表示感慨，他指出："我查阅了中外建筑史料，像这么重又这样长的石料，在中国建筑史上堪称第一。"因此，这次运输也成为了近代运输史上运用传统方法的经典案例。

图1-6 用拖拉机和无缝钢管运输"中华第一碑"坯石

第二章 轿子和家畜充当出行工具

微信扫码
• AI交通专家
• AI科普课堂

一、富有仪式感的轿子

轿子的原始雏形最早可以追溯到商周时期，后来逐渐演变成我国特有的一种人力交通工具，在我国大约有4000年的历史，承载着浓厚的文化气息。《尚书 · 益稷》中说，大禹治水的时候“予乘四载”，即“水行乘舟，陆行乘车，泥行乘橇，山行乘檋（léi）”，这里的“檋”就是轿子的原始雏形。

图2-1　起初的轿子

起初的轿子，结构很简单，只是把两个杆子绑在一个类似于木椅的载具上，完全没有遮蔽物覆盖（图2-1），样子很像现在登山时常见的“滑竿”。

在封建社会，尤其是明清时期，轿子是皇族成员与文武官员的重要代步工具，其形制、颜色和轿夫人数都有严格规定。皇帝、贵妃乘用金顶轿，一般要用16个轿夫；亲王、郡王、一品大臣用银顶轿，一般用8个轿夫；一品以下官员用淡银、光锡顶轿，一般用4个或2个轿夫，武官则一般骑马或者乘坐用马拉的轿子。

到了宋朝，轿子（当时常称“肩舆”）在城市中开始为富户所用。在我国十大传世名画之一的《清明上河图》中，就能看到当时轿子的形象。以后慢慢地，这种交通工具得到普及，一般老百姓家闺女出嫁也开始用轿子了，民间流传的歌曲《大花轿》一直受到大众的喜爱。关于轿子的诗歌也不在少数，如《奶奶的大花轿》等。在当代，偶尔仍有青年结婚时举行中式婚礼，用花轿迎亲。

图2-2　欧洲曾流行过的轿子

大约在16到17世纪，通过东西方贸易和文化交流，轿子被引入欧洲，并在一些地方流行起来（图2-2）。16到17世纪，在意大利的一些城市里，已经有了轿子出租业务，英国的亨利八世（1509年至1547年在位）就喜欢坐轿子出行。

二、追风逐日似的骑马

在大型驯化动物中，马以其出色的速度、力量和耐力著称，有人称它为“飞奔的天使”。因此，它成了人类在机械时代之前用得最多且最广泛的交通工具之一。1954年，我国有一部电影《山间铃响马帮来》，就以一群商人组成“马帮”搞贸易为背景（图2-3）。在枪支问世之前，骑兵是最令人敬佩的勇士，其骑行速度每小时最快可达60千米，与近代的绿皮火车差不多了。在电信诞生之前，通信兵骑马送情报是家常便饭。追风逐日的马为当时社会的发展立下了汗马功劳。

图2-3 从事贸易的马帮

当然，除了马之外，还有很多其他动物也被用作交通运力，例如牛和骡子等。南京就为骡车发过行车执照，很多省份也都有兽力车行车执照（图2-4），说明这些动物在当时的交通运输中发挥了重要作用。

图2-4 曾经的兽力车行车执照

古代的交通工具，主要有牛车、马车、驴（骡）车、轿子和车船等。有人统计过，《清明上河图》中绘有驮运货物的驴49头、马21匹、牛13头；此外还有轿子8顶、舟船28艘。虽然这些数字代表不了北宋整体的交通状况，但是却从侧面说明了这些交通工具在当时都城汴京的应用。

三、陆上丝绸之路和沙漠之舟

我国是世界上最早饲养家蚕和制造丝帛的国家。早在商周时期，我国的丝织品和茶叶、漆器、玉器等，就吸引了西北部的游牧民族，并通过他们传向了中亚乃至欧洲；而西域的苜蓿、葡萄、核桃、石榴、芝麻、蚕豆、黄瓜、大蒜、胡萝卜等作物和各种毛织品、毛皮、良马、骆驼，以及西方的音乐、舞蹈、绘画、雕塑等也传入我国，对我国古代文化艺术产生了积极的影响。

作为一条官方开辟的东西方交流大动脉，陆上丝绸之路起源于西汉时期，当时的汉武帝两次派张骞出使西域，开辟了以首都长安（今西安）为起点，经河西走廊、西域各国，进而穿越中亚、西亚，最终到达地中海沿岸的罗马帝国及其周边地区的陆上交通网络。

第一次出使西域是在公元前138年，郎中（官职名）张骞奉汉武帝之命，率领100多名随行人员，历经艰辛，最终在公元前126年返回长安，往返共历时13年。再次出使西域是公元前119年，当时已被封为“博望侯”的张骞被委派为持节使臣，率使团300多人，包括武士、翻译、军官、马夫和商人等，携带了大量的礼品以及装备和口粮等必要物资。张骞的两次出使，使汉朝和西域各国建立了友好交往的关系。

虽然笔者没有查到张骞当年两次出使西域时乘用的是什么交通工具，但是可以想象，要经过河西走廊和新疆天山南北及蒙古草原等地，驮马必然是丝绸之路沿线上的主要运输工具之一；要经过新疆南部塔里木盆地有“死亡之海”之称的塔克拉玛干沙漠，有“沙漠之舟”之称的骆驼也是必不可少的。此外，牛车、马车和一些常用车辆也是出使西域时必备的交通工具（图2-5）。

图2-5　古丝绸之路上的骆驼和马

第三章　蒸汽机出世前的交通工具

微信扫码
• AI交通专家
• AI科普课堂

光阴荏苒，岁月悠悠。随着时代的发展和生产力的进步，人类靠拉橇、滚木和畜力越来越难以满足生活和生产发展的需要，车轮技术在生产活动的过程中萌芽并日趋成熟，于是人力车和畜力车应运而生，成了蒸汽机发明前主要的交通工具。

一、车轮的发明

《周礼·考工记》中说："车自轮始。"所以，车子离不开轮子。古老的马车要有车轮，后来的自行车要有车轮，现代的汽车、火车和飞机等同样也要有车轮，否则便是空中楼阁。车轮将物体运动时产生的"滑动摩擦力"，转化成了数值比其小很多的"滚动摩擦力"，促进了人类生产力的一次解放，所以说车轮是人类历史上最伟大的发明之一。

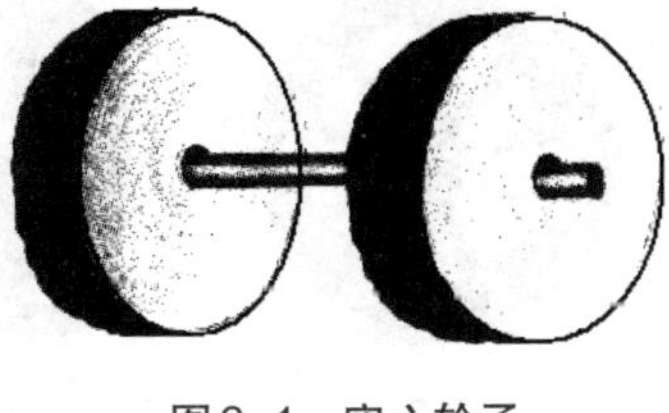

图3-1　实心轮子

轮子是在车辆行驶过程中承受重载的零件。早在5500多年前的美索不达米亚地区，人们就在滚木的基础上创造出了实心轮子（图3-1）：他们将两块或三块厚木板拼接并固定成圆盘状，再在中心安装轴套，穿上一根轴。后来，这种轮子的制作方法相继传到世界各地。

我国最早的车轮同样是由整木或木板拼接而成的实心轮，之后逐渐发展成有辐条的轮子。从河南安阳孝民屯、大司空村等处发掘的车马坑看，有辐条的轮子至迟在商代晚期就已出现。

在伊朗国家博物馆里，收藏着一件出土自伊朗帝王谷的青铜车轮，它足足有4000多年的历史，是迄今为止发现的人类最古老的车轮实物之一。

车轮看似结构简单，实际上却是一项了不起的发明。没有那时发明的轮子便没有后来的车子，甚至也就没有今天发达的社会。追溯过往，人类发现可以采用滚动的方式前进，是一个了不起的创造。但是最先发明轮子的那个人是谁，又是谁第一个造出了带轮子的车辆，已经无从考证，也不再重要了。

当然车轮的发展演变也经过了漫长的时间，为了减轻实心车轮的重量和提高其性能，人们不断地进行改进，先是制成带木质辐条的轮子，铁器时代为了增加其耐磨性能，在轮子周围包上了铁皮，再逐步

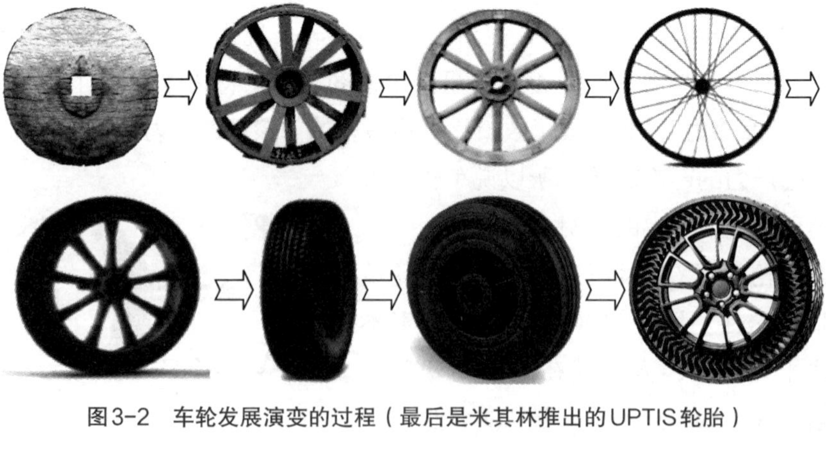

图3-2　车轮发展演变的过程（最后是米其林推出的UPTIS轮胎）

地发展为金属辐条轮子、实心橡胶轮子和充气的橡胶轮子（图3-2）。

未来的汽车轮胎将如何进化？ 2024年上海进博会上，世界著名的法国轮胎企业米其林推出的UPTIS轮胎，通过突破性的结构设计，消除了轮胎漏气和爆胎的风险，具有免充气、防刺扎的特点；其另一款3D打印的有机概念轮胎VISION，不但免充气，而且可降解、可互联，既是轮毂又是轮胎，它们将爆胎的危险变成历史。

蒸汽机发明前的车子，有人力车和畜力车两种。前者有独轮车、两轮车和三轮车；而畜力车中只有两轮车和四轮车。无论什么类型的车子，它们的基本要件都是车架、轮子和轴。

据考证，轮子问世之后，首先是用在制作陶器上，至于转化应用到车辆上，那是其后很长一段时间的事。真可谓“他山之石，可以攻玉”。

【知识链接】陶拉坯转盘催生轮子的问世

我国有着极其悠久的制陶历史，是世界陶器起源地之一。可很少有人知道，车轮的发明原理与制作陶器所用的拉坯转盘（陶轮）有共通之处。

所谓拉坯法制陶器，就是将坯料放在一个可以旋转的盘轮上，利用盘轮快速转动时产生的离心力和制陶者双手向上的提拉力，使坯料形成回转体坯胎（图3-3），再行烧制。

图3-3　拉坯法制陶器

原始社会制陶初期，人们是用普通的湿泥涂抹在用藤竹编织的器物上，或搓捏成泥条盘筑成型，再将其内外拍打光洁平整，操作时人要随着坯件转动，十分辛苦，质量也得不到保证。后来人们想到把坯件放在一个有轴的转盘上，以便人坐着工作。杭州跨湖桥文化遗址中，就有这种木质陶轮底座，它是个圆饼形（或圆台形）的木构件，上台面中心位置有一个凸起小圆柱，用作转盘的轴（图3-4）。转盘置于这个轴上可以旋转自如，有点像现在的轴承。不过，限于当时的技术水平，轮盘与底座接触面积大，轮轴与圆孔粗糙，摩擦力较大，转速很慢。到了龙山文化时期，制陶技术得到进一步改进，减少了轮盘与底座的接触面积，轮轴与圆孔也更加光滑，操作者只要用脚踩踏板，便可通过绳索和曲柄带动轮盘快速旋转。再后来演变为辘轳车，慢慢发展到近代用马达带动的转车。

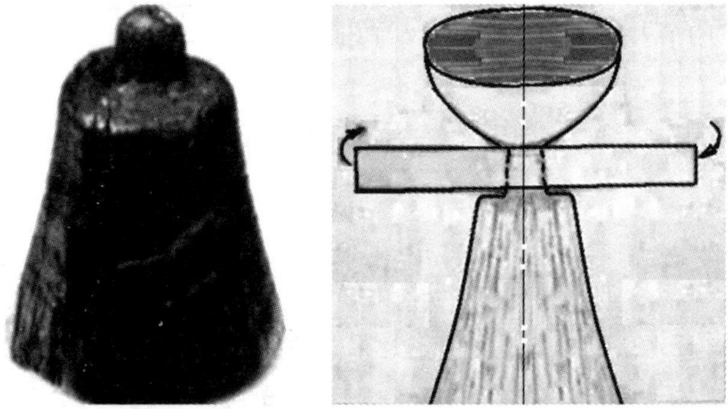

图3-4　跨湖桥文化遗址中的木质陶轮底座及其简图

二、特立独行的独轮车

车子在道路上行走，自然与路况密不可分。鲁迅说过：“世界上本没有路，走的人多了，也便成了路。”不过单靠人走出来的路，必然很窄，所以那时是独轮车称霸的时代。

· 用途广泛的独轮车

独轮车的创始年代，至少可以追溯到西汉时期，史书上称其为“鹿车”。东汉许慎所著的《说文解字》中，有个“鹿”字，指的就是独轮车，它是我国古代劳动人民发明的一种既经济又实用的交通运输工具。

独轮车主要有平板独轮车（图3-5）和带护栏的独轮车（图3-6）两种。平板车略小，因车轮在平板之下，载货后重心高，故载货不多；而带护栏的独轮车，因重心低，易于操作，故载货量大（也可以一边载货，一边坐人）。

图3-5 平板独轮车

图3-6 带护栏的独轮车

这种独轮车在不同地区有不同的俗称。由于其“身材”较小，在北方俗称“小车”；因其行驶时车轮轴和车体产生摩擦，发出“叽嘎叽嘎”的响声，故在西南地区俗称“鸡公车”；又因它前头尖，后头两个推把形似羊角，故在江南地区俗称“羊角车”。

独轮车因制造成本低，又能适应狭窄的路面，故2000多年间一直在我国用于短途运输。在近代交通运输工具普及之前，它是一种既经济实用，又覆盖面广泛的交通工具，是交通运输史上一项十分重要的发明。20世纪中叶以前的农村，无论是在弯曲的田埂上，还是在宽阔的公路上，到处可见它的身影。送粪、收获庄稼、办喜事接送客人（图3-7）、送公

图3-7 接送客人途中的独轮车

粮（图3-8）、兴修水利（图3-9）等，独轮车无处不在，成为乡间一道靓丽的风景线。为此，现代诗人艾青在1938年，还专门为其创作了一首新诗《手推车》。

图3-8　送公粮途中的独轮车

图3-9　兴修水利时的独轮车

在1948年11月至1949年1月的淮海战役中，独轮车的作用更是发挥得淋漓尽致，当时上百万名支前民工上前线用独轮车运送补给，为解放军赢得战争的胜利立下了汗马功劳。陈毅元帅曾经说：“淮海战役的胜利，是人民群众用小车推出来的！”其中的“小车”指的就是这种手推独轮车。

1949年后，独轮车在兴修水利和一些工程的兴建中，同样也发挥了重要作用。

·诸葛亮造木牛流马

独轮车经过诸葛亮改进后曾经应用于军事运输。小说《三国演义》第一百零二回中，有诸葛亮造木牛流马车（图3-10）的故事。“每牛载十人所食一月之粮，人不大劳，牛不饮食。”《三国志·诸葛亮传》中也有记载：“（建兴）九年，亮复出祁山，以木牛运，粮尽退军”，“十二年春，亮悉大众由斜谷出，以流马运，据武功五丈原，与司马宣王对于渭南”。可见，在蜀地山区的羊肠小道上，解决了几十万军队所需粮草的运输问题，木牛流马功不可没。不过由于木牛车和流马车的制作成本较高，且维护复杂，后来被人们弃用。

图3-10 木牛流马车和它在电影中的镜头

·曾传入欧洲，今改朝换代

独轮车在明末清初传到欧洲后，引起了巨大反响。中世纪艺术历史学家安德里亚·玛提耶的资料显示，欧洲1222年就有关于独轮车的记载，他称曾从中国购买过几辆独轮车，用于英国国王的多佛工程；后来独轮车广泛运用于建筑、采矿工程及农业等各个领域。

当今的偏远山区，独轮车仍依稀可见，剩下的只有收藏在各地博物馆中的了。不过，在现代的城市中，多种新型独轮车又出现在人们的休闲娱乐活动中。有一种电动平衡车，能够利用车体内部的陀螺仪和加速度传感器，来检测车体姿态的变化，并利用伺服控制系统精确地驱动电机进行相应的调整，以保持人和车系统的平衡。这种新型独轮车，不失为现代人代步、休闲娱乐的一种新型的绿色环保工具（图3-11）。

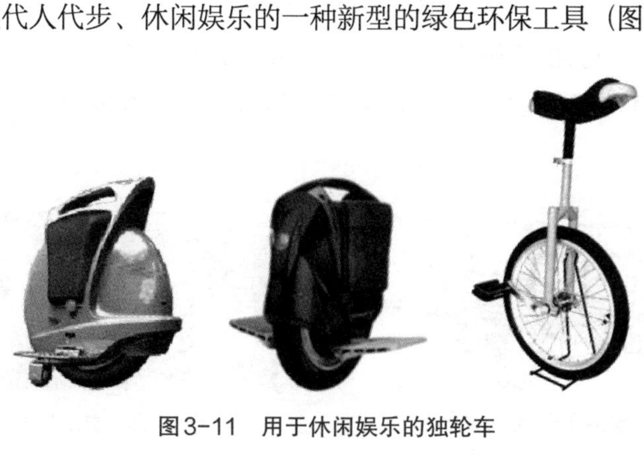

图3-11 用于休闲娱乐的独轮车

此外，现在偶尔还可见一些外形奇葩、设计独特的独轮车，它们多用于杂技表演或特定场合（图3-12），为观众带来新奇的视觉体验。

图3-12　用于表演的独轮车

三、并驾齐驱的两轮车

因生产生活的需要和路面的拓宽，在独轮车之后逐渐发展出了两轮车。

两轮车有两个轮子，按拉车动力分，有人力和畜力两种；按车轮布置形式分，有左右两轮并列和前后两轮串接两种。不过，人们通常把前者称为两轮车，而把后者称为自行车（本书将在“经济实惠的自行车”一章中单独叙述）。

·国内外都有两轮车

两轮车有用于载货（地排车，图3-13）和载人（人力车，图3-14）两种基本形式，前者多用于农村载货（马拉车居多），后者则多见于城市。

图3-13　载货两轮车

图3-14　载人两轮车

据说1874年，一个在上海的传教士将一种人力拖拉的两轮载客工具引入我国，很快风靡各地。为引人注目，招徕生意，有的车身涂上黄漆，故又名黄包车。老舍先生的《骆驼祥子》里就有这种车子的记载。后来出现的人力三轮黄包车同样发挥了相同的作用。载货的畜力两轮车，现在农村仍有少量在使用。

用动物拉的两轮车，以马车为最多，因为马跑得快，也容易驯养。在我国，马车的使用历史至少有3000年，除了在牧区和军队中大量使用外，马车也是王公贵族出行的重要工具（图3-15），同时也用于民间货运和客运。19世纪50年代，马车是上海租界中少数外侨的代步工具；到70年代初，马车数量增多，租界内出现了出租马车行。后来随着黄包车行、电车、公共汽车、出租汽车等的兴起，马车业才逐渐衰落。不过我国幅员辽阔，各地因地制宜，也有用牛、驴、大象甚至骆驼拉车的。明朝时期，仪象的使用更加广泛和频繁，《明史》卷六四《仪卫志》记载，皇帝仪仗“虎豹各二，驯象六，分左右”。显然，由它担当仪仗兵的皇家卫队，为皇帝出行带来了最高规格的隆重与威严。

图3-15　王公贵族出门乘坐的畜力两轮车

·安车

我国商代已有辅设车厢和辐条车轮的马车，并不断发展。可是从古代直到中华人民共和国成立前，一般人能坐上独轮车就算是不错的了，而古代的高级官员及贵妇人则可乘用一种马拉带车厢的两轮车——安车。《礼记·曲礼上》记载："大夫七十而致事……适四方，乘安车。"安车多用一马，特别尊贵的达官贵人则配四马，所以还衍生了"高车驷马"这个成语。

汉代交通发达，路况良好。在河北满城中山靖王刘胜墓中，发现的车辆中，有一辆就是装饰精美的汉代的安车，车轮为朱红色，车盖为青黑色，金属器件涂金。这是一辆色彩鲜艳、用金器包裹装饰的马车，给我们展现了2000多年前，汉代诸侯王乘坐"安车"出行的盛况（图3-16）。

图3-16　古代高级官员乘用的安车和出行场景

· 整体青铜铸造彩绘铜车

令人惊奇的是，1978年6月，秦兵马俑考古队，发现了深埋于地下7.8米深的一个长方形的秦始皇陪葬坑中，竟有一前一后排列放置的两乘彩绘铜车——立车和安车，以及八匹铜马和两个铜驭手。2200多年前的文物，经过专家们近8年的修复，终于成功恢复了它们的原貌，使其气宇轩昂的风采得以再现（图3-17）。其中一辆全长3.28米，高1.04米，总重1800千克，整体用青铜铸造，共有3462个零件，包

图3-17 秦始皇陪葬坑中出土的青铜铸造彩绘铜车

括金制零件737个，银制零件983个，足以说明当时我国冶金技术水平的高超。这成为我国迄今发现的体型最大、结构最复杂的古代铜车马，被誉为“青铜之冠”。公元13世纪左右，我国精湛的马车制造技术通过丝绸之路传到了欧洲。

· 我国古代科技史上的两朵奇葩

两轮车不仅可用于载人和载物，还可用于科学计量，指示人们行进的方向和记录行程的长短。

记里鼓车，相当于现在的计程车。一辆车子，上面设两个木人及一鼓一钟。车每行一里路，击鼓木人便击一次鼓；车每行十里路时，敲钟木人便敲一次钟。记里鼓车在刘歆撰写的《西京杂记》中就有记载，后来东汉的科学家张衡和三国时代的马钧等均对它做过研制和改进。

无独有偶，两轮车在科学上应用的还有指南车，其功能类似于现代的导航系统“北斗”，据传由轩辕黄帝发明。当时黄帝大战蚩尤，蚩尤施放大雾试图让黄帝的军队迷失方向，于是黄帝制造出了指南车，从而赢得胜利。这种车的特征是在一辆车上立一木人，一只手臂平伸向前。行车前将手臂指向调整为南向后，途中无论车子怎样改变方向，木人的手臂指向始终不变，借以清晰地辨别方向。英国著名科学史家李约瑟博士，曾对我国的指南车给予过很高的评价，称之为“人类历史上迈向控制论机器的第一步”。

我国著名科技史学家王振铎，依据多年研究成果和文献记载，于1937年复原制作了记里鼓车和指南车的模型（图3-18）。

图3-18　记里鼓车和指南车模型

综上所述，在机动车出现以前的几千年中，两轮车一直处于很重要的地位。

四、三足鼎立的三轮车

三轮车有前后两组轮子，单个的前轮可以转向，两个后轮则承载大部分客货重量。人力三轮车（图3-19）靠人踩脚蹬，再通过链条带动后部的两个车轮转动；机动三轮车（图3-20）则用发动机或电机代

图3-19　人力三轮车

图3-20　机动三轮车

替人力，分为一般档次和高档次等不同类型。现在奔跑在城市大街小巷的快递车，几乎都是一般档次的机动三轮车。

现代的三轮车轮子尺寸都是一样大小的，可是在发展的过程中，也出现过前轮大后轮小和前轮小后轮大两种奇特的形式。图3-21是1895年侦探小说家柯南·道尔和他的妻子一起骑的小轮在后的三轮自行车；图3-22是一种单人骑的前轮小后轮大的三轮自行车。由于三个轮子更加稳定，所以三轮车曾一度流行。

图3-21　小轮在后的三轮自行车

图3-22　小轮在前的三轮自行车

五、四平八稳的四轮车

·历史极为久远

四轮车一般指用畜力（牛、马、驴等）牵引的车辆。这种车比人力车载重大，速度快，行程远，曾对人类社会的发展起到了很好的促进作用。我国有个成语“一言既出，驷马难追”，这里的“驷马”，就是指用四匹马拉的车子，在古今中外都广泛流行。

《左传》和《荀子》中记载，我国的第一辆马车，出现在公元前2250年左右，由曾做过夏王朝“车正”（车辆总管）的奚仲制造。东汉《说文解字》中载："车，舆轮之总名，夏后时奚仲所造。"后人为了纪念和祭奠奚仲，在他的故乡今山东省枣庄市薛城区（古称奚邑的地方）修建了奚公祠。

最初的马拉客车，只不过是将一个有窗的箱子，用皮带绑在无弹簧板的车架上，乘客需要忍受剧烈的震动。从公元前700多年一直到19世纪汽车诞生之前，马拉客车一直是城市交通的主要工具。后来经过不断改进，到17、18世纪才出现不但乘坐舒适，而且外形美观华贵的载人四轮马车（图3-23）。这种载人四轮马车后来传入我国，在许多城市也曾十分流行。

图3-23　国外华丽的载人四轮马车

拉货的马车也有四个轮子，一般配置一匹至数匹马，上部有货箱。现在我们能够看到的最原始的马车实物，大概只有从罗马尼亚中部特兰西瓦尼亚煤矿遗址中挖掘出来的马拉矿车了（图3-24）。

蒸汽机械发展起来之前，在刚开始向工业化转型的英国，马车曾经发挥过巨大作用，煤矿工人挖出来的煤和铁矿石，大部分通过马拉列车运往各地（图3-25）。

不过，早先这些车的轮子都是木质的，不但易磨损，而且震动大。1493—1496年，探险家哥伦布第二次探索新大陆，到达西印度群岛中的海地岛时，发现了当地小孩所玩的橡胶硬块，便将其带回国。若干年以后，橡胶得到了广泛的应用，车轮也逐渐由木质改成

图3-24 罗马古代的马拉矿车

图3-25 英国古代马拉矿石列车

了硬橡胶。但由于这种橡胶轮胎还是实心的，行走性能还很不理想。1845年，苏格兰的土木技师汤姆生发明了充气轮胎，还以“马车和其他车辆的车轮改良”获得了英国政府的专利，1847年《科学·美国人》杂志介绍了这个充气轮胎，称其为划时代的改良，但可惜在当时没有实用化。

·轮车在战争中的应用

穿越历史，我们还可以看到战争与交通相互依存和促进的一面。我国众多博物馆里就收藏有复原后的几种车具，如攻城用的云梯车（图3-26）、投石车（图3-27）、箭车（图3-28），守城用的刀车（图3-29）、壕沟车（图3-30），还有攻守兼备的撞车（图3-31）等等，不一而足。

图3-26 云梯车

图3-27 投石车

图3-28 箭车

图3-29　刀车

图3-30　壕沟车

图3-31　撞车

第四章　经济实惠的自行车

微信扫码
• AI交通专家
• AI科普课堂

自行车又称单车或脚踏车，是两轮车的一种。不过，与前面讲的两轮并列的车子不同，它的两个轮子是前后布置的，20世纪50年代后的几十年，自行车差不多成了我国家家必备的物件，所以我国曾有“自行车王国”之称。现在越来越多的人则将自行车作为健身器材，用它来骑行锻炼和郊游。1896年，自行车被列入奥运会正式比赛项目，设有场地自行车、公路自行车、山地自行车、小轮车4个分项。

这种交通工具，从无到有，从有到定型，从粗糙简陋到精致炫酷，其间不知道进行了多少次革新。那么，自行车是谁发明的，又是如何一步步革新的呢?

一、达·芬奇的手画自行车

众所周知，达 · 芬奇是意大利文艺复兴时期的一个画家，世界著名的油画《蒙娜丽莎》和《最后的晚餐》就出自他之手。他的博学多才令人咋舌，除了油画之外，达 · 芬奇在音乐、建筑、数学、解剖学、天文学、气象学、地质学、地理学、物理学、光学、力学、土木工程等几十个领域都有卓越的成就。

半个多世纪以前，负责修复达·芬奇手稿的意大利修道士发现了一张自行车草图。这张模糊不清的草图传说是达·芬奇在1493年画出来的。

2003年10月16日，由意大利驻华使馆、天津达·芬奇科学与艺术研究会和北京自然博物馆联合主办的“达·芬奇科学与艺术展”，在北京自然博物馆开展，展出数十幅复制绘画作品和仿真发明模型，再现了达·芬奇这位文艺复兴时期科学家的巨大魅力。他在自然科学方面的成就与绘画相比有过之而无不及。比如我们今天广泛使用的自行车、桥梁、飞机甚至潜艇都和他有着密切的关系，他的奇思妙想在此次展览中可谓管中窥豹、可见一斑。

这次展会上展出的，根据那张构思草图制作的自行车（图4-1）是木制的，前有车把，后有车座，底下有链条，车架、车轮（那时车胎尚未问世）、辐条、脚蹬、链条、链轮等所有关键构件一应俱全。不过，由于他只是在纸上画了一个草图，没有申报专利，所以不能取得发明权。

图4-1　达·芬奇和他的自行车（模拟品）

二、自行车是中国人发明的

我国地域辽阔，交通是刚需。明末清初《虞初新志·黄履庄小传》记载：康熙年间（1662—1722），我国的黄履庄（1656—？）就

图 4-2　黄履庄发明的自行车

制造出了自行车（图4-2）。他自幼聪明，读书过目不忘，喜欢发明创造，尤爱技巧工艺。该书载：“犹记其（黄履庄）作双轮小车一辆，长三尺许，约可坐一人，不烦推挽能自行。行住，以手挽轴旁曲拐，则复行如初。随住随挽，日足行八十里。”算起来这要比法国人西弗拉克制造的木制自行车早约100年。可惜的是黄履庄自行车没有得以完善和发扬光大。

【知识链接】有“东方达·芬奇”之称的黄履庄

黄履庄，广陵（现在的扬州）人。清初制器工艺家、物理学家，博学多才，他的发明创造有很多，如诸镜（光学仪器）、玩器（玩具）、水法（水车、喷泉等）、验器（测量仪表）和造器之器（制造工具）等。他发明的“瑞光镜”可起到探照灯的作用；其发明的“真画”、人物马兽，能自动，与真无二。此外，他还创造了“自动戏”“自行驱暑扇”“验冷热器”和“验燥湿器”（温度计）等，皆构思巧妙，令人惊叹不已，并著有《奇器图略》一书。这位杰出的天才发明家，有“东方达·芬奇”的美誉。

三、两脚蹬地驱动的木马轮

大约在黄履庄发明自行车以后100年，爱动脑筋的法国人西弗拉克伯爵，发明了木制自行车“木马轮”（图4-3）。起因是有一天，西弗拉克行走在巴黎的一条非常拥挤而又积了许多雨水的街道上，被一辆行驶的马车溅了一身泥水。于是他想：是否可以把四个车轮的马车改变成前后两个车轮以适应狭窄的路面呢？经过反复试验，他终于在1791年造出了第一架代步的“木马轮”。不过它的结构比较简单，既没有驱动装置，也没有转向装置，骑车人要靠双脚用力蹬地前行，改变方向时也只能下车搬动车子。即使这样，当西弗拉克骑着它到公园兜风时，人们还是投来惊诧的目光和由衷赞叹的声音。

图4-3　法国人发明的“木马轮”

四、农奴也能制造自行车

光阴流逝，在稍后的1801年，俄国农奴阿尔塔莫诺夫，制造了世界上第一辆用踏板踩动的自行车“滚动木马”，也叫“快行脚”（图4-4），还骑到莫斯科向沙皇亚历山大一世献礼。沙皇见了非常高兴，还问他：“它只有两个轮子，为什么不倒呢？”在场的人都答不上来。后来沙皇下令改变阿尔塔莫诺夫的奴隶身份，使他成了自由公民。可见，搞发明创造，只要爱动脑筋，并不一定非要有多么高深的学问，不是有句老话叫“高手在民间”嘛。

图4-4　俄国农奴发明的“快行脚”

五、用手转向的自行车

德国有一个看林人德莱斯，他每天都要走路巡林，十分辛苦，于是想要一辆减少劳顿的代步交通工具。大约在1817年，他做了一辆有两个木轮、一个鞍座，前轮上安装了车把的可转向的自行车。人坐在车上，用双脚蹬地驱动木轮前进。因为这种骑车方式多少有点像骑马，故这辆车被人称作“德莱斯的马”（图4-5）。

德莱斯称他的自行车为“小马崽”，虽然骑车者仍要用两只脚蹬踩地面才能前进，但它已经比较实用了，德莱斯便申请了专利。因此德莱斯成为公认的自行车发明人，从此世界上第一辆自行车问世了。

图4-5　德莱斯的“小马崽”

六、用脚踩的铁架胶轮自行车

图4-6　麦克米伦的自行车

1839年，苏格兰的铁匠麦克米伦在德莱斯发明的“小马崽”的基础上，装了实心橡胶轮胎，前小、后大，坐垫较低，前轮的车轴上装上曲柄，再用连杆把曲柄和前面的脚蹬连接起来，由双脚交替踩动脚蹬驱使轮子滚动。从此以后，骑行者可以双脚离开地面了。同年，麦克米伦又将木制自行车改为铁制自行车（图4-6）。1842年，他骑上这种车，一天跑了近20千米。

七、“便士 - 法新”钢丝辐条自行车

人永远不会满足。1861年，传动链条尚未问世，想加快车速的办法只能是增大车轮的尺寸。所以，法国的米肖父子为了提高自行车的速度，特地把前轮做得很大，并在上面安装了鞍座架和能转动的脚蹬板，轮子上的辐条改成钢丝，制成了世界上第一辆装有钢丝辐条的自行车（图4-7左）。1878年米肖父子将其制造的钢丝辐条车冠以“自行车”的雅名参加巴黎博览会，让观众大开眼界，一度掀起自行车热。但是因前轮太大，上下车及下坡时容易跌倒，后来他们又把鞍座改为固定在车架上。

英国当时使用的硬币，大的叫便士，小的叫法新。因为这种车的两个车轮就像是一个便士在前，带领着一个法新在后，所以人们称它为“便士-法新”。不过，从1978年英国政府发行的、纪念“便士-法新”自行车发明100周年的邮票（图4-7右）上来看，当时英国男士骑的自行车前轮大后轮小，而女士骑的自行车则前轮小后轮大。

图4-7　英国的“便士－法新”自行车和纪念其发明100周年的邮票

八、结构不断完善更新

1869年，英国的雷诺用钢管制成车架，并在轮辋上装上了实心的橡胶带，自行车的重量大大减轻。同年，在德国斯图加特，自行车

出现了脚刹、弹簧等部件。

再后来到了1874年，英国人劳森在自行车上别出心裁地装上链条和链轮，用后轮的转动来推动车子前进（图4-8）。不过，这辆车仍然是前轮大后轮小。

自行车历史上，也曾经出现过烧煤的蒸汽自行车（图4-9），速度可达32千米/时，不过由于它使用不便，而且容易烫伤人，所以很快就被电动自行车所取代。

图4-8　英国人劳森的自行车

图4-9　蒸汽自行车

九、传统的自行车成了经典

1885年，英国人詹姆斯把自行车前后轮改为大小相同的尺寸。同年，学识渊博的英国机械师斯塔利，又在自行车上安装了前叉和车闸，在车轮轴上使用了滚珠轴承，并用钢管制成了菱形车架（1887年，德国曼内斯曼公司将其改成无缝钢管），还首次使用了橡胶轮胎，自行车的性能得到了显著提升。

1888年英国爱尔兰的兽医邓洛普，从医治牛胃胀气中受到启发，将橡胶管打足气作车内胎，发明了自行车充气轮胎，此举不但提高了自行车车轮的弹性，从根本上改善了多年来令人难受的震动问题，还减少了车轮与路面的摩擦，提高了骑行速度（人类当时骑自行车的速度，一般是步行速度的两倍，大概10千米/时），完善了自行车的使用性能，基本确定了现代自行车的车型。

此后，自行车技术也完成了向商业的转化，开始批量生产并投入市场（图4-10）。

图4-10 传统经典的自行车

十、中国的自行车工业

我国的自行车工业，从零件制造开始。1926年，上海大兴车行聘请两名日籍技工，购入进口钢管和接头配以部分自产零部件，组装成红马牌、白马牌自行车，这是最早的国产自行车。1927年，润大车行以同样的方法组装成飞龙牌自行车。它们分别于1928年、1929年参加上海中华国货展览会和杭州西湖博览会，得到一致好评，销路渐畅。于是，其他车行就如雨后春笋似的成立。其中，得利车行、鸿利车行、同昌车行和泰昌车行，与前两个车行一起，称为上海“六大车行”。

1936年，日本人小岛和三郎，在天津开办了昌和制作所，生产自行车车架、车圈、前叉、曲柄等，加上国内生产的一些零件，组装成26英寸的铁锚牌自行车，月产900辆。与它连锁的还有上海和沈阳昌和制作所。中华人民共和国成立后它们被军管会接收，成了飞鸽、永久和白山牌自行车厂的前身。

那时，我国的自行车数量迅猛增加。1925年上海公共租界有自行车不足1万辆，8年后便增至近3万辆；到1948年，全市拥有自行车23万辆。而1948年北京市的自行车有近18万辆，成为人们出行的重要交通工具之一。

图4-11　上海凤凰牌自行车

就全国而言，20世纪50年代，自行车尚属奢侈品，到了60～70年代，它在人们的生活中占有重要位置，与缝纫机、手表一起，成了青年谈婚论嫁时的三大件。当时说起凤凰（图4-11）、飞鸽和永久牌自行车，和今天的人们谈论宝马、奔驰等轿车差不多。

【知识链接】奇思妙想的自行车

世界上不乏会奇思妙想的人，他们设计出非常奇特的东西，自行车界当然也不例外。虽然它们可能不怎么好用，但是其创新精神值得人们学习。下面仅举几个例子加以说明。

（1）加拿大曼尼托巴省省会温尼伯的一位牧师，曾制作了一辆“摩天大楼式”的自行车（图4-12），创下了吉尼斯世界纪录。据记载，他曾骑着这辆“摩天大楼式”的自行车跑了300米远。

（2）德国的一名自行车设计师，设计了“世界最大的自行车”（图4–13）。这辆自行车长7.8米、高3.7米，车轮半径为3.32米，重150千克，并参加过在乌瑟多姆岛举办的“世界发明展”。

图4–12 “摩天大楼式”自行车

图4–13 德国人设计的“世界最大的自行车”

（3）英国人克莱夫·辛克莱尔先生曾于2006年7月，设计了“世界最轻的折叠自行车”（图4–14），重量仅有5.5千克，折叠后的体积为67厘米×30厘米×16厘米，车轮直径只有20厘米，其车架用强化玻璃纤维制成。由于打开时车辆呈“A”字形，所以设计者把它命名为A式自行车，这款车曾在全世界获多项设计大奖。

（4）两名荷兰大学生，为了给母校的学生会成立135周年献上一份厚礼，制造了一辆全长为28.1米、重400千克的超长自行车（图4–15），并

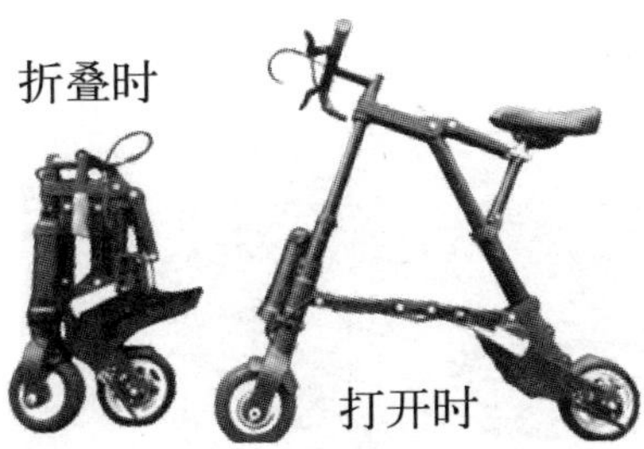

图4–14 英国人设计的“世界最轻的折叠自行车”

图4–15 “世界超长自行车”之一

想借此打破吉尼斯世界纪录。更有甚者，在澳大利亚，有一个团队别出心裁地制造出了一辆长达42米、可由20人同时骑行的自行车。

（5）最奇特、最怪异的是英国设计师造的一辆非常特殊的步行自行车（图4-16），它使用传统框架和8双不同的鞋做车轮，每个车轮的金属支架上各挂着一只鞋，车轮设法连接到链条而转动。这车不仅有点搞笑，而且骑起来震动一定不小！

（6）安装火箭的自行车（图4-17）。2013年，有人在一辆普通结构的自行车上，安装了以过氧化氢为燃料的火箭，在飞机场跑道上测出的速度达到了285千米/时，成了世界上速度最快的自行车之一。后来在2014年，人们将其车速提高到333千米/时。

图4-16　怪异的步行自行车

图4-17　安装火箭的自行车

（7）躺式高科技自行车。荷兰代尔夫特理工大学及阿姆斯特丹自由大学，研发了一辆躺式高科技自行车（图4-18），它外形看上去像一个被拉长了的鸡蛋，在2013年创下了133.8千米/时的纪录。

图4-18　躺式高科技自行车

十一、四轮自行车

四轮自行车？闻所未闻！可却是世界上曾经发生过的事实。下方的第一张照（图4-19左）是男女同乘一辆前后有两个小轮、中部为两个并列的大轮的自行车；第二张（图4-19右）是1858年索耶为威尔士亲王定制的四轮自行车。

不过，由于这种自行车体积大而笨重，远不如传统自行车来得方便实惠，所以早已被淘汰，现在所剩的几种仅用于休闲和儿童玩具（图4-20）。

图4-19　两种四轮自行车

图4-20　休闲和儿童玩具四轮车

十二、多姿多彩的现代自行车

到今天，自行车的种类越来越多（图4-21），包括变速自行车、电动自行车、山地自行车、公路自行车、多人自行车等。自行车的变速器、碳纤维车架等都蕴含了非常多的科技含量。共享单车更是利用了GPS定位、图像识别、太阳能电池、移动终端等现代前沿科技。我们生活中熟悉的这些“老朋友”，往往能够和现代科技相结合从而焕发出新的生命活力。

图4-21　多姿多彩的现代自行车

现在绿色的出行方式越来越受到人们的推崇，自行车不仅环保节能而且有益健康，可谓一举两得。随着出行方式和运动方式的不断改变，人们对自行车的要求也越来越高，功能多而且质量好的自行车更受大众欢迎。在我国，自行车的保有量有所减少，但是国外却完全相反。例如在丹麦，每10名公民中就有 9人拥有一辆自行车（而每10人中只有4人拥有一辆汽车）。而我国电动自行车的保有量却在逐年增加。据中国自行车协会的数据，2023年我国自行车保有量超过2亿辆，而电动自行车社会保有量超过3.5亿辆，平均每4人就拥有1辆电动自行车。

第五章　轻便快捷的摩托车

微信扫码
• AI交通专家
• AI科普课堂

摩托车是由汽油机或电动机驱动，靠手把操纵前轮转向的两轮或三轮车，可单人或双人乘坐。它的体积小，机动性好，速度比自行车快很多，而重量远比汽车轻。

一、汽油机与自行车擦出的火花

1883年春天，德国的戈特利布·戴姆勒和他的助手迈巴赫，经过多年的研究试验，终于造出一台二冲程单缸汽油内燃机，气缸容积264毫升，转速700转/分，最大功率0.5马力。同年12月16日获得德意志帝国第28022号专利。后来，戴姆勒把经过改进的汽油发动机装到木制的自行车上，诞生了世界上第一辆内燃机摩托车（图5-1）。

图5-1　世界上第一辆内燃机摩托车

这辆摩托车的车架为橡木，车轮为外层包铁皮的硬木，有转向架、离合器、油门、刹车和真皮包裹的马鞍式坐垫。发动机放在车架中下方的方形木框上，通过皮带传动带动后轮旋转，速度达到12千米/时，1885年8月29日获得发明专利。因此，世界公认戴姆勒是摩托车的发明者。现在这辆车保存在德国慕尼黑科学技术博物馆内。

美国的摩托车工业虽然起步稍晚，但是发展速度很快，其中哈雷·戴维森公司最为著名，1903年该公司生产出了最早的商品化摩托车（图5-2）。到1910年，在世界上就小有名气，有单缸的也有双缸的。

图5-2　美国最早商品化的戴维森摩托车

1930年后，摩托车进入成熟期，广泛应用于交通、军事和比赛。世界上马力最大的摩托车道奇战斧，10缸8200毫升排量，最高时速670千米。

摩托车和汽车几乎是在同一时期研制成功的，并共同进化发展着。与汽车相比，摩托车的机动性能较高，但运输功能很弱，没有车厢，受气候条件的限制较多，操纵稳定性也较差，长时间驾驶很容易疲劳。

二、中国摩托车的发展历程

新中国成立后，百废待兴，在摩托车生产这个问题上也同样如此。由于技术、经验和设备的缺乏，摩托车生产之路困难重重。抗美援朝战争爆发后，为改善部队交通工具问题，我国第一辆摩托车诞生了。当时的中国人民解放军北京第六汽车制配厂，仿照德国迅达普K500型摩托车，经过4个多月的艰苦努力，于1951年7月8日胜利完成了第一批5辆名为“井冈山”的摩托车（图5-3）的试制任务。该车结构相对简单，容易驾驶，为双缸对置型四冲程风冷式发动机，气缸容积498毫升，发动机功率11.8千瓦，最高车速110千米/时，自重195千克。

图5-3 “井冈山”摩托车

为扩大摩托车生产规模以应对战争的需要，1951年10月，南京第三汽车制配厂与北京第六汽车制配厂合作生产“井冈山”牌摩托车。至1953年底，年产量已突破1000辆。随后，1957年，我国第一辆750型军用重型电三轮摩托车面市。

但是国内民用摩托车真正发展起来是在改革开放之后。1978年我国民用摩托车的产量仅为2.19万辆，而到1991年就增加到131.73万辆，同时车型和排量更加多样化，出现了诸如钱江、嘉陵等企业。

经过70多年的奋斗，我国摩托车工业由弱到强，逐渐成为世界领先的摩托车产销大国，曾连续23年(1993—2015年)保持世界第一。2023年，单是我国产销的两轮、三轮摩托车，就达3840万辆，并已经向绿色低碳方向转型。全系产品已于2018年7月实施“国四”排放标准，产品绿色环保性能再一次大幅度提高。防抱死制动系统(ABS)、车身电子稳定系统（ESP)、电子控制燃油喷射系统（EFI)、全球卫星导航系统（GNSS)、智能车联网等技术在摩托车上得到广泛应用，轻量化车架也在车体上开始应用。部分企业研发直喷摩托车发动机系统和混合动力系统初见成效。

三、现代化的摩托车群

从1885年到现在，摩托车经过了试验阶段、发展阶段、完善阶段，有了翻天覆地的变化。纷繁的摩托车形成了一个现代化的摩托车群。

(1) 踏板车

踏板车（图5-4）最大的特点是在驾驶员踏脚的地方、后面的货架和后座上可以装载一些货物，载人载物十分方便。

(2) 弯梁车

弯梁车（图5-5）最早出现在20世纪80年代，经济实用，操作简单、排量小，在城郊的存量不小。随着复古理念的流行，国内厂家也推出了不少弯梁摩托品种。

图5-4　踏板车

图5-5　弯梁车

(3) 巡航车

巡航车（图5-6）的特点是骑行姿势非常悠闲，座高相对较低，坐姿舒适。油箱造型修长且容量较大，更方便长途骑行。前后轮之间的轴距较长，并拥有较大的前叉倾角。

(4) 跑车

跑车（图5-7）也是一种比较常见的摩托车，根据性能的不同，分为民用跑车和赛车。前者用于骑行，后者用于比赛。其特点是外形非常酷炫，大排量，中低扭矩，爆发力强，不适用于长途旅行。

图5-6　巡航车

图5-7　跑车

（5）ADV车

ADV车（图5-8）的特点是具备必要的越野性能，拥有超大的油箱容量，续航能力特别强，并且还可以挂一些边箱用来提升储物空间，但舒适性略差，速度也不一定如街车那样快。

（6）街车

街车（图5-9）的特点是发动机裸露，操控比较灵活，兼顾运动和舒适感，适用于城市中代步。

图5-8　ADV车

图5-9　街车

（7）海滩摩托车

海滩摩托车（图5-10）可以在沙滩和质地柔软的地面骑行，有小型、中型和大型之分。

图5-10　海滩摩托车

其他还有很多品种，如小排量仿赛车（图5-11）、越野摩托车（图5-12）和旅行摩托车等。

图5-11　小排量仿赛车

图5-12　越野摩托车

第六章　身手不凡的汽车

微信扫码
• AI交通专家
• AI科普课堂

汽车的用途十分广泛，私家车用于代步，卡车用于运输货物，公交车、出租车用于载人，房车用于旅游，此外，还有救护车、消防车、垃圾车、洒水车、自卸车、冷藏车、集装箱汽车等。汽车种类繁多，是现代人生活和工作绝对离不开的工具。

30多年前，汽车可不是一般人能买得起的，但是今非昔比，新中国汽车工业的发展速度，让我们见证了汽车从贵族化到平民化，从高不可攀到走入千家万户的历程。自此之后，千里不再迢迢，山水不再遥遥。

根据2023年6月底公安部发布的数据，我国汽车保有量大约3.36亿辆，超过美国成为世界上汽车保有量最多的国家；与此同时，我国已经连续14年汽车销量稳居世界首位。今天，汽车早已与许多家庭结下了不解之缘，与人们的生活休戚与共。

一、汽车的萌芽阶段

汽车是谁发明的？其实它的发明有一个漫长而曲折的萌芽、诞生和成长、完善过程，经过不断改进和创新，才取得了今天的辉煌。

早在1420年，就有人发明了一种人力滑轮车（图6-1），人坐在车内，用绳子不停地转动滑轮，可以使车子移动。不过由于人力有限，速度比步行还要慢，这就是人类发明汽车的开端。

1649年，德国的钟表匠汉斯·郝丘在前人启发下，制造了一台以弹簧发条为动力的汽车（图6-2）。当时的瑞典王子卡尔·古斯塔夫“一见倾心”，出于猎奇心理就将其买下。但是这台发条车的时速还不

图6-1 人力滑轮车

图6-2 以弹簧发条为动力的汽车

图6-3　双桅风力帆车

到1.6千米，而且每前进230米，就必须上一次钢制发条，多少有点像小孩的玩具。

1600年，荷兰物理学家西蒙·斯蒂文，把四个木轮装到一只小船上，发明了双桅风力帆车（图6-3），凭借风力驱动帆车行进，最高行驶速度达24千米/时。

二、蒸汽汽车为拉大炮而生

早在汽车诞生之前的1765年，英国发明家瓦特所改进的蒸汽机，拉开了第一次工业革命的序幕。此后，各种蒸汽动力机械便如雨后春笋似的冒了出来，蒸汽汽车当然也不甘落后。1769年，时任法国陆军工程师的尼古拉·约瑟夫·居纽，接到拿破仑军方下达的任务，要他设计一种自动行驶的牵引装置，用来代替马车转移战场上的火炮。3年后，世界上第一辆由蒸汽机驱动的“卡布奥雷号”汽车（图6-4）诞生。它的车头是一个50升容量的大锅炉，车身是一辆7.2米长、2.3米宽、前轮直径1.28米、后轮直径1.5米的三轮大板车。前进时靠前轮控制方向，每前进12～15分钟，需停车加热15分钟，运行速度仅为3.5～3.9千米/时。

图6-4　“卡布奥雷号”汽车

不幸的是在试车的时候，这辆蒸汽汽车在拉着火炮“气喘吁吁”行驶了一段路程之后，由于驾驶失控，便直接一头撞在了城墙上，所以这项发明自然而然地就以被军方判定失败而告终，令居纽沮丧不已。不过，虽然居纽的初衷没有实现，但是应该承认，“卡布奥雷号”标志着人类以机械力驱动车辆时代的开始，具有划时代意义。倘若居纽在天有灵，或许也会为自己开启人类文明的一个新时代而感到自豪。

在居纽之后，越来越多的人不断地在这一领域进行尝试。例如，1801年英国人特里维西克制造出了装载有高压蒸汽发动机的汽车（图6-5）；1825年英国嘉内公爵制成了第一辆蒸汽机公共汽车（图6-6），车身长达7.6米，行驶速度达到19千米/时，可载客18人，并于1834年成立了世界上最早的公共汽车运输公司“英格兰蒸汽机汽车公司”，从而使汽车运输走向社会化和企业化。

图6-5 特里维西克蒸汽发动机汽车

图6-6 世界第一辆蒸汽机公共汽车

1829年7月4日，英国人乔治·希利比尔（George Shillibeer）营运的公共汽车（Omnibus）出现于伦敦街头，往返于帕丁顿和银行地带，每日单向4班。不到十年的时间，公共汽车在法国、英国及美国东岸各大城市得到普及。

无数案例都证明用蒸汽机代替原本的畜力、人力是可行的。但当时的蒸汽机预热时间长、笨重、不稳定、难以掌控，甚至时有锅炉爆炸事件发生，从而限制了其使用，特别是小型汽车。这种状态让“蒸汽汽车梦”遥不可及。甚至英国政府在1865年，还制定了著名的红旗法规，规定蒸汽汽车必须由两人以上驾驶，车前方55米处必须有人高举红旗或红灯开路，市区限制车速为3.2千米/时（郊外6.4千米/时）。所以，尽管居纽制造的蒸汽汽车被公认为世界上第一辆汽车，但蒸汽机技术始终未能克服其缺陷。直到19世纪末，蒸汽汽车才在欧美短暂商业化。

三、内燃机横空出世

蒸汽机是外燃机，对燃料不挑剔，但它的锅炉笨重，热效率、转速和功率难以提高；而后来出现的内燃机具有重量轻、体积小、热效率高和操作灵活等优点，所以在很多场合蒸汽机逐渐被内燃机所取代。当然，在高海拔地区、产煤区或只有劣质燃料的地区，蒸汽机仍有其用武之地。

·孕育经过200年

内燃机的发明中饱含了很多科学家的智慧和心血。

1670年，荷兰物理学家、数学家和天文学家惠更斯，发明了用火药在气缸内燃烧使空气膨胀推动活塞做功的机械，这是内燃机的雏形。不过，由于火药的燃烧不可控，所以没有实用价值。

1794年，英国人斯特里特提出从燃料的燃烧中获取动力，并且第一次提出了燃料与空气混合的概念。

进入19世纪后，欧洲资本主义发展方兴未艾，出现了众多的发明家。他们在内燃机领域相互推动，彼此成就，让这项技术一步步走向成熟。

1801年，法国化学家菲利普·勒本，采用煤干馏得到的煤气和氢气作燃料，制成了将煤气和氢气与空气混合后，点燃产生膨胀力推动活塞做功的活塞式发动机，这项发明是内燃机发展史上开拓性的一步。

1833年，英国人赖特提出了直接利用燃烧压力推动活塞做功的设计。19世纪中期，科学家完善了通过燃烧煤气、汽油和柴油等产生的热转化为机械动力的理论。这为内燃机的发明奠定了基础。

1859年，比利时工程师勒努瓦以蒸汽机为蓝本，发明了用照明瓦斯作为燃料的内燃机。

1862年，法国电气工程师雷诺创制成功了二冲程卧式内燃机（图6-7），但燃料消耗量很大，热效率只有3%。

图6-7 雷诺二冲程卧式内燃机

同年，法国科学家罗沙在卡诺热力学研究的基础上，阐明了四冲程内燃机的工作原理，为后来的内燃机出现创造了条件。

· 奥托取得伟大成功

1867年，德国发明家奥古斯特·奥托，在众多先驱一次次失败的基础上，设计制成了第一台活塞式四冲程内燃机。这台内燃机拥有4.4马力，热效率达到了14%。这是当时体积最小、功率最高、性能最稳定的内燃机。

四冲程分别是进气、压缩、膨胀（做功）和排气（图6-8），至今仍是经典。

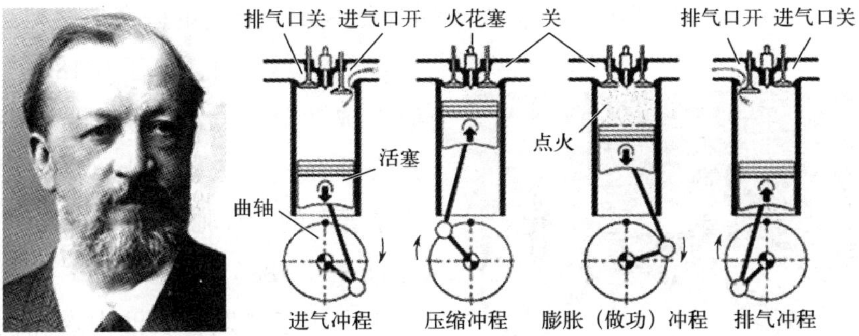

图6-8 奥托和他的活塞式四冲程内燃机原理

1876年，奥古斯特·奥托终于推出一款可实际使用汽油的发动机，开创了现代汽车用发动机的先河。

奥托四冲程内燃机的出现，为近代汽车的发展奠定了基础。时至今日，依旧有大部分的汽车发动机使用“奥托循环”原理。

内燃机发明的意义远远超过瓦特改良的蒸汽机，从此，新能源和新兴工业得到迅速发展；动力革命推动了整个工业革命。我们今天看到的飞机、汽车、潜艇、坦克等，都是在内燃机发明之后才研制成功的，它使人类的许多梦想得以实现。

四、第一辆内燃机汽车

内燃机的出现为内燃机汽车的诞生创造了条件。当时的德国曼海姆城，有个本茨工厂，老板卡尔·本茨（即后来奔驰汽车公司的创始人）对内燃机有着浓厚的兴趣，于1879年末，制造出了第一台单缸煤气发动机。

然而，这种发动机的煤气燃烧产生的动力，没有达到本茨的预期，为此他忧心忡忡。再巧不过的是，这年圣诞节，曼海姆城郊一个洗衣店发生严重爆炸。他的妻子贝瑞塔·林格向本茨谈起了这件事，说是用作清洁剂的汽油遇到了火花所致。说者无心，听者有意，本茨的脑海中突然浮现出一个念头：汽油会不会比煤气更适合作燃料？

图6-9 “奔驰1号”三轮汽车

于是他潜心钻研，终于在1885年研制成功单缸汽油发动机，并将其安装在一辆三轮车上，结果诞生了著名的“奔驰1号”三轮汽车（图6-9）。1886年1月29日，42岁的他申请了“以轻质油为燃料的汽车”的发明专利（同年10月取得了第37435号专利证书），所以这一天被公认为汽车的生日而被载入汽车史册。

这辆车的汽油发动机为卧式单缸水冷四冲程，气缸容积954毫升，最大功率为0.66千瓦，置于后桥上方，通过链条、皮带和齿轮驱动后轮前进，靠操纵杆控制行驶方向；有3个实心橡胶轮胎（当时没有充气轮胎）；最高时速16千米；为了改善乘坐的舒适性，在车架和车轴之间还装有钢板弹簧悬挂。虽然它仍是马车造型，但是具备了现代汽车的一些基本特点，如电点火、水冷循环、钢管车架、钢板弹簧悬挂、后轮驱动、前轮转向、制动手把和齿轮链条转向器等。

可是新生事物没有一出现就尽善尽美的。“奔驰1号”也是一样。当初的它只能前进，不能倒退，而且发动机的噪声还很大，经常熄火抛锚，链条也常会断裂，所以人推车的事时有发生。为此有人对这辆车冷嘲热讽，阴阳怪气地称它是“散发着臭气的怪物”，令本茨十分烦恼，甚至不好意思在公开场合试驾。

本茨是幸运的，他拥有妻子贝瑞塔的支持，紧要关头次次受益。本茨的企业资本单薄，濒临破产时，贝瑞塔毫无怨言，变卖自己的嫁妆和首饰，陪伴本茨走过了饿着肚皮研究汽车的艰苦日子。在这决定成败的关键时刻，她又挺身而出，决定再次用实际行动支持他。

1888年8月的一天清晨，胆识过人的她趁本茨还在熟睡，决定带着两个儿子开车回娘家（图6-10）。可以预料的是，途中遇到的问题接踵而至：燃料用完了，只好到药房买粗汽油添加；遇到陡坡了，她让小儿子驾车，她和大儿子在后面用力推；发动机油路堵了，自己用发针修理；电器发生短路，用袜带作

图6-10　本茨妻子贝瑞塔准备回娘家

绝缘垫捆绑；刹车皮磨坏了，求助鞋匠修理。经过九九八十一道磨难，这段100多千米的路程，到天快黑的时候才终于走完。此时饥肠辘辘的贝瑞塔还念念不忘丈夫的事业，立即给丈夫拍了电报：“汽车经受了考验，请速申请参加慕尼黑博览会。”汽车有救了！收到电报后喜出望外的本茨兴奋不已。贝瑞塔成功地完成了试车程序，也无意中摘得“世界上第一位女汽车驾驶员”的桂冠。后来卡尔·本茨曾经回忆说：“我的妻子用自己的勇敢和勇气重新撑起了我的生活之帆。”

通过这件事，本茨精神大振，带着“奔驰1号”参加了慕尼黑博览会，结果大获成功，各地订单像雪花一样飞来，从此与“世界上最伟大的汽车公司”一词结下了不解之缘。

如今，这辆汽车陈列在德国汽车发源地——斯图加特市的梅赛德斯-奔驰博物馆中，我国一些汽车博物馆也有其复制品陈列。

五、马车瞬变四轮汽车

1882年，德国斯图加特的工程师哥特里布·戴姆勒和威廉·迈巴赫也开始进行内燃机的研究。他们先发明了用电火花为发动机点火的自动点火装置，然后，在此基础上制造出了性能良好的汽油发动机，不但结构简单紧凑，转速高达900转/分，而且能产生很大的功率。此后，戴姆勒完善了这种汽油发动机。

图6-11 “戴姆勒1号”汽车

1886年，就在本茨制造出“奔驰1号”内燃机三轮汽车的数周后，戴姆勒将它的1千瓦四冲程汽油发动机装配在一辆四轮马车（为他妻子43岁生日而购买的礼物）上，由此诞生了世界上第一辆四轮汽车——“戴姆勒1号”（图6-11），时速达18千米。

由于戴姆勒当时的主要精力放在考虑发动机的布置和传动系统，以及想办法让汽车能够行驶等问题上，座椅的布置、悬挂结构、转向机构、车身承载方式和车灯等均保持了马车原型，所以被人们称为没有马的马车。

六、四轮卡车问世

戴姆勒是位高产的发明家，1885年发明了世界上第一辆摩托车，1886年发明了世界上第一辆四轮汽车。其后他并没有躺在功劳簿上，而是继续迈着创新的脚步。1896年，他又发明了一辆由机械动力替代马匹来驱动的四轮卡车“凤凰”，这种全新的公路货物运输工具宣告了世界上第一辆卡车的正式诞生。

这辆卡车看上去很像没有车辕的马车，没有驾驶室，驾驶员的位置在前轴前方，座椅安装在车厢上，双缸发动机位于卡车后部，排量仅为1.06升，最大功率仅有4马力（大概相当于现在2台家用空调的功率），可载1.5吨货物。

仅仅2年后，戴姆勒又推出了一款重达5吨的卡车（图6-12），与1896年的第一辆卡车相比，这辆卡车不仅在外形上有很多改进，而且在技术上有了显著进步，基本具备了现代卡车的要素。

图6-12 戴姆勒重达5吨的卡车

美中不足的是，虽然在1894年，米其林已经将发明的轮胎装到了公共马车上，但是直到1906年，才发明了可拆换的汽车轮辋；1908年，才开始在汽车上逐渐使用橡胶轮胎。所以，这时他的汽车仍然是木质车轮。

【知识链接】与汽车结缘的橡胶

1839年，美国人查尔斯·固特异，发现被硫化过的橡胶拥有惊人的弹性，世界从此兴起了橡胶业。不过他本人却未能从此项发现中得到好处，反而经历了牢狱之灾和若干苦难。

橡胶不仅弹性好，而且具有耐磨、耐撕裂、耐屈挠、耐冲击、耐热、耐冷、耐氧、耐臭氧、耐水、耐光，以及气密性、电绝缘性能好等许多特点，可用于制造众多的轻工和重工橡胶制品，特别是用来制作汽车轮胎，使人们免受车辆行走时震动带来的颠簸之苦。

1845年，苏格兰的土木技师汤姆生发明了充气轮胎，还获得了英国政府的专利。1847年《科学美国人》杂志介绍了这种充气轮胎，称其为划时代的改良，可惜没有引起市场的重视。

1888年，英国一名兽医约翰·邓洛普在花园中浇水，当他看到儿子骑三轮车的时候，脑中灵感一闪，他把浇水的管子包在木质轮子上，然后充入气体。充气轮胎很快在自行车上得到应用，并迅速扩散到汽车领域，从而提高了汽车的舒适度。

1891年，米其林橡胶厂老板爱德华·米其林的兄弟安德鲁·米其林，研制出了由螺栓固定，仅仅需要15分钟就可以完成更换的橡胶充气轮胎。

1946年，法国米其林轮胎公司，试制生产了全世界第一条子午线轮胎，成为汽车轮胎发展的新方向。

1955年，意大利倍耐力公司发明了半钢子午线轮胎，奠定了倍耐力公司在全球半钢轮胎市场的重要地位，并始终保持领先。

【知识链接】烧木材或木炭的内燃机汽车

除了烧汽油的内燃机汽车之外，还曾经有过烧木材、木炭或天然气的内燃机汽车（图6-13）。这里的木材、木炭是用于制造内燃机所需要的氢和一氧化碳的，是间接能源。1921年，法国工程师英伯特发明了车载木煤气发动机，以木材为燃料驱动汽车。这个发明最初无人问津，直到第二次世界大战爆发后，因汽油短缺才得到应用，光是德国就生产了50万台，不仅轿车、公交车用这种发动机，连卡车、摩托车也用过。我国在20世纪30年代也生产过木炭车，并流行过一段时间。甚至在新中国成立后的一段时期内，也使用过这种烧木材的汽车。这种发动机的原理是，木材、木炭在不完全燃烧（有喷水装置）时，会产生一氧化碳（煤气）进入内燃机内做功（有点类似于天然气汽车）。这种车速度较慢，时速不到30千米，且经常熄火，需要不断地加木材、木炭，清理炭灰等，效率不高，而且使用麻烦，所以第二次世界大战后很快就被汽油内燃机汽车淘汰了。

图6-13　烧木材或木炭的内燃机汽车

七、本茨与戴姆勒的故事

自1886年卡尔·本茨发明第一辆汽车至今，德国的汽车工业已经走过了近140年的历程，故德国素有汽车故乡之称。

奔驰是与汽车发明联系在一起的企业，2005年在德国，梅赛德斯-奔驰被评为德国汽车第一品牌。2023年，奔驰集团在全球销售新车249万多辆。一路走来，企业从诞生到成熟经历了无数次变革。那么，这个品牌的领导人，有什么样的来历和故事呢?

科技进步到一定阶段，新成果新发明必然相继出现。现在德国生产“奔驰”高级轿车的公司，由两家公司组合而成。一家是在曼海姆的本茨汽车公司，一家是在斯图加特的戴姆勒汽车公司，他们建立的时间差不多，两个老板素不相识。前者的主人本茨于1886年发明了三轮汽车，在世界上小有名气；后者的主人戴姆勒则在仅仅数周后就因发明了四轮汽车而享誉世界。三轮汽车和四轮汽车，竟在相距仅80千米的两地几乎同时诞生，这在科技发明史上绝无仅有！后来的1896年，本茨制造出了世界上第一辆内燃机公共汽车（车厢内有面对面的18个座位），而戴姆勒则在几周后设计出了世界上第一辆马达载重汽车。然而，不甘示弱的戴姆勒又在1900年成功地研制出一种高速新式轿车。所以说从一开始，命运就将他们安排到一起了，一直处于同行竞争状态中。这两个实力很强的竞争对手，后来为应对美国福特汽车的冲击，决定强强联合，一致对外，于1926年6月成立戴姆勒-奔驰股份有限公司。从此事业蒸蒸日上，今天已成为世界屈指可数的汽车“大亨”。

人们对梅赛德斯-奔驰的钟爱，不仅仅是因为它的外形设计代表了不同时代的潮流，更重要的是它近百年来对汽车技术和汽车安全的贡献。1900年到现在，梅赛德斯-奔驰创造了无数个世界第一，包括第一款增压汽车、第一款量产柴油轿车、第一款量产配备四冲程燃油喷射发动机的汽车、第一台五缸发动机、第一辆涡轮增压式柴油轿车等等。此外还有安全车身、安全转向系统、安全气囊和防抱死制动系统等技术，为世界汽车工业的发展作出了巨大贡献。

【知识链接】为什么如今的奔驰车不叫戴姆勒-奔驰而是叫梅赛德斯-奔驰？

这个问题要从当时奥匈帝国的一位驻匈牙利领事埃米尔·耶利内克说起。

这个埃米尔有钱有势，被新兴的交通工具所吸引。于是，他毫不犹豫买下了本茨造的一辆三轮汽车和戴姆勒造的一辆四轮汽车。通过试驾对比后，追求速度与激情的埃米尔认为这些汽车不够先进，渴望拥有一辆性能更好的汽车。

一次偶然的机会，他去戴姆勒工厂访问，受到管理团队总监和戴姆勒本人，以及助手工程师迈巴赫的接待，他当时就一口气订购了5辆车，并要求时速必须达到40千米以上。埃米尔收到货后，又追加了6辆，并要求这些车必须将四缸发动机前置。其他人都认为这个要求无法实现，只有迈巴赫跃跃欲试。后来经过他的努力终于达到了合同要求。从此，埃米尔和迈巴赫成为一生的伙伴，为今后他们共同打造出业界标杆企业打下基础。

1899年3月21日，埃米尔用两辆戴姆勒“凤凰”汽车参加了一次山道汽车赛，结果包揽了比赛的冠亚军。在这次比赛中他使用了11岁女儿的教名梅赛德斯（西班牙语中含有“优雅”“幸运”之意）作为昵称。埃米尔非常宠爱自己的小女儿，视她为掌上明珠，所以他以小女儿的名字为自己购买的6辆戴姆勒汽车命名。后来，他驾驶的一辆汽车在法国“尼斯之旅”汽车大赛上获得冠军，他深感荣耀。他认为这是借了小女儿的好运。于是，埃米尔又一口气订购了总价值高达100万马克（原德国货币单位）的36辆新车。这个数量在现在，一个大厂只要半天就完成了，可在当时戴姆勒公司的生产还没有实现机械化，相当于其一年的产量。其条件是新车必须在迈巴赫的指导下彻底重新设计，并以他小女儿的名字梅赛德斯作为汽车的新商标，并同时获得在奥匈帝国、法国和美国的独家代理权。这么大的订单，“踏破铁鞋无觅处，得来全不费工夫”，戴姆勒公司当然一口答应。

所以，如今的奔驰车不是叫“戴姆勒-奔驰”，而是叫“梅赛德斯-奔驰”。

【知识链接】世界上第一辆汽车“奔驰”商标的百年演变

1893年，奔驰品牌第一枚商标诞生，商标上的英文直译为“原版奔驰”，外面加了齿轮图案（图6–14左）。

1899年戴姆勒成立的公司申请了首个商标“DMG”（图6–14右），这是他们公司德文名称“Diamler–Motoren–Gesellschaft”的首字母。

图6–14　1893年的奔驰车商标和1899年的首个“DMG”商标

1902年，DMG公司将“MERCEDES”（梅赛德斯）注册为商标（图6–15左）。

1909年春，奔驰更换商标，保留了中间的“BENZ”四个字母，原来外圈用的齿轮状图案换成月桂花环（图6–15右，很多赛车运动中，用月桂花环表示给获胜车手的奖励）。

图6–15　1902年的“MERCEDES”商标和1909年的奔驰车商标

同年6月，戴姆勒公司将“三叉星”注册为商标（图6-16左），这是戴姆勒先生曾经在写给他爱人的明信片中的标志，也象征着戴姆勒向“陆、海、空”全面进军的雄心壮志。

1916年，戴姆勒汽车公司在原来三叉星商标的基础上，在其四周加上了一个圆圈，两个圈之间镶嵌了四个小星，在下面加入了“MERCEDES”字样，注册了新的三叉星商标（图6-16右）。

图6-16　1909年6月和1916年的“三叉星”商标

1926年，戴姆勒汽车公司与奔驰汽车公司合并为戴姆勒-奔驰汽车公司，此后所有汽车都采用“梅赛德斯-奔驰”商标（图6-17左），这是通过对原来两家公司的汽车商标进行融合设计而成的。

图6-17　1926年、1933年和1989年的奔驰车商标

1933年，顺应简约设计的三叉星商标出炉，上面没有任何文字，只是简单保留了三叉星外加一个圆圈（图6-17中）。

1989年，戴姆勒-奔驰公司改组，成立了新的梅赛德斯-奔驰汽车有限公司，将1933年的黑色三叉星商标换成具有金属质感的三叉星，并经过了立体化处理（图6-17右）。

八、中国最早进口的三辆汽车

旧时我国的科技和工业生产落后，世界上第一辆汽车诞生15年后，我国大地上才出现汽车的身影，这就是当时先后进口的三辆汽车。

1901年（即清政府签订《辛丑条约》的那一年）12月，一位匈牙利商人李恩时，将两辆美国制造的奥兹莫比尔牌汽车自香港运至了上海公共租界。上海工部局在1902年1月决定颁发临时牌照，准其上路行驶。从此中国人才破天荒地见识到了汽车的模样。

第二年的11月，慈禧太后刚好68岁，当时庚子事变已经结束，慈禧太后重修了颐和园，并举办了生日庆典。为了讨老佛爷的欢心，北洋军阀首领袁世凯花了1万两白银，从国外进口了一辆汽车（图6-18，一说德国奔驰二代，一说美国杜瑞亚）送给了慈禧，后来还闹出了许多笑话并结束了它的使命。

图6-18　袁世凯给慈禧生日的贺礼

当时慈禧太后十分高兴，便问这叫什么车。袁世凯语塞，便灵机一动，想到当时权贵们出门喜欢坐轿子，就说此车叫“轿车”。所以一直到现在，我们有时还把小汽车称为轿车。

慈禧的那辆汽车仍然保留着一些马车的痕迹。它是敞开式设计，有6柱顶篷，通体黑色木质车厢；前后两排座椅，前低后高，座椅蒙黑色皮面；4个黄色木质有辐条车轮，胶皮实心轮胎，前小后大；车头左右各挂一黄铜色车灯，双层轮盘形方向盘，方向盘右下有一长一短两根立杆式挡把，车左侧有三个脚蹬，右前侧有一个脚蹬。整车全长303.5厘米，宽106.4厘米，高224.9厘米。

九、电动汽车成为时尚

现代汽车按动力源，可分为燃油汽车、电动汽车和油电混合汽车三种（氢燃料汽车刚投入使用，太阳能汽车尚未量产）。电动汽车可分为直流电源电动车和交流电源电动车两种。

·直流电源电动车

电动汽车是以电能为动力，用电机驱动车轮行驶的车辆，现在被人们称为新能源汽车。它凭借环保特性，成了现代人们提倡和追崇的车型，给大众的印象是高科技的时尚产品。其实，追溯汽车工业发展历史，电动汽车是比内燃机汽车早诞生半个世纪的前辈（蒸汽机汽车则是内燃机汽车的祖辈），其间也有许多故事。

1828年，匈牙利发明家阿纽什·耶德利克发明了直流电机。他当时尝试着将直流电机固定在一块木板上，并且在木板底部装上了四个轮子，这是世上最早的纯电动车雏形（图6-19）。但是由于功率太小，并无什么应用价值。不过，这却给后人一个新的启示，意义非凡。

图6-19 最早的纯电动车雏形

1834年，美国人托马斯·达文波特利用一组碱性干电池，造出了一辆直流电机驱动的可载人的电动车（图6-20），并于1837年获得了美国电机行业的第一个专利。

1839年，苏格兰一位叫罗伯特·安德森的商人，为了把家里的货物运送到商店去，给一辆三轮车装上电动机和电池，改造为世界上第一辆以电力驱动为主的车辆（图6-21）。由于它一次仅能行驶1000米左右，电池既不耐用又不能充电，用完了就得换新的，用车成本高。后来，罗伯特干脆将它捐献给博物馆，完整地保留了下来，成为电动汽车的雏形。

图6-20　直流电机驱动的电动车

图6-21　装上电动机和电池的三轮车

·铅酸蓄电池大显身手

1859年，法国物理学家葛斯顿·普兰特发明了可重复充电的铅酸蓄电池，从此开始了电动车的实际应用（图6-22）。

1873年罗伯特·戴维森又制造出用于客运的四轮电动车（图6-23），它在19世纪后期成为英国交通运输领域的重要产品。

1881年，法国工程师古斯塔夫·特鲁夫，将一辆人力三轮车改装成了世界上第一辆以铅酸蓄电池为动力的电动三轮车。同年11月，他在巴黎的国际电力科技展会上，展出了这台三轮电动汽车，整车及驾驶员重量约106千克，速度15千米/时，续航里程16千米。所以人们称他为“电动汽车之父”。

图6-22 可重复充电的铅酸蓄电池电动车

图6-23 第一辆客运四轮电动车

图6-24 可充电电动车

1884年，英国发明家托马斯·帕克制造了一辆可充电电动车（图6-24），后来又用这种新电池制造出可规模化生产的电动汽车。直到19世纪末，他的公司几乎垄断了英国电动汽车市场。

世界上汽车技术永远在不断进步。

1899年，比利时工程师卡米乐·热纳茨制造了世界上第一辆时速超过100千米的电动车。

1912年，发明大王爱迪生制造的电动车续航能力达到了约160千米，价格也相对便宜（仅300英镑）。

由于电动汽车具有行走震动小、不产生废气、也没有多大的噪声、不需要切换挡位等优点，加之电力的普及，充电很方便。在这种情况下，电动汽车的需求量增加。

1898年，费迪南德·保时捷还创造了世界上第一辆混合动力电动汽车（图6-25）。

图6-25　世界上第一辆混合动力电动汽车

十、汽油车和电动车的拉锯战

图6-26　T型汽车

光阴流转，此消彼长。从20世纪初起，尤其是1908年10月美国福特公司推出的汽车生产流水线问世后，汽油车的制造成本大幅度降低，加之电池技术的限制，电动汽车逐渐被汽油车取代。福特T型汽车（图6-26）成了世界上第一款真正属于普通百姓的汽车。由于其结构简约，马力强劲，价格低廉，对电动汽车造成了巨大打击（1912年，电动汽车的售价为1750美元，而T型汽车的售价仅为400美元）。正所谓“祸不单行”，早在1901年，美国得克萨斯州发现了大规模原油，加油站开始在全美范围内兴起。而当时城市以外的美国人却很难用上电。最终，电动汽车到20世纪20年代中期已几乎全部消失。

“三十年河东，三十年河西”。20世纪60年代末和70年代初，由于飙升的油价和汽油短缺，电动汽车又得到了一次重生的机会。到21世纪初，由于环保的需要，电动汽车才真正复兴。特斯拉、太空探索技术公司CEO马斯克说："未来的世界绝对是电动的，在汽车时代，你肯定不想成为马车制造商。"

十一、中国的汽车工业

1886年世界上第一辆汽车诞生后，许多国家相继研制生产出了自己的汽车。中华民国国民政府时期，一些仁人志士虽有建立汽车工业的构想和行动，但终因日本的侵华战争而破灭。所以到新中国成立时，尚只有几家从事汽车维修和制造配件的小企业。

·第一辆国产汽车

张学良将军在东北改旗易帜后，有了发展中国汽车工业的想法，他在辽宁迫击炮厂内成立了工业制造处，后改为辽宁民生工厂，聘请美籍技师麦尔斯当总工程师制造汽车。1929年3月民生工厂从美国引进一辆"瑞雪号"载货汽车进行仿制。大多数零部件均是由辽宁迫击炮厂自行研发制造，只有发动机曲轴等少部分零部件依赖进口。1931年5月31日成功试制出民生牌75型汽车（图6-27），开辟了我国试制汽车的先河。

图6-27　民生牌75型汽车

1937年日本发动全面侵华战争，汽车工厂被日军占领，并改名为自动车工业株式会社，国内汽车工业陷入停滞状态。

·新中国第一辆国产汽车

新中国成立之初，我国汽车工业几乎是一片空白，马路上行驶的汽车大多是从国外进口的，拥有自主汽车品牌成为国家发展的迫切需求。为了尽快建立自己的汽车工业，1953年7月15日，新中国第一家汽车制造厂——长春第一汽车制造厂（简称“一汽”）奠基兴建。经过3年的紧张建设，一汽于1956年7月13日试制成功第一辆国产汽车——解放CA10型载货汽车（图6-28）。解放CA10型载货汽车属于中型载货汽车。它采用六缸水冷汽油发动机，载重量为4吨，最高时速可达65千米。

图6-28　我国的解放牌汽车

1956年7月14日，一汽装配出第一批12辆解放牌汽车。这款车自投产至1986年停产，共计生产了1281502辆，几乎占据了当时全国汽车产量的一半，成为我国汽车工业的重要里程碑。

在解放牌汽车成功下线后，一汽又陆续试制成功了多款车型，包括1958年5月12日试制成功的新中国第一辆国产小轿车——东风CA71型轿车，以及随后诞生的红旗CA72型高级轿车等。这些车型的诞生，进一步彰显了我国汽车制造技术的进步与实力。

· 红旗轿车的故事

红旗轿车是我国一汽集团旗下的高端汽车品牌，承载着深厚的历史底蕴和民族情怀，被誉为“中国汽车工业的象征”。

1957年初，国务院第一机械工业部正式对一汽下达了生产轿车的任务。

当时的一汽，没有生产轿车的经验，技术匮乏，设备简陋。然而，一汽的工人们凭借着顽强的毅力和智慧，开始了艰难的自主研发之路。他们以借来的1955型克莱斯勒高级轿车为蓝本，采用“赶庙会”的方式，拆解样车，将零件制作任务一一认领。在没有图纸和资料的情况下，凭借手工绘制图纸，日夜奋战，攻克了一个又一个技术难关。

1958年8月1日，经过一汽人的不懈拼搏，我国第一辆高级轿车——红旗CA72试制成功。这辆车车身造型具有鲜明的中国风格，发动机、底盘等关键部件均为自主研发制造。

红旗CA72试制成功后，一汽举行了隆重的命名仪式。这辆车被正式命名为“红旗”，寓意着新中国的繁荣与昌盛。红旗轿车诞生后，经历了多次升级换代和技术改进。从最初的CA72到后来的CA770、CA771、CA773等车型，红旗轿车不断提升产品品质和技术水平，成为我国汽车工业的代表性品牌（图6-29）。

图6-29　红旗轿车

然而，红旗轿车的发展并非一帆风顺。20世纪80年代末至90年代初，由于市场变化和自身原因，红旗轿车一度陷入困境。但一汽人并没有放弃红旗品牌，通过引进技术、合作生产等方式，逐步恢复了红旗轿车的生产。

进入21世纪，红旗品牌不断加大研发投入，推出了一系列具有市场竞争力的车型，如红旗H5、H7、H9、L5等。这些车型不仅继承了红旗品牌的传统优势，还融入了现代汽车科技和设计理念，赢得了消费者的广泛认可。如今，红旗轿车已经成为我国高端汽车市场的代表性品牌之一，承载着无数国人的梦想与希望。

·改革开放后的汽车制造业

1930年，我国的汽车数量仅为38484辆，且没有一辆是国产的。中华人民共和国成立后，我国不仅投资建成了一汽、二汽，而且改扩建了南汽、北汽、济汽等生产企业，初步形成以载货车为主的汽车工业生产体系。尽管这样，到1978年，我国汽车产量还只占世界总量的0.5%。

图6-30　在港口等待出口的汽车

经过几十年，特别是改革开放后的发展，自2009年我国汽车产销量跃居世界第一之后，连续9年位居榜首，2017年我国汽车产量高达2901万辆，占全球总量的29.8%，是美国产量的1.4倍，日本的3倍。图6-31是在港口等待出口的汽车。

现在我国已有较大规模汽车生产集团十多个。到2022年底，全国私人汽车保有量已达到约2.78亿辆，其中自主品牌占比接近50%。今后发展重点开始从传统燃油车转向电动汽车和智能汽车。

· 我国电动汽车产销两旺

我国的第一辆电动汽车，是1986年由北京理工大学自主研发的"中华一号"。这台车由铅酸电池供电，最高时速可达45千米，一次充电可行驶约100千米，总重约1.2吨。它展示了我国在这一领域的探索精神，并为后来的电动汽车发展奠定了基础。1995年，北京理工大学与长安客车合作，制造出了我国第一辆纯电动大客车"远望号"。新世纪以来，我国电动汽车产业发展迅速。2023年，全球新能源汽车销量1369万辆，我国贡献率占六成，已经成为全球新能源汽车产业"风向标"。我国的电池、电机、智能座舱等关键技术和生产水平全球领先，纯电动乘用车平均续驶里程超过460千米，充电基础设施快速普及。2023年，我国有五款电动汽车成功登上全球最畅销电动汽车排行榜，呈现汽车产销两旺的局面。图6-31是工人们正在赶制电动汽车。

图6-31　工人们正在赶制电动汽车

十二、成员众多的汽车家族

目前的公路运输工具是汽车，因为它灵活机动、速度快，已成为普及程度最高的陆地交通运输方式，与铁路、水运等共同构成了现代综合交通体系。

汽车家族成员众多，除了常见的乘用车、客车、货车外，还有众多专用车辆，如建筑工程用车、市政公共事业用车、农用机械、赛车和房车等（图6-32）。

图6-32 汽车大家族部分成员

第七章 未来的汽车

微信扫码
• AI交通专家
• AI科普课堂

出于节能和环保的需要，未来汽车的发展总趋势是采用绿色动力、智能化和无人驾驶。

一、智能汽车

智能汽车是一个集环境感知、规划决策、多等级辅助驾驶等功能于一体的综合系统，它集中应用了计算机、现代传感、信息融合、通信、人工智能及自动控制等高新技术（图7-1）。其核心作用在于提供“辅助驾驶”，通过技术弥补人类驾驶员在感知、决策和反应上的局限，为我们的日常驾驶提供更多的便利与安全，使变道、超车等操作更加智能。

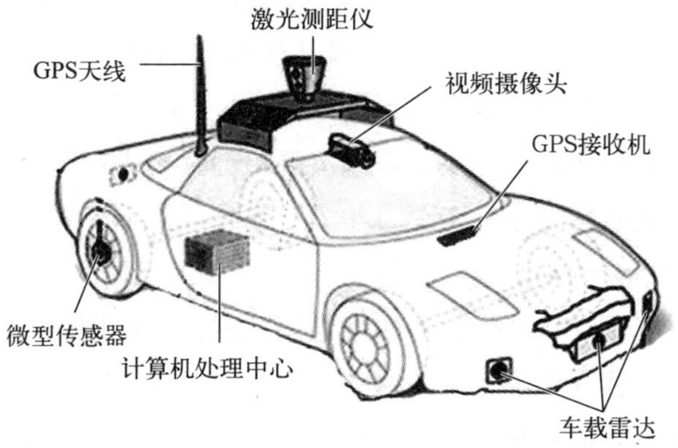

图7-1 智能汽车的控制系统

智能汽车有许多特点，主要如下：

（1）性能更优化

智能汽车中的电力电子驱动和电控单元很多，所以控制单元很复杂。

① 喷油控制：根据发动机进气量和转速，计算基本供油量，并根据压力和温度等信息进行修正，向喷油器发出喷油指令。

② 排气净化：根据排气管中氧传感器的信号，自动调整供油量，精确控制空燃比。

③ 点火控制：根据发动机温度和负荷，计算最佳点火提前角。

④ 怠速控制：根据水温、气温及各种附件的负荷，控制怠速转速。

⑤ 其他控制：增压、冷启动、爆震、废气再循环、变缸工作转换、车速限制、自动变速控制、自动诊断等。

（2）道路状况信息系统

由交通管理中心提供实时的前方道路状况信息，如堵车、事故等，必要时应及时改变行驶路线。

（3）车辆防碰撞系统

俗话说“老虎也有打盹的时候”，即使汽车司机再谨慎或者传感器再灵敏，也总有力所不及的时候，而车辆防碰系统却可以眼观六路、耳听八方。配备了这种技术的车辆，会进行汽车位置、速度、行进方向信息的自主广播，车载电脑收到后会对它进行分析，从而对预判将要发生的碰撞发出警示。

（4）防抱死制动系统

有防抱死制动系统的汽车在紧急制动时，可以避免轮胎抱死。这是引领汽车工业向无人驾驶发展的早期技术之一。

（5）紧急呼叫系统

如果出了事故，自动报告救援中心进行救援。

二、无人驾驶汽车

图7-2　无人驾驶汽车

无人驾驶汽车（图7-2）也是一种智能汽车，其重点在于“无人”，所以要求它更加智能。只需要给无人驾驶汽车发送指令，它可以在车主不在车内，甚至不在车主的视线内完成指定的任务。它主要依靠车内的以计算机系统为主的智能驾驶仪来工作，可以有效减少因酒驾、疲劳驾驶、超速等人为不遵守交通规则导致的交通事故。同时司机可以自由切换智能与手动两种模式（根据车的用途和买家的意愿，驾驶位可有可无，但没有方向盘）。从20世纪70年代开始，一些发达国家开始进行无人驾驶技术的研究，在可行性和实用化方面都取得了突破性的进展。世界上最先进的无人驾驶汽车，在2021年底已经测试行驶近640万千米，平均每行驶11587千米才有1次脱离。

我国从20世纪80年代开始进行无人驾驶汽车的研究，国防科技大学在1992年成功研制出我国第一辆真正意义上的无人驾驶汽车；2005年，首辆城市无人驾驶汽车在上海交通大学研制成功。

无人驾驶的主要设备有二（图7-3）：一是车顶上的毫米波雷达或激光雷达和前部的4线激光传感器，它们可以计算出看到的物体的距离；二是安装在汽车底部或行李厢的计算机处理中心，负责测量车辆在三个方向上的加速度、角速度等数据，结合GPS数据计算出车辆的位置。所有这些数据与车载摄像机捕获的图像一起输入计算机，软件以极高的速度处理这些数据，从而迅速地做出判断。

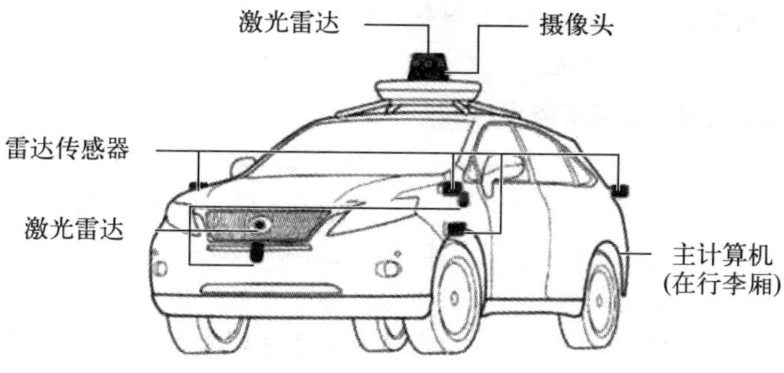

图7-3　无人驾驶汽车的主要设备

现代无人驾驶汽车中的设备，还可以帮助驾驶员做很多辅助工作，如通过语音机器人的协助拨打电话、遥控天窗和车门的开关，帮助驾驶员寻找充电桩和停车位等；也可以提供更多的安全技术，例如用人脸识别技术监视司机是否疲劳驾驶，监测司机的体温、血压、心率和血糖是否正常，在必要时进行自动刹车，在座椅下加设气囊提供另一层的保护等。

尽管无人驾驶技术还存在一些问题有待解决，但前景光明。2012年5月，谷歌自动驾驶汽车已经获得了美国首个自动驾驶车辆许可证，现已进入市场销售。谷歌开发的无人驾驶汽车已经行驶了超过30万千米。2017年2月23日，蔚来EP9在得克萨斯美洲赛道的无人驾驶测试中，创造了257千米/时的速度纪录。2023年完全无人驾驶车辆在加利福尼亚州安全行驶了近330万英里（1英里=1.609344千米）的路程。美国的四个州甚至已经通过了允许无人驾驶汽车上路的法律。

【知识链接】汽车自动驾驶技术的分级

国内和国外自动驾驶技术都分为5级，即L1～L5。目前世界上的大部分汽车，都处于L1级别，只有少数汽车，比如特斯拉，已经可以处于L2级别，并不断在完善当中。

L1级　驾驶者必须自己操作，系统只提供简单的辅助支持，如主动式巡航定速（ACC）、胎压监测、交通标识识别、信号灯识别、自动刹车、防抱死系统等。目前在绝大多数车型上都有配备。

L2级　允许车辆在特定条件下进行部分自动化驾驶，例如全速自适应巡航、自动泊车、主动车道保持、自动变道和限速识别等。但驾驶员仍然需要保持注意力，特别是在遇到紧急情况时。这是目前大多数车型所具备的。

L3级　可以在特定环境中基本实现自动驾驶，并根据实际路况和行车环境自动选择行车路线，目前有少数的车辆达到了这个级别，比如全球达到L3级智能驾驶水平的量产车型奥迪A8、本田Legend Hybrid Ex和荣威MARVEL X Pro版。

L4级　可基本达到自动驾驶要求，完全不需要驾驶者操作，完全可以根据路况做出自己的判断。

L5级 车辆在任何场景、任何情况下都不需要人为介入，车辆完全自主操作，这是真正意义上的自动驾驶。

三、智轨快速公交

“智轨”是“智能轨道快运系统”的简称，通过“智轨控制”使公交车在“路径感知”的“虚拟轨道”上行驶，并通过融合“智能运控”等先进技术实现安全、高效、绿色和节能，具有轨道交通和快速公交系统等综合技术性能优势。

2019年12月31日，四川川南轨道交通有限公司运营的宜宾智轨T1线开通（图7-4），每日开行136对。

图7-4 宜宾智轨T1线

统计数据表明，2019年，宜宾智轨电车累计运行1.39万列次，2020年累计运行4.41万列次，2021年共运行智轨列车5.09万列次，2022年头两个月，共运行智轨列车0.77万列次。目前，除已运营的T1线外，宜宾市还在中心城区规划了多条路线，正在逐步完善中。

四、绿色能源汽车

绿色能源汽车，也叫新能源汽车，除了前面提到的电车之外，还有利用风能和太阳能的。这些新能源是大自然赐予人类的，取之不尽用之不竭的，清洁环保、廉价经济的能源，人类自古以来就想利用它们。如1600年，荷兰科学家西蒙·斯蒂文造过“风帆车”，他把车轮装在帆船上，用风来驱动风帆车前进；美国通用汽车公司的“日光”太阳能汽车（图7-5），汽车表面上覆盖的电池板面积大，外形像一条鱼，其时速可达上百千米，仅用24秒便能从静止加速到100千米/时。

完全依靠太阳能驱动的汽车，或者以太阳能作为汽车辅助动力的汽车，称为太阳能汽车。其工作原理是：在阳光下，太阳能光伏电池板采集阳光，并产生直流电流，驱动太阳能汽车前进或者通过控制器向蓄电池充电。蓄电池储存的电能既可直接通过控制器输送给发动机，驱动汽车远行，也可在阴雨天气或者夜间行驶时提供动力。

2015年7月24日，荷兰研发了一款新型太阳能汽车，该车型以碳纤维和铝合金制成（图7-6），总质量375千克，载客4人，车顶上铺有面积5.8平方米的太阳能电池板，可为车载电池充电，最高车速可达125千米/时，该车型在充满电的情况下，续航里程可达1000千米。

图7-5　太阳能汽车

图7-6　以碳纤维和铝合金制成新型太阳能汽车

五、空气动力汽车

早在19世纪，法国著名科幻小说家儒勒·凡尔纳，就曾描绘过这样一幅图景——满街跑着用空气作动力的汽车。这种空气动能发动机早在1903年就研发出来了，当时英国的一家液态空气公司突发奇想，想设计一种不用汽油而直接使用压缩空气驱动的汽车。空气动能发动机的原理很简单，他们通过简单的替换就完成了此项发明，只不过制造出的发动机无法产生足够的扭矩，不能驱动笨重的汽车。2002年在巴黎举行的国际汽车展上，就展出了一辆由居伊·内格尔发明的、不用燃油而使用高压空气推动发动机的小型汽车“城市之猫”（图7-7）。2013年1月，法国某汽车公司曾经宣称将在2016年推出空气动力汽车。

图7-7　空气动力的汽车

这种汽车将气体高度压缩并储存在储气罐中，然后根据车辆所需要的行驶速度，通过可控阀门模块将储气罐中的气体放出，推动气动电机进行转动，最终实现车辆的运动。引擎接上电源充气4小时后，就可以以80千米的平均时速行走10小时。不过，由于储能系统效率和续航里程等一系列问题，目前还只是停留在试验阶段。解决问题的方案会不断出现，如果在某个方面有了突破，社会和经济效益将不可估量。

六、氢燃料电池车

氢燃料电池是一种将氢气和氧气的化学能，直接转换成电能的发电装置。把氢气和氧气分别供给阳极和阴极，氢通过阳极向外扩散和电解质发生反应后放出电子，通过外部的负载到达阴极，所以有无污染、低噪声、发电效率高等特点，是一种非常理想并具备小型化前景的发电装置。如今在海外市场，量产并上市销售的燃料电池车，包括丰田Mirai、本田Clarity Fuel Cell、现代Nexo等。

现在，我国的一汽集团、上汽集团、东风汽车集团、山东重工集团和北汽福田等多家生产企业生产的氢燃料电池车（图7-8、图7-9），已经开始批量面市。

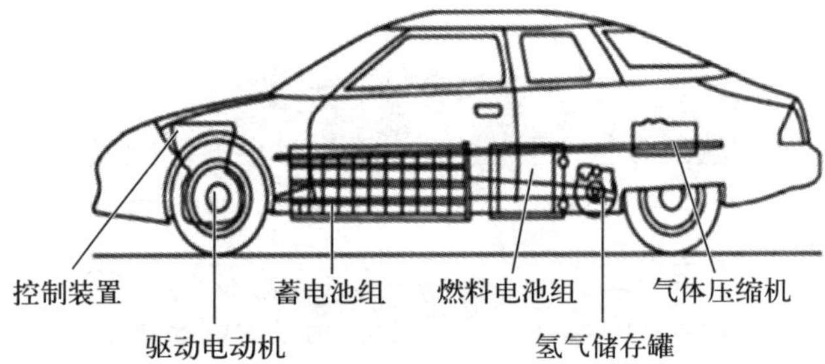

图7-8　氢燃料电池车的能源结构

图7-9　氢燃料电池车

七、混合动力汽车

从广义上说，混合动力汽车是指车辆驱动系统由两个或多个能同时运转的单个驱动系统联合组成的车辆，车辆的行驶功率依据实际的车辆行驶状态由单个驱动系统单独或多个驱动系统共同提供。通常是指采用传统的内燃机和电动机作为动力源的汽车。

统计表明，一般轿车燃油发动机的效率只有20% ～ 30%，而且环境污染严重，而电动汽车一时还无法完全取代它，于是混合动力汽车应运而生。

混合动力汽车的发动机功率比较小，一部分动力由电池-电动机系统承担。车辆启动或停车时，只靠电机带动，不达到一定速度，发动机就不工作。因此，它可以一直保持在最佳工况状态附近。这就是小功率、低排放的混合动力汽车。

混合动力汽车既发挥了发动机持续工作时间长，动力性好的优点，又可以发挥电动机无污染、低噪声的好处，二者取长补短，从而将整车的能量利用效率提升30%以上，废气排放可显著减少。在复杂路况下行驶的私家车，上坡加速时可同时使用两种动力，下坡减速时可将势能转变成电能充入蓄电池中。

八、空陆两栖汽车

空陆两栖汽车是既可以在地面上行驶，又可以在空中飞行的汽车，在消防、边境巡逻、救援和森林地区有着独特的优势。

早在60多年前，美国动画片《杰特森一家》就曾预言飞行汽车终将成为现实。如今有几个国家已经有了比较成熟的产品。

其中荷兰研制的全球首款飞行摩托车“Pal-V One”（图7-10），仅需10分钟就可从摩托车“变身”旋翼机，并已正式面市，价格不到30万美元。

图7-10　荷兰研制的全球首款飞行摩托车

美国莫勒国际公司，也于2016年

图7-11 美国空陆两栖汽车

出品了一辆M400“空陆两栖汽车”（图7-11），由于它有机载计算机系统，在必要时可以垂直起飞，车身尺寸为8.5米×2.55米×2.25米，空重为1090千克。发动机功率为865马力，在公路上行驶的最高时速为225千米，并能够在1分钟内爬升1500米；巡航速度为220～500千米/时，巡航距离为1200千米，在150米高度飞行时的噪声仅为65分贝，起降场地直径仅需约10.7米。

此外，据奥地利科技媒体*Futurezone*报道，斯洛伐克Klein Vision公司生产的“AirCar”飞行汽车（图7-12），可以在3分钟内进行模式切换，飞行速度可达190～300千米/时，它由宝马引擎提供动力。目前，已获得该国航空安全机构颁发的适航证书，并与我国河北一家飞行汽车初创企业签署了相关专利转让合作协议。

图7-12 斯洛伐克“AirCar”飞行汽车

2024年，我国的小鹏载人飞行汽车（图7-13）也正式亮相，北京汽车博物馆内有样机展示。该车可在5～25米做超低空飞行，采用类汽车驾驶模式，可实现自动驾驶、垂直起降、智能交互和低空地图导航。

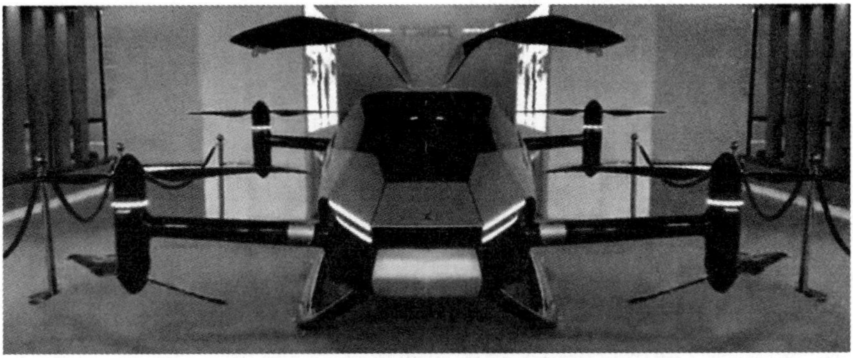

图 7-13 中国小鹏载人飞行汽车

第八章 陆上交通的依托——公路和桥梁

微信扫码
• AI交通专家
• AI科普课堂

说到交通，自然离不开道路。窄路是人走出来的，只能供人们步行；宽一点的路则是人筑出来的，可供小型车辆通行。远古的帝舜时代，全国被划分为九个州。大禹奉帝舜之命，令部落首领征用民众治理九州的山山水水，开通九州道路。李白的《蜀道难》中有名句“蜀道难，难于上青天”。而春秋战国时期，四川修建了路线平缓便捷的褒斜栈道，解决了民众翻山越岭之苦，是我国古代交通史上的奇迹。

现代的车辆行驶所依托的公路是按照国家标准修建，经主管部门验收，用以连接城市、乡村和工矿基地，主要供汽车交通使用的道路。作为交通基础设施之一，公路无论是对促进经济社会发展、方便人们的生活，还是巩固国防都有着重大意义。

早在3000多年前的商朝，我国古代交通已有所发展。根据甲骨文、金文、出土实物及古籍记载，那时就有了“步辇”和“车马”等交通工具；到了春秋战国时期，中原各国陆路交通纵横交错，还沿途设立了驿站。秦始皇统一中国后，颁布“车同轨”的法令，建成遍及全国的驰道、直道等统一规格的道路，把六国的道路整修沟通，车辆可以畅行各地。1840年鸦片战争以后，随着帝国主义的侵入，近代交通工具火车、轮船和汽车相继引入我国，铁路、航线和公路不断开辟，更加速了我国与世界各国的沟通往来。

我国古代的“高速公路”，最早出现在秦朝，叫作秦直道。那是我国历史上最早的“国道”，其主干道宽阔，可容纳多辆马车并排行驶，被称为“天下第一道”（图8-1）。公元前221年，秦朝统一天下之后，为了加强对各个地方的统治，也有对军事行动（如抗击北方匈奴）的考虑，前后征集近百万人修建而成。该公路体系以当时的国都咸阳为中心，用于皇帝出巡、军队行军和货物运输等。

图8-1　中国古代的“高速公路”

到2022年为止，全世界公路总长度约6400万千米，约80个国家和地区修建了高速公路，通车总里程超过23万千米；其中我国公路总里程达到535万千米，高速公路通车里程超过17.7万千米，稳居世界第一。其中美、中、英、德、法、意、日和加拿大等国高速公路里程，约占世界高速公路里程的80%以上。

20世纪50年代，我国修筑的川藏公路，是历史上的茶马古道，也是世界上工程最艰巨的公路之一（如今的国道318），那是10万筑路大军，用4年多时间一块石头一锹沙土铺成的天路。20世纪50年代曾流行过一首名为《歌唱二郎山》的流行歌曲："二呀么二郎山，高呀么高万丈，古树荒草遍山野，巨石满山岗。羊肠小道难行走，康藏交通被它挡……"时间流转多年，笔者至今还耳熟能详、记忆犹新。

川藏公路全长2412千米，被中外地理学家称为"世界上最危险的公路"。它全线越过二郎山、折多山、雀儿山等14座峰峦起伏的大雪山。除二郎山海拔3437米外，其余都在4000米以上。川藏线还横跨了大渡河、雅砻江、金沙江、澜沧江、怒江、帕隆藏布江、巴河、尼洋河、拉萨河等十多条奔腾咆哮的河流，架设桥梁230多座，修筑涵洞3600多个，用了近5年的时间建成，工程之艰险世所罕见。

一、公路的等级

公路等级分行政等级和技术等级两种。

·公路的行政等级

公路按行政等级，分为国家干线公路（国道）、省干线公路（省道）、县公路、乡公路和专用道路。高速公路可以是国道、省道、县道，甚至是乡道。而国道也可以是高速公路、一级公路、二级公路、三级公路，甚至四级公路。

① 国道是具有全国性政治、经济、国防意义的国家干线公路，冠以字母"G"（这就是所谓的"71118"工程）。主要分为三类，如

表8-1所示。

表8-1　三类国道

7条首都放射线 G+1位数字 (由北起始，顺时针排序)	11条北南纵线 G+2位奇数 (由东向西排序)	18条东西横线 G+2位偶数 (由北向南排序)	
G1:京哈高速 (北京—哈尔滨)	G11:鹤大高速 (鹤岗—大连)	G10:绥满高速 (绥芬河—满洲里)	G42:沪蓉高速 (上海—成都)
G2:京沪高速 (北京—上海)	G15:沈海高速 (沈阳—海口)	G12:珲乌高速 (珲春—乌兰浩特)	G50:沪渝高速 (上海—重庆)
G3:京台高速 (北京—台北)	G25:长深高速 (长春—深圳)	G16:丹锡高速 (丹东—锡林浩特)	G56:杭瑞高速 (杭州—瑞丽)
G4:京港澳高速 (北京—港澳)	G35:济广高速 (济南—广州)	G18:荣乌高速 (荣成—乌海)	G60:沪昆高速 (上海—昆明)
G5:京昆高速 (北京—昆明)	G45:大广高速 (大庆—广州)	G20:青银高速 (青岛—银川)	G70:福银高速 (福州—银川)
G6:京藏高速 (北京—拉萨)	G55:二广高速 (二连浩特—广州)	G22:青兰高速 (青岛—兰州)	G72:泉南高速 (泉州—南宁)
G7:京新高速 (北京—乌鲁木齐)	G59:呼北高速 (呼和浩特—北海)	G30:连霍高速 (连云港—霍尔果斯)	G76:厦蓉高速 (厦门—成都)
	G65:包茂高速 (包头—茂名)	G36:宁洛高速 (南京—洛阳)	G78:汕昆高速 (汕头—昆明)
	G69:银百高速 (银川—百色)	G40:沪陕高速 (上海—西安)	G80:广昆高速 (广州—昆明)
	G75:兰海高速 (兰州—海口)		
	G85:银昆高速 (银川—昆明)		

② 省道是具有全省性政治、经济、国防意义的省级干线公路，冠以字母“S”。编号S101至S199指省会放射线；S201至S299指南北纵线；S301至S399指东西横线。

③ 县道是具有全县性政治、经济、国防意义的县级干线公路，冠以字母“X”。编号X001至X999。

④ 乡村道路是为乡村生产、生活服务并确定为乡级道路的道路，冠以字母“Y”。编号Y001至Y999。

⑤ 专用公路，例如厂矿、林区、油田的专用道路等，冠以字母“Z”。编号Z001至Z999。

·公路的技术等级

根据《公路工程技术标准》（JTG B01—2014），公路按技术等级分为高速公路、一级公路、二级公路、三级公路及四级公路等五个等级。

① 高速公路。为专供汽车分方向、分车道行驶，全部控制出入的多车道公路。其年平均日设计交通量应为15000辆小客车以上。

② 一级公路。为供汽车分方向、分车道行驶，可根据需要控制出入的多车道公路。其年平均日设计交通量应为15000辆小客车以下。

③ 二级公路。为供汽车行驶的双车道公路，其年平均日设计交通量应为5000～15000辆小客车。

④ 三级公路。为供汽车、非汽车交通混合行驶的双车道公路。其年平均日设计交通量应为2000～6000辆小客车。

⑤ 四级公路。为供汽车、非汽车交通混合行驶的双车道或单车道公路，双车道四级公路年平均日设计交通量应为2000辆小客车以下；单车道四级公路年平均日设计交通量应为400辆小客车以下。

【知识链接】高速公路上为何没有路灯

道路上的照明设备，对于夜间行车安全起着至关重要的作用。但是高速公路上却没有路灯，这是为什么呢？

① 当司机以匀速状态行驶在高速公路上时，间隔出现的路灯在眼前闪过，一明一暗的照射效果，会使驾驶员视觉疲劳，进而使司机感到眩晕，对行车的判断力造成影响。此外，全路段的照明还会让司机下意识地丧失警惕性，不利于长时间的专注驾驶。

② 高速公路上有着完善的反光标志系统，包括热熔反光标线（车道线等）、贴膜式反光轮廓标（隔离带、护栏等）、主动发光或反光道钉等。这些都能够反射行车道指示标线、交通标志、路边轮廓、车道分界线和中央分隔带轮廓等。因此晚上在高速公路行车，只要打开车灯，这些反光系统就能发挥作用，起到实时引导的作用。

③ 世界上高速公路总里程已超30万千米，如果按照城市道路那样安装路灯的话，安装、使用和维护成本都将是一个天文数字。

二、车道的宽度

车道宽度是指道路上供一列车辆安全顺利行驶所需要的宽度，包括设计车辆的外廓宽度和错车、超车或并列行驶所必需的余宽等。

双向四车道公路一般是国道、省道、一级公路、二级公路，设计时速为60～80千米，一般宽度是2×7.5米，路基宽度要求达到24.5米。

双向四车道高速公路设计时速为80～120千米，路基宽度要求达到26米。

双向六车道设计时速为40～80千米，一般宽度是2×11.25米，路基宽度为33米以上。

双向六车道高速公路，设计时速为80～120千米/时，每车道宽度为3.75米，路基宽度为33米以上；需设立绿化带，路肩、应急车道、紧急停车带宽度为1.5～3.5米。

双向八车道，对于一级干道（允许车速在60千米/时以上者），宽度为2×15米；对于二级到四级干道（允许车速在60千米/时以下者），宽度为2×14米。

国道、省道、一级公路每车道宽度为3.75米，中间必须设置分隔带或绿化带，广泛用于地级城市。

【知识链接】世界公路之最

（1）世界上最长的公路

世界上最长的公路是连接北美洲和南美洲的泛美公路，从美国的边缘延伸，穿过中美洲和南美洲的大部分地区，它连接了南美洲17个国家的首都，全长47515千米。由于丛林阻塞，泛美公路在巴拿马的达连隘口中断了161千米（汽车可由船运送，到委内瑞拉或哥伦比亚后，再重新驶上公路）。

（2）世界五大风景最美的公路（美国《赫芬顿邮报》）

① 美国加州太平洋海岸高速公路。从洛杉矶南部的奥兰治县至旧金山北部的门多西诺县，全长656英里。

② 美国佛罗里达州跨海高速公路。从佛罗里达州的海角，横穿基韦斯特，至佛罗里达群岛，全程113英里，共穿越42座跨海大桥。

③ 法国阿尔卑斯大道。它从莱芒湖（日内瓦湖）滨拜恩斯，途经地中海岸，一直延伸至芒通小镇，全长425英里，是一条横穿阿尔卑斯山脉的窄道。

④ 美国犹他州12号风景道。它从南部的科罗拉多高原通往形成于亿万年前地质层，全长122英里。沿途风景变化多端、地理景观奇幻

无穷。

⑤ 越南海云通道。从岘港到顺化，一号高速路全长60英里，是世上最美的海岸公路之一。其中有一段13英里长的通道穿过越南中心茂盛的海边山林和经过Ai Van Son山3845英尺高峰和遍布弹痕的古老的法式堡垒。英国汽车节目“疯狂汽车秀”的著名主持人杰里米·克拉克森曾称它是一条“被遗弃的完美彩虹”。

（3）我国最早的公路

我国最早的公路是青岛的台柳路，它起于台东镇，终达崂山柳树台，建于德国强占时期的1904年，次年竣工，1907年开始通行汽车。1904年9月1日，崂山“麦克伦堡”疗养院建成并正式对外开放，为了满足人们从市区通往该疗养院的交通需求，修筑了这条公路。台柳公路建成后，乘马车或汽车约4个半小时即可到达崂山。

（4）我国最早的汽车站

我国道路客运行业发端于青岛。1907年，随着青岛城市人口的增多，德国占领者开始对城市总体规划进行重新编制，用以指导城市的建设与发展。1910年，《青岛市区扩张规划》正式出台。于是，1910年在青岛诞生了我国最早的汽车站，开通墨兰堡房和沙子口的长途汽车，馆陶路汽车站成了我国最早的汽车站。

（5）第一条高速公路

高速公路最早发源于德国，它于1932年修建了从波恩至科隆的世界上第一条高速公路。我国的第一条高速公路是1978年通车的台湾中山高速公路；大陆兴建最早的一条高速公路，是沪嘉高速公路，它于1984年12月21日动工兴建，并在1988年10月31日正式建成通车。

（6）车道最多的公路

世界上车道最多的高速公路在美国，纽约通往中部地区的州际高速公路，最宽处为双向20车道（4条高速汇集而成）。另外，加拿大多伦多的401高速公路多伦多段，共有18车道。为纪念阿根廷独立日的七九大道，也有18车道。

【知识链接】世界公路大桥和隧道之最

“过河搭桥，遇山开隧”，说明大桥和隧道与公路密不可分，其中亦不缺世界之最。

（1）世界最长公路桥

泰国的邦纳高速公路桥，长度达54千米，平均跨度42米，宽度27米，用了超过180万立方米的水泥，建造20多年来，保持世界第一的纪录。

（2）世界最长的跨海大桥

港珠澳大桥是连接香港、珠海和澳门的桥隧工程，2009年12月15日动工建设，2018年10月24日开通运营。桥隧全长55千米，桥面为双向六车道高速公路，设计速度100千米/时；工程项目总投资额1269亿元。

（3）我国第一座跨海大桥

位于福建省泉州市洛阳江水道之上的洛阳桥，它是一座跨海梁式大石桥，始建于宋代，已经有960多年的历史，素有“海内第一桥”的美誉，同时也是我国古代著名的“四大名桥”之一。

（4）世界最高的大桥

我国北盘江大桥，位于贵州省和云南省交界，连接起贵州六盘水市和云南宣威市。大桥桥面与谷底的垂直高度达565米（相当于200层楼高），全长1341米，接近于上海中心大厦的主体高度。

（5）世界上跨径最大的桥梁

土耳其1915恰纳卡莱大桥（图8-2），也称为达达尼尔海峡大桥，是世界上跨径最大的桥梁。桥梁主桥布置为770m+2023m+770m双塔三跨悬

图8-2　土耳其1915恰纳卡莱大桥

索桥，主梁采用钢箱梁，共计87段，总长3563米，加上引桥高架桥全桥长为4608m。主塔基础采用地基加固后的混凝土沉箱基础，主塔高度为318m，为土耳其第二高的桥梁，仅次于亚武兹苏丹塞利姆桥（322m）；桥面高72.8m，宽45.06m，最大厚度为3.5m，双向六车道，两侧有两条人行道用于维护。工程于2017年3月开工建设，2022年3月18日建成通车。

而世界跨度最大的公铁两用斜拉桥，是沪苏通长江公铁两用大桥，全长11072米，主跨1092米。大桥为沪通铁路、通苏嘉城际铁路、锡通高速公路共同的过江通道，设计为上层6车道高速公路，下层4线铁路。

（6）世界最长的海底隧道

英吉利海峡隧道，横跨英吉利海峡，西起英国的福克斯通，东到法国的加来，全长50.5千米，水下长度37.9千米，为世界最长的海底隧道。从1986年2月12日法、英两国签订关于隧道连接的《坎特伯雷条约》到1994年5月6日正式通车，历时8年多，耗资约100亿英镑。每年通过隧道的旅客达1800万人，货运量可达800万吨。

（7）我国最长的海底隧道

青岛胶州湾隧道，全长9.47千米，2011年6月30日建成通车。

（8）世界最长的双洞高速公路隧道

秦岭终南山公路隧道，位于陕西省秦岭，北起西安市长安区五台乡，南抵商洛市柞水县营盘镇，隧道双洞共长36.04千米，正常车速下穿越单洞需约15分钟。

（9）世界最大直径的盾构隧道

上海长江隧道，南起上海浦东五号沟，经长兴岛，北止于崇明陈家镇，长约8.9千米(江中段7.5千米)，隧道内径13.70米，外径15.43米，内部结构分为上层单向三车道高速公路，下层预留轨道交通空间。

（10）世界海拔最高的公路特长隧道

川藏线雀儿山隧道，施工线路全长8.955千米，其中，雀儿山隧道主洞长7079米，双向两车道，隧道洞口海拔高度4378米。

三、立体交叉让汽车川流不息

立交桥是“立体交叉桥”的简称，是指在两条以上道路的交叉处，建立的上下分层、多方向互不相扰的现代化桥梁。体形别致、美轮美奂的立交桥，通常只在高速公路互通、城市干道或快速路之间的交会处建设，是当代社会高效运输体系中不可或缺的重要一环。

1928年，美国首先在新泽西州的两条道路交叉处修建了第一条公路立交桥，后被全球众多城市效仿。现在世界上的立交桥千千万万。

在中国，立交桥的复杂程度各具特色。上海浦西高架桥（图8-3）是世界上著名的六层结构的立交桥之一。

而重庆的盘龙立交桥（图8-4），虽然只有5层，却有着“8D”的效果，是一座五层大型互通式立交桥，其中两层有主线20条匝道。有人戏称：“导航到这里要头晕，老司机到这里要迷路。”

图8-3 上海浦西高架桥

图8-4 重庆的盘龙立交桥

四、交通信号灯

俗话说“没有规矩，不成方圆”，交通方面更是如此。交通信号灯是为了加强道路交通管理，减少交通事故的发生，提高道路使用效率，改善交通状况而设立的。人们称它为马路上的安全卫士。

·交通信号灯的构成

交通信号灯由红灯、绿灯、黄灯等彩色灯光信号组成，一般安置在交叉路口，指示车辆和行人行进或停止。红灯表示禁止通行，绿灯表示准许通行，黄灯表示警示，具有法律效力。现代的交通信号灯多为红黄绿三色自动控制，有的是固定周期，有的是变周期。车道信号灯有圆形和箭头两种（图8-5）。

交通信号灯的种类很多，一般可分为机动车信号灯、非机动车信号灯、人行横道信号灯（图8-6）、车道信号灯、方向指示信号灯（图8-5）、闪光警告信号灯、道路与铁路平面交叉道口信号灯等。

图8-5　圆形和箭头形车道信号灯、方向指示信号灯

图8-6　机动车、非机动车和人行横道信号灯

·原先用于指挥马车

信号灯起源于英国。19世纪初，英国伦敦议会大厦前经常发生马车轧人的事故。当时的英国机械师德·哈特灵机一动，于1868年设计制造了其上挂着红、绿两色玻璃灯罩的煤气交通信号灯，警察通过拉动皮带轮，控制两色玻璃灯罩色彩的切换，用以指挥马车通行，红灯亮表示“停止”，绿灯亮表示“通行”，因此发明了世界上最早的交通信号灯。

红绿灯体系并不完善，所以后来又增加了黄灯。它的最早提出者胡汝鼎是一位中国人。一天，他在红灯转绿灯正要过马路时，一辆转弯的汽车“呼”地擦身而过，惊魂未定的他回到宿舍，反复琢磨，终于想到在红、绿灯中间加上一个黄色信号灯，提醒人们注意危险，就这样，黄色信号灯应运而生。从此红、黄、绿三色信号灯即以一个完整的指挥信号体系，遍及全世界陆、海、空交通领域。

1914年，电气启动的红绿灯首先出现在美国，当时还只有红绿两色灯。1918年，红绿黄三色信号灯诞生了。这种红绿灯由红绿黄三色圆形的投光器组成，安装在纽约市5号大街的一座高塔上。

在我国，最早的红绿灯于1919年出现在上海法租界。随后在1928年，上海英租界的部分十字路口也安装了红绿灯，使用机械装置指示车辆行驶，同年4月13日，南京路两个重要十字路口，也安装了红绿灯交通信号装置。

· 交警指挥的辅助手段

在自动化时代没有到来之前，我国的城市里，交警大多站在马路高出地面的人工岛上或白色圆圈内用手势进行指挥（图8-7左，现在则成了一种辅助手段）。在一些情况下，交警也采用其他形式，例如在新疆旷野地区，就有骑马的交警（图8-7中）。在交通战线上，交警可是什么“闲事”都管的人，1925年，纽约的一位警察甚至指挥车辆为一只叼着宝宝的野猫让路（图8-7右）。

图8-7　交警指挥的辅助手段示意

· 交通规则

1903年，美国的波斯特·伊诺写了一本《论交通规则》，首次提出要设立带状人行通道，并指出车辆应靠右行驶等规则，在这些原则指导下，道路法规逐步建立和完善起来。

现在世界上的道路交通有两种行制，一种是左行制，一种是右行制。有的国家汽车方向盘在左边，有的国家汽车方向盘在右边，就是因为这两种交通法则所致。我们国家采取的是右行制，它在生活中被证明更符合人体协调和习惯。

关于右行制的来历，还有一个有趣的故事。据说早先士兵装备的武器大多是长矛、长枪之类的，如果两队士兵迎面相遇，为了避免身上带的这些武器不小心误伤对方，规定两方都靠右走，把左边空出来让对方行走。久而久之，约定俗成，就慢慢演变成了靠右行的交通规则。

我国的交通法规兴于唐代，盛于宋代。仪制是朝廷官府颁布的法规礼节，即社会奉行的礼仪制度。“仪制令”在宋代专指勒字刻碑立于道路旁的交通法规。石碑上刻有“贱避贵，少避长，轻避重，去避来”字样。“贱避贵”是指一切行人车马皆避官轿驿骑、邮车，奴仆及苦力人等给官吏、贵人、主人让路；“少避长”是指年轻人让路于年长人；“轻避重”是指轻身轻骑让路于负重的脚夫及轿、车；“去避来”是指下坡人让路于上坡人，行人让其同向行的车马。

【知识链接】为什么交通信号灯要选用红黄绿三种颜色？

这主要基于光学原理和人类视觉心理。在可见光中，红色光的波长最长，穿透力也最强，即使在大气能见度比较低的情况下，红色光也容易被看见，所以用红灯表示停止。黄色光的波长和穿透力仅次于红光，极为醒目，因此被用作“警示”或“注意”的过渡信号。绿色灯光的穿透力也很强，不容易发散，还能给人一种安全感，而且作为红色的对比色，它很容易被识别，所以把绿色作为通行信号。

五、公路常用标志

人类的社会活动、日常工作与生活，都离不开交通，离不开道路和道路标志。除了上面说的信号灯以外，标志牌和标志线也很重要。

早在4000多年之前，我国就开始有了原始的交通标志。“神农始立地形，甄度四海，东西九十万里，南北八十一万里”，可见在炎帝时就有“里”的概念了，那时用“堠”（土堆）来计里，这就是最原始的公里牌。另外，《礼记》曰：“道路：男子由右，妇女由左，车从中央”亦可说明。

1903年，法国成为世界上最早在全国范围内使用统一的汽车交通标志的国家，当时是在黑色的木板上用白漆分别书写“左拐”“右拐”“危险的上坡路”等提醒司机。

1908年，在巴黎召开的首届国际道路会议上，决定实行国际统一的交通标志；直至1968年，联合国公布《道路交通和道路标志、信号协定》作为各国制定交通标志的基础，从此各国的交通标志在分类、形状、颜色、图案等方面逐渐向国际统一的方向发展。

国家标准《道路交通标志和标线》（GB 5768）系统性地规定了一系列交通标志（包括警告标志、禁令标志、指示标志、指路标志、旅游区标志、作业区标志、告示标志等，如图8-8所示）。

图8-8 公路常用标志举例

2019年6月，交通运输部开展的国家公路网命名编号调整工作已经全面完成，对既有交通标志设置和复杂路网条件下的信息指引进行了完善。

六、我国四大古桥

古代桥梁是我国建筑的一个重要组成部分，它们横跨在山水之间，便利了交通，点缀了河山，成为我国古代文明的标志之一。在那个没有钢筋水泥的时代，建桥材料都是砖石和木材。我国著名的古桥有洛阳桥、卢沟桥、广济桥和赵州桥等。

·洛阳桥

洛阳桥（图8-9）距福建泉州城5千米，北宋皇祐五年至嘉祐四年(1053—1059年)由泉州知州蔡襄主持修造。桥长834米，宽7米，是我国现存年代最早的跨海梁式大石桥，有着“海内第一桥”的美誉。

为避免海潮急流摧毁，造桥工匠创造了“筏形基础”和“种砺固基法”，解决了建造大型石桥基础工程的问题，至今使用900多年之久，充分显示了我国古代劳动人民的非凡智慧。

·卢沟桥

卢沟桥（图8-10）位于北京市西南约15千米处的永定河上，最初建于金朝大定二十九年（1189年），清朝康熙年间因洪水严重损毁，于康熙三十七年（1698年）进行了大规模的修缮和加固，是华北现存最古老的石造联拱桥。全长266.5米，宽7.5米（最宽处9.3米）。有桥墩十座，共11个桥孔，整个桥身都是石砌体结构。

图8-9 福建泉州城洛阳桥

图8-10 卢沟桥

·广济桥

广济桥（图8-11）位于潮州市东门外，横跨韩江，集梁桥、浮桥、拱桥于一体，成为古代闽粤交通要道，是我国乃至世界桥梁史上第一座启闭式石桥，集梁桥、浮桥、拱桥于一体，设计极为独特。

广济桥始建于南宋乾道七年（1171年），新中国成立前残破不堪。1958年进行加固维修，并拆除了十八梭船，改建为三孔钢架及两处高桩承台式桥梁；2003年10月开始按明代风格全面维修，2007年竣工。

广济桥全长518米，东边梁桥长283.35米，有桥墩12个和桥台一座，桥孔12个；西边梁桥长137.3米，有桥墩8个，桥孔7个，石梁宽5米。中间浮桥长97.3米，由18只木船连接而成。

·赵州桥

赵州桥（图8-12）位于河北省赵县，系隋大业初年（公元605年左右）李春建造，距今已有约1400年的历史，是当今世界上现存最早、保存最完善的古代敞肩石拱桥。它净跨37m，宽9m，在拱圈两肩各设有两个跨度不等的腹拱，其设计构思和工艺的精巧，比欧洲早约700年，不愧为文物宝库中的艺术珍品。1961年赵州桥被国务院列为第一批全国重点文物保护单位，现已不允许车辆通行。

图8-11　广济桥

图8-12　赵州桥

七、长江公路大桥

我国的河流众多，截至2022年底，已建成公路桥梁103万座以上。

长江是我国第一大河，干流自西而东横贯我国中部，自古至今给我们带来的福利不言而喻。但它同时也割断了南北的联系，给人们生活带来很多不便。特别是对长江中下游地区的上海、武汉、南京、南昌、长沙等一些大城市，和苏州、无锡、常州、镇江、扬州、泰州、南通、芜湖等中等城市而言，这种影响更为明显。随着我国经济的迅猛发展和科技实力的壮大，飞架长江南北的大桥一座座建成，给公路交通创造了十分方便条件。

截至2023年底，长江上已建和在建的桥梁总数已超过160座，其中最早建成的三座分别是武汉长江大桥、南京长江大桥和连通焦枝铁路与枝柳铁路的湖北枝城大桥。曾经最长的长江大桥是马鞍山长江大桥，线路全长36.14千米，跨江主体部分长11.209千米；造价最高的长江大桥是天兴洲长江大桥，造价达110.9亿元。

值得称道的是有“长江门户第一桥”之称的上海长江大桥（图8-13）。

大桥采用双向六车道高速公路标准设计，西南起于长兴岛的隧道登陆点，东北至崇明岛陈家镇。作为上海长江隧桥工程（“南隧北桥”）的重要组成部分，其全长约16.63千米（其中越江桥梁部分长约9.97千米）。这座大桥是世界上规模最大的隧桥结合工程之一，其主通航孔730米的跨度使其成为世界最大公轨合建斜拉桥之一。

图8-13 上海长江门户第一桥——上海长江大桥

第九章　穿梭似箭的火车

微信扫码
· AI交通专家
· AI科普课堂

被人们称为铁龙的火车，具有速度快、运量大、成本低、适应性强等优点，不但对国家的政治、经济、文化及国防建设与发展起着重要的作用，而且有利于发展同欧亚各国的贸易，增进各国人民之间的友谊。拿国内交通来说，截至2023年我国铁路营运里程已达15.9万千米；2023年，国家铁路完成旅客发送量36.85亿人次，货物发送量39.11亿吨。仅拿中欧国际班列来说，截至2024年5月底，我国境内已有122个城市开通了中欧班列线路，通达欧洲25个国家223个城市，累计开行超9万列，运输货物870万标箱，意义十分重大。不过，火车运输的发展同样经过了一个从无到有、从有到强的漫长而曲折的过程。

一、蒸汽机车的前身

俗语说“火车跑得快，全靠车头带”，这里说的车头就是机车，它的主要部件是蒸汽机。

16世纪中叶，英国的木材资源接近枯竭，亟待解决的人民生活和炼铁用煤问题成了重中之重，而煤矿中用于排水的设备——“矿工之友”萨弗里蒸汽抽水机功率不够大，于是人们就开始进行各种各样机器的设计和制造。

其中最成功的是一名叫纽科门的五金商人，他花了10年的时间，在1705年改进了萨弗里蒸汽抽水机，但是外形有点笨拙，效率也很低；后来他经过持续努力，于1712年成功制造出第一台可用于实际工作的纽科门大气式蒸汽机（图9-1）。

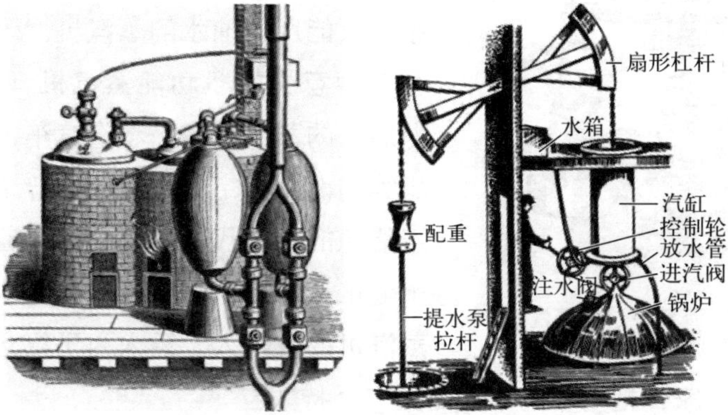

图9-1　纽科门蒸汽机

所以说，纽科门是蒸汽机的发明人。

二、瓦特的改进和发明

由于纽科门蒸汽机体积庞大且低效，所以虽然在煤矿中使用了多年，但仍然没有在其他领域推广开来。真正实用高效的蒸汽机是瓦特改进的，在后来的50年间，其结构几乎没有什么改变。

1763年，在格拉斯哥大学实验室从事仪器修理工作的技师瓦特，借一台纽科门蒸汽机损坏的机会，请求学校让他修理。修理后的这台蒸汽机虽然可以勉强工作，但是效率仍然很低。他经过大量试验，发现关键原因是：活塞每推动一次，气缸里的蒸汽都要先冷凝，然后再加热进行下一次推动，蒸汽中80%的热量都耗费在维持气缸的温度上。

1765年，他将冷凝器与气缸分离，于是气缸温度可以持续维持在注入的蒸汽的温度，后来在此基础上建造了一个可以连续运转的模型，使效率提高了3倍多。1781年瓦特公司的雇员默多克发明了行星式齿轮，从而将蒸汽机活塞的往复运动变为工作轮的旋转运动。

图9-2 瓦特改造的蒸汽机

瓦特的革新抓住了关键，他将一台原本只能用作抽水的蒸汽机，改造成为有普遍意义的多功能蒸汽机（图9-2），为后来的蒸汽火车、蒸汽汽车、蒸汽轮船等的诞生奠定了基础，开辟了人类利用能源的新时代。由于它标志着第一次工业革命的开始，所以不少人认为他是蒸汽机的发明人。后人为了纪念这位伟大的发明家，把功率的单位定为“瓦特”。

三、“功成名不就”的科学家

瓦特高效蒸汽机的出现，引发了18世纪的工业革命，直到20世纪初，它一直是世界上最重要的原动机，后来才逐渐让位于内燃机和汽轮机等。它是那么神奇：把它装到汽车上，就成为蒸汽汽车；把它装到火车头上，就成为蒸汽机车；把它装到轮船上，就成为蒸汽轮船。所以说它的诞生，不仅意味着交通运输新篇章的开始，同时也揭开了工业革命的序幕。

蒸汽机车是谁发明的？很多人会毫不犹豫地说是英国人史蒂芬逊。不过这也难怪，因为他在铁路机车上的改进的确太多，也太有名了，以至于在人们印象中超过其实际发明人——特里维西克（1771—1833年）。他同史蒂芬逊一样，也是一名经验丰富的矿山蒸汽机泵技师。

·三上三下的成功与努力

特里维西克1771年4月13日生于康沃尔，当时英国的煤矿是工业革命的关键产业之一，运输煤炭的方式成为了一个重要问题。传统的运输方式主要是依靠马车，效率低下且成本高昂。

1787年，特里维西克到一家矿业公司从事采矿和工程方面的工作，经常接触到瓦特蒸汽机。他意识到这种装置的潜力，开始着手研发一种能够用蒸汽驱动的机器来运输煤炭。

在仔细研究瓦特蒸汽机的基础上，经过一番苦心钻研，特里维西克于1801年设计制造了世界上第一台实用性轮轨蒸汽机车，取名“吹气的家伙”，成为把瓦特的蒸汽机技术应用于铁路牵引动力的第一人。这要比德国人本茨（奔驰汽车的创始人）研制汽油发动机汽车早85年。1803年，他又制造了第二台蒸汽机车，取名“伦敦客车”。在伦敦一次公开展出时，他载着七八个人，以时速14千米的速度行驶了约10英里，后来不幸由于驾驶失误，车子撞到了墙上。灰心丧气的特里维西克只好把这台机车上的蒸汽机拆下来，做了个箍桶机。祸不单行，更为不幸的是，他好不容易卖给某个煤矿一台蒸汽机车，锅炉竟然发生了爆炸，造成了10人受伤，这几乎导致特里维西克破产。不过，或许是老天爷帮忙，或许是他走运，就在特里维西克事业失败似乎成了定局的时候，一件戏剧性的事件却让他峰回路转。1804年，特里维西克制造了他的第三台蒸汽机车“新城堡号”（图9-3）并获得了成功。

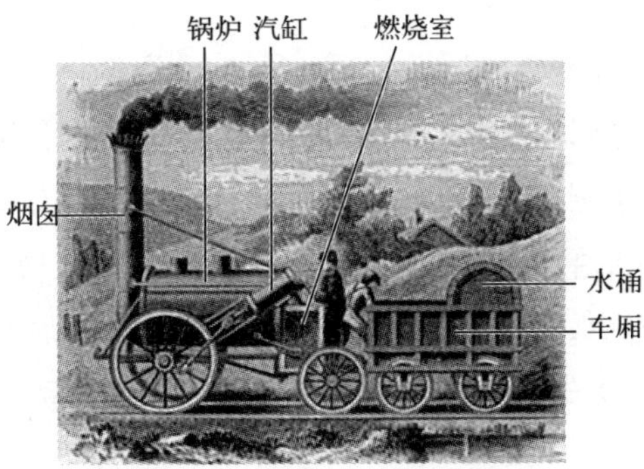

图9-3 “新城堡号”蒸汽机车

这台自重4.5吨的蒸汽机车，拉着70名乘客以及5节车厢，载满10吨铁矿石，在铁轨上跑了16千米，最终用时4小时05分成功抵达南威尔士炼铁厂，比史蒂芬逊的第一辆蒸汽机车“布吕歇尔号”早了10年。这是世界上第一代、最初级、最古老的蒸汽机车带动的火车。正是这辆气势磅礴的蒸汽机车，以无与伦比的巨力，宣告特里维西克建造的蒸汽机车获得成功，开启了人类历史上一个崭新的交通运输时代。

1808年，特里维西克又制造了他的第四台蒸汽机车，也是他的最后一台蒸汽机车。他在伦敦建造了一条圆形的轨道，进行杂耍表演，吸引了几千人乘坐，终于赚了一点儿小钱。不过在1810年，由于承包的穿越泰晤士河的隧道工程发生了漏水事故，他彻底破产，只好背井离乡。1816年他去秘鲁的矿山从事蒸汽机安装工作，并在那里买了银矿，后遭到南美军队抓捕和囚禁，银矿也被没收了。

特里维西克满足于浅尝辄止，他常常灵光闪现，但是缺乏坚韧不拔的意志力；他满足于自己聪明的发明给自己带来的风光，却缺乏深入改造它使之满足于现实应用的能力。这也是他一生潦倒的重要原因。

直到特里维西克离世近百年后，人们才逐渐认可特里维西克的功绩。1932年，他逝世的肯特郡建立了一个以他的名字命名的公共图书馆，在他的故乡康沃尔，政府也为他竖立了一尊铜像。在伦敦，他当年试验蒸汽机车的地方——尤斯顿广场矗立着一块纪念石碑，记述了与之有关的历史。2004年英国政府在纪念“新城堡号”蒸汽机车成功之际发行了2英镑硬币，波兰也曾经为他的贡献发行过纪念邮票（图9-4）。

图9-4 英国发行的2英镑硬币和波兰发行的纪念邮票

· 特里维西克的卓越贡献

图9-5 特里维西克在机车上

特里维西克16岁时在英国矿场工作，接触并开始研究改进瓦特的蒸汽机，后来成为一名工程师，他对蒸汽机的卓越贡献是多方面的。首先在1801年，在圆柱状锅炉内安装了很多2米多长的铜管，从而大大提高了蒸汽机的热效率。这项改进不仅获得的功率比瓦特蒸汽机大很多，而且比较安全；其二是安装了熔点较低的铅制安全阀，可避免锅炉爆炸事故；其三是改进了烟囱的设计，提高了煤的燃烧率。可是因为这辆机车（图9-5）还是笨重了一点，而铸铁轨道又显得单薄，结果在使用过程中有一些轨道被压坏，导致矿山主拒绝采用他的蒸汽机车，仍然用马拉货车的老办法运输矿石。最终特里维西克不得不卖掉了“新城堡号”的专利权以维持日常生活，与成功失之交臂。

特里维西克发明了蒸汽机车，但是由于它不能和当时只供马拉车辆行驶的铁轨相适应，而且在屡次发生事故后都未能做进一步改进，因此与成功总有一步之遥，特里维西克于1833年在贫病交加中死去，因此，他的名声也远不如下面要介绍的史蒂芬逊那么响亮。

四、从放牛娃变成科学家

1781年6月9日，史蒂芬逊出生在英国一个矿工家庭，全家8口人就靠着他父亲做锅炉工的微薄收入来维持，所以他8岁那年就出去给人家放牛。

他15岁那年，父亲把他带到自己所在的煤矿里当工人，协助看管抽水机，在擦洗蒸汽机的过程中，他渐渐懂得了一些机械知识。这不仅使他对蒸汽机产生了兴趣，而且使他突然萌生了制作蒸汽机车的想法。于是，他白天打工，晚上去夜校学习，从小学一年级开始读起。经过几年的勤奋学习，史蒂芬逊的知识面终于有了极大的扩展。

史蒂芬逊25岁时，在威灵顿看到当地的煤矿工人，用固定在山顶的蒸汽机牵引煤车翻山越岭后，便决心要研制出能在平地上行驶的运煤蒸汽机车。在总工程师的指导下，史蒂芬逊又自修了大学的数理课程。他工作勤奋，业绩丰硕，在28岁时晋升为工程师。

第一次工业革命时期，英国群贤会聚、灿若繁星。各大煤矿的老板都跃跃欲试，想制造出一台蒸汽机车来，既能提高生产率，又能光宗耀祖，可大多都没有成功。作为煤矿工人出身的工程师史蒂芬逊，听说有人要制造“能行走的蒸汽机”，他也跃跃欲试。

他仔细分析了别人失败的原因，经过4年的努力，终于在特里维西克蒸汽机车的基础上，于1814年制成了一台“布吕歇尔号”蒸汽机车，虽然它看起来还很粗糙，车头有个巨大的气缸，还连着一根粗壮的烟囱，却能拖动30多吨的货物，成为世界上第一台具有使用价值的蒸汽机车。美中不足的是它的最高速度只能达到6.4千米/时，而且机车行走时震动得厉害，噪声也很高。

19世纪20年代后期，史蒂芬逊决定在他主持修建的从利物浦到曼彻斯特的35英里铁路线上，全部使用蒸汽机车。由于当时机车尚不十分完美，所以这条铁路开通运营之后，在很长一段时间内仍在用马拉货车和客车。

一次次的失败使人们一度认为马匹才应该是铁路运输的动力，甚至在蒸汽机车刚诞生时，与其竞争的主要对手仍然是马匹。1830年蒸汽机和马力之间的争论，还在大部分的人中继续着，直到铁路史上具有划时代意义的利物浦-曼彻斯特铁路正式开通，马拉铁路才慢慢地退出舞台。

史蒂芬逊认识到，必须尽快研制出速度更快、牵引力更强的机车。为此他和他的儿子一道，将机车由齿轮转动改装为活塞杆直接带动车轮运动，研制出了性能较好的“旅行者号”（图9-6）机车在这条铁路线上行驶。

图9-6 史蒂芬逊和他的“旅行者号”机车

1825年，英国建成了世界上的第一条铁路，从煤矿之乡达林顿至港口斯托克顿。前车之鉴，后事之师。为了提高铁轨的强度，这次使用了鱼肚形的熟铁轨，全线长37千米。不过，那时火车与马车的影响力旗鼓相当、势均力敌，反对使用蒸汽机车的势力还很强。差不多全英国的人都在发问，铁道上到底应该跑火车，还是跑马车？毕竟一开始，轨道就是为马车设计的。利物浦铁路公司董事会，为了平息两派之间的分歧，争取公众对机车的支持，策划了一场机车与马车的比赛。

9月27日比赛那天，现场宾客云集，人声鼎沸，铁路两侧挤满了观看的人群。参加比赛的列车，除了史蒂芬逊驾驶的“旅行者号”外，还有四列马拉货车。

史蒂芬逊驾驶着他的“旅行者号”蒸汽机车，载着450名乘客和90吨货物，共30多节车厢，像一条巨龙奔驰在广阔的原野上。机车平均速度为13千米/时，最高时速达到24千米。机车行进时，许多小伙子跟着火车奔跑，也有人骑马沿路相随。最终史蒂芬逊和他的机车毫无悬念地赢了。事实胜于雄辩，人们从此对火车的认识改变了，蒸汽机车被名正言顺地用于交通运输领域。这是人类历史上第一次用蒸汽机车，在铁路上牵引客货列车行驶，标志着铁路运输时代的诞生。

1829年，史蒂芬逊造出了性能更加完善的火车头——“火箭号”（图9-7）。此后又花费多年的时间改造机车，并说服大英政府开始修建新铁路。到19世纪50年代，铁路建设达到高潮，1880年基本完成主要线路的铺设，1890年形成全国性铁路网，总长达32000千米。

图9-7 “火箭号”机车

就这样，史蒂芬逊一生为研制机车、修筑铁路耗尽了心血。他虽出身贫寒，却总心怀希望；虽然饱受挫折，却从未想过放弃。这位伟大的发明家、杰出的工程师贡献了毕生精力，为整个人类的进步作出了巨大贡献。后人为了纪念他，称他为铁路“机车之父”。

五、世界上形成建造铁路的狂热

英国史蒂芬逊制造蒸汽机车和建造铁路的事迹，对世界产生了深远的影响，修建铁路便在各主要资本主义国家陆续展开。许多国家的开拓者明察秋毫，抓住这个商机穷追猛打，修筑铁路成为当时世界上先进国家最时髦、最热门的事情。由于需要技术，欧美主要资本主义国家铁道公司都来请史蒂芬逊当顾问。美国的铁路建设始于1830年（其早期的铁路建设主要集中在东部各州），法国始于1832年，比利时始于1835年，加拿大始于1836年，俄国始于1837年，意大利始于1839年。到1845年，欧洲主要资本主义国家均已铺设铁路，19世纪后半叶，铁路建设的热潮已经扩展到非洲、南美洲和亚洲各国（图9-8）。

图9-8　19世纪的机车

1830年5月24日，美国的第一条铁路建成通车，从马里兰州的大西洋岸重要海港巴尔的摩至俄亥俄州，全长21千米。10年后，蒸汽机车运营里程达4500千米。19世纪50年代，修筑铁路的规模扩大，80年代形成高潮。从1850—1910年的60年间，共修筑铁路37万余千米，平均年筑路6000余千米。1887年筑路达20619千米，创造了美国铁路建设史上的最高纪录。1916年，美国铁路营业里程达到历史上的最高峰408745千米。

六、中国的蒸汽机车

中国自主建造的第一辆蒸汽机车，是在1880年到1881年间，由英籍工程师金达设计并带领开平矿务局的工匠，利用进口的旧材料在该局机械修理厂组装的，它于1881年运行于唐胥铁路。1881年6月9日唐胥铁路铺轨的时候，“龙号”机车就已经建成了，当时为了纪念史蒂芬逊诞辰一百周年，由开平矿务局第一任总工程师白内特的夫人命名为“中国火箭号”；又因为机车水柜两侧各镶嵌一条金属龙形图案，因此，这台机车也得名“龙号”（图9-9）。“龙号”机车建成以后，它的制造者们对这台机车都非常重视，特地从英国定制了一个铭牌，上面写着“1881年开平矿务局制造”。

图9-9 “中国火箭号”（“龙号”）机车

新中国刚成立时，我国的蒸汽机车制造业十分落后，当时共有4069台蒸汽机车，分别来自英、俄、日、美等9个国家的30多家工厂，型号多达198种。

1952年7月26日，青岛四方机厂（现中车集团四方股份有限公司）成功制造了新中国第一台自主设计的蒸汽机车（图9-10）。该车全长22.6米，构造速度（车体结构制造能适应的最大速度）80千米/时。因为在“八一”前夕诞生，它因而被称作“八一号”，后来改名“解放”型，曾由四方厂、大连厂和齐齐哈尔厂进行批量生产。直至1960年，该型机车停止生产，共计生产了455台。

图9-10 我国首台蒸汽机车

1957年7月，大连厂又在“解放”型蒸汽机车的基础上，进行现代化改造设计开发了“建设”型蒸汽机车。至1965年大连和戚墅堰两厂共生产“建设”型机车1071台。

1956年，大连机车车辆工厂制造出“和平”型（后改为“反帝”型、“前进”型）大功率蒸汽机车，至1988年12月停产止，全国共生产4714台。

2024年1月，随着西北地区最大的三道岭露天煤矿蒸汽火车停止运行，中国蒸汽机车带动的火车正式退出历史舞台。

【知识链接】世界第一张客运火车票的故事

作为火车的动力，蒸汽机与马力的斗争过程是艰难的，不过，蒸汽机最终还是赢家。1830年9月15日，英国达林顿至斯托克顿的铁路开行了定期旅客列车。作为他们高效工作的象征，其后的第三天，世界上第一张乘客乘车凭证——客运火车票诞生了。它长88毫米，宽60毫米，票据上只印有站名，而火车发车时刻、乘车日期以及发行者签名均由售票处人工登记。

如今，世界上第一张客运火车票的样式踪迹难觅，现在网上流传的样式（图9-11）实际上是误传。图9-12是1837年伦敦铁路公司的三个月有效期的客票。

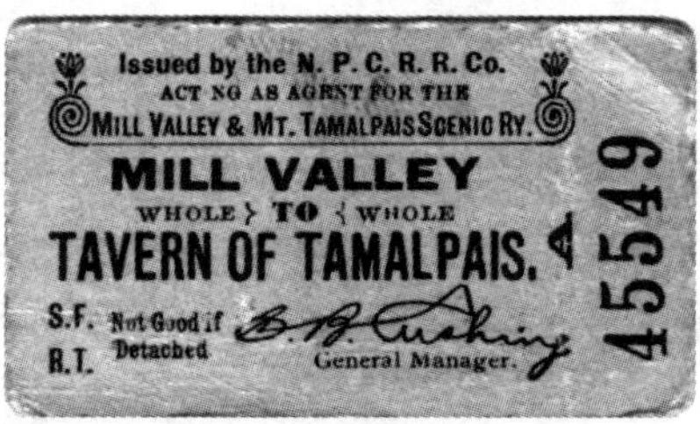

图9-11　北太平洋海岸火车公司的通用火车票

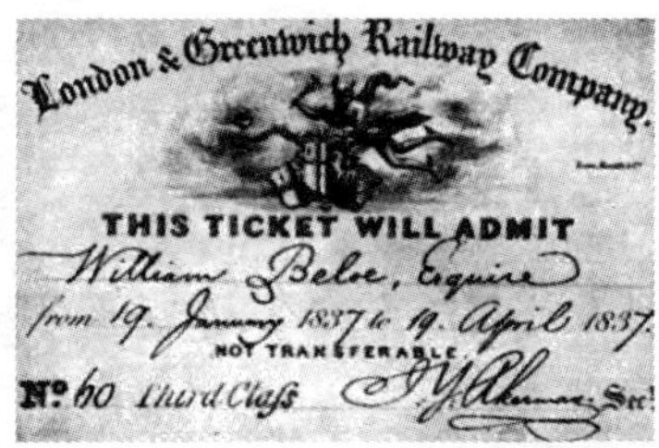

图9-12　1837年伦敦铁路公司的三个月有效期的客票

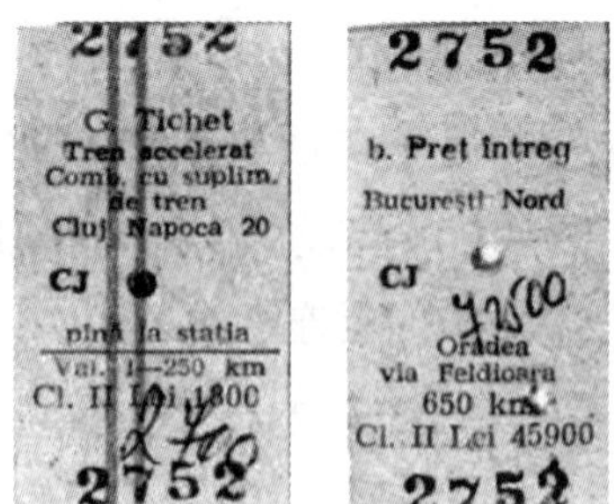

图9-13　埃多蒙桑式火车票

随着铁路的发展和客流量的增加，靠售票者逐张填写车票的办法显然落后了。于是，1836年英国米尔顿车站站长托马斯·埃多蒙桑制作了一种小巧的木制活版，上面刻有车站名称、票价、列车号等，涂上墨水后，可印刷在票面上，售票时就只需填写车票编号。后来，心灵手巧的他又陆续设计出了车票架、印票机、盖印日期的号码机，并申请了专利。由此，埃多蒙桑式车票迅速风靡世界，并发展成标准型卡式车票（图9–13）。这种厚车票长57.2毫米，宽31毫米，一直沿用了170年，直到有计算机软纸车票为止。

【知识链接】中国铁路客票

新中国成立前的火车票（图9–14）格式五花八门，有横式的也有竖式的，但均以硬纸板卡式为主，软纸客票为辅（多用于补票等）。笔者发现其中有一张非常独特，它上面只印起点站名和可乘里程数，而没有标出终点站名（图9–15）。根据票价推断，可能是20世纪40年代国民党政府发行法币时期的火车票。

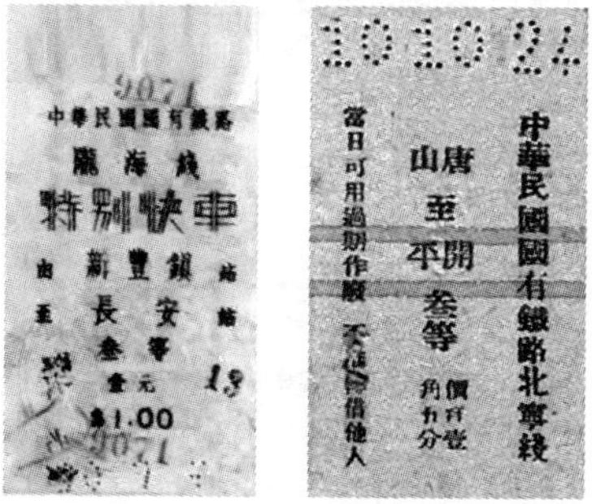

图9–14 新中国成立前的火车票

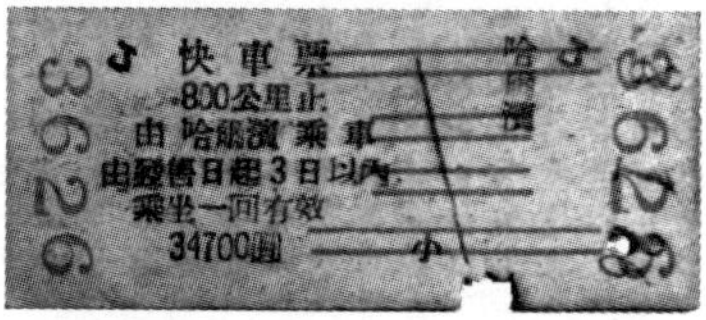

图9–15 一张没标出终点站名的火车票

新中国成立后，早先铁路上用的标准客票也是卡片式的（图9–16），尺寸为57毫米×25毫米，更加小巧一些。票面底纹的颜色分别规定为：软座客票为浅蓝色，硬座客票为浅红色，市郊客票为浅紫色，简易车客票为浅绿色，篷车客票为橙黄色；快车的车票票面印有一条红线，特快车的车票票面印有两条红线。这是我国的第一代火车票。

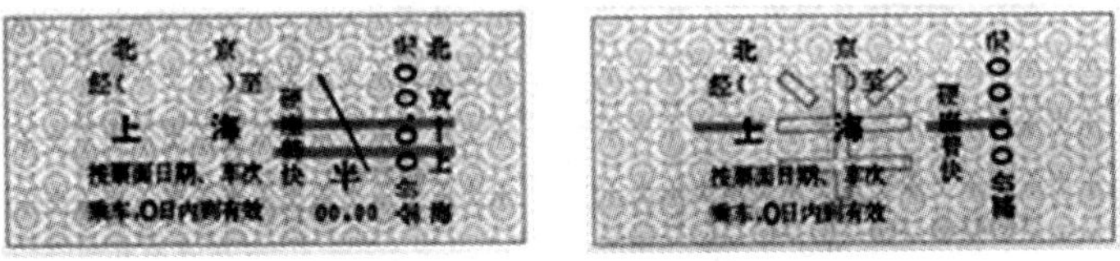

图9-16　常规卡片式硬座客票

不过，也有一种超长卧铺火车票（图9-17），十分罕见。

随着打印机技术的进步，到20世纪80年代，深圳等地的火车站开始使用铅印和打印相结合的软纸质火车票（图9-18）。

1997年，铁道部确定了计算机打印车票的统一式样。这种电子火车票上带条形码，在售票时使用非击打式打印技术的热转出票机现场打印，票面为粉红色。这是我国的第二代火车票（图9-19）。

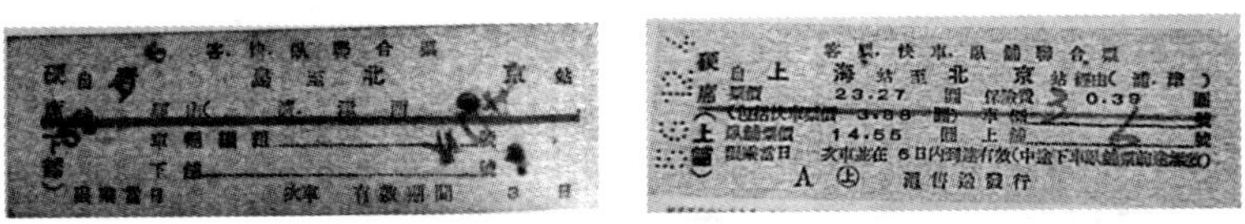

图9-17　超长卧铺火车票

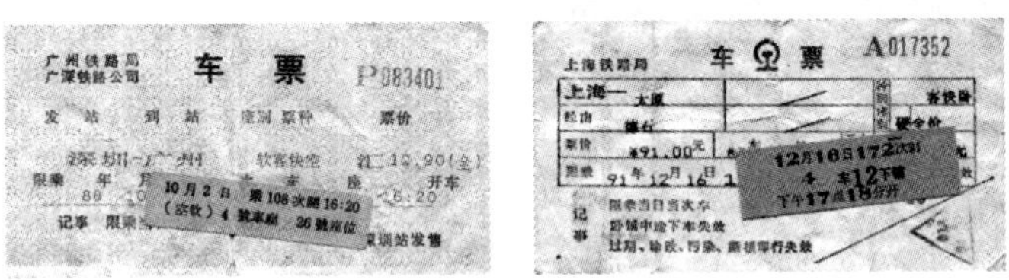

图9-18　铅印和打印相结合的软纸质火车票

图9-19　我国的第二代火车票

图9-20　我国的第三代火车票

从2015年8月1日开始，我国全面推行新版火车票，这种火车票上带二维码，凡是实行计算机联网售票的车站，都使用这种车票，票面为蓝色。这是我国的第三代火车票，也称为磁介质火车票（图9-20）。

2018年11月，我国开始试行火车电子客票。旅客通过互联网订购车票之后，仅凭有效身份证件直接到车站办理乘车手续即可成行，实现“无票乘车”。这种车票首先在海南环岛高速铁路试点，2019年7月扩大至上海至南京、成都至重庆、广州至珠海（湛江西）、昆明至大理至丽江4条高铁城际铁路试点，2019年四季度后在全国高铁和城际线路大面积推进实施，并于2020年4月29日实现高铁和城际铁路电子客票全覆盖。这是我国的第四代火车票。可以说，火车票经历了一个从无到有，又从有到无的改变。

【知识链接】改作火车票的邮票

1888年，清朝在台湾的第一任巡抚刘铭传，委托印制了一套数张的龙马图案邮票。发行后，由于当时台湾的信函不多，所以并没有派上用场，后来被改作火车票，由各铁路公司加盖本公司标志即可使用。

这是我国现存“最早的火车票”。2010年在香港，这套完整的清代龙马图邮票（图9-21），曾经创下当时880万港元（约合750万元人民币）的高价。

图9-21　改作火车票的邮票

七、电力机车大显身手

机车的重要性是不言而喻的。史蒂芬逊设计的蒸汽机车在铁路史上，开辟了近代运输的新纪元，曾经辉煌过一个时期，有巨大的经济和社会效益。但同时也存在诸多问题，如热效率低（6%左右）、噪声大和环境污染、保养维修量大等，速度也有待提高。所以，当电力机车和内燃机车问世后，蒸汽机车就逐渐被淘汰了。

1837年，美国人德劳布特把一部电机装在轻便马车上驱动了车子。不过，由于电池的功率太小而走得很慢。经再三改进，他后来制作成了第一部电车模型，车速也稍有提高。到了1842年，英格兰人戴维森制造出了一台重5吨的电力机车，由40组电池供电。但由于当时技术不过关，机车只能勉强工作。

到了1879年，德国西门子电气公司研制成功了一台小型电力机车（图9-22），重量只有954千克，由3马力直流电动机驱动。机车车身小，没有驾驶台，可以乘坐18人，操纵杆和刹车都装在靠前轮的地方，司机只能骑在车头上驾驶。

图9-22　西门子小型电力机车

1884年，美国工程师亨利发明了架空线，电车开始由有轨向无轨转变。

1885年，西门子-哈尔斯克公司修建了6千米的电气化铁路，首次采用高架电线输送电流。

图9-23 伦敦首次将电力机车运用于地铁

1890年英国伦敦首次将电力机车运用于地铁（图9-23），其电能来自大型蒸汽机驱动的发动机，因为发动机的功率太小仅够列车使用，所以那时地铁站上的灯都是煤气灯。

随后的1895年，美国巴尔的摩铁路隧道区段的干线采用电力机车。20世纪初，欧洲有几个国家曾建成几段以三相交流电供电的电气化铁路。1903年德国的三相交流电力机车创造了210千米/时的高速纪录。

电力机车有很多优点，综合性能比蒸汽机车和内燃机车强得多，不仅广泛用于干线铁路的运营，而且服务于几乎所有的城市轨道交通中。现今，世界各国大多普及了电力机车的运用，并大力发展更先进的电力机车。

我国1958年制成了第一辆以引燃管整流的“SS”型电力机车，1968年又改用硅整流器，成功制成“SS-1”型电力机车，现在已经发展到“SS-9G”型。后来，我国又陆续研制了多种新型电力机车（图9-24）。

图9-24 现代化电力机车

八、技高一筹的内燃机车

蒸汽机车通过用煤烧水把水变成蒸汽后推动活塞，使火车运行。由于其锅炉笨重、工作环境差、效率低、速度慢、噪声大，所以在有了内燃机后便被内燃机车所代替。

内燃机车是以内燃机作为原动力，通过传动装置驱动车轮转动的机车，具有使用方便灵活、上马快和基本投资较少、运输效率高等优点，尤其适用于一些运输不太繁忙、列车数不太多的线路。我国铁路上采用的内燃机绝大多数是柴油机。

内燃机车的工作原理是，燃料在气缸内燃烧，所产生的高温高压气体在气缸内膨胀，推动活塞往复运动，继而传输给传动装置，拖动或推送车辆前进。装有电力传动装置的内燃机车，称为电力传动内燃机车。

图9-25　奥托第一台往复四冲程内燃机

1876年，德国发明家奥托在前人的基础上，创制了第一台往复活塞式、单缸、卧式、3.2千瓦的四冲程内燃机（图9-25），它以煤气为燃料，采用火焰点火，转速为156.7转/分，压缩比为2.66，热效率达到14%，运转平稳。在当时，无论是功率还是热效率，它都是最高的。

1892年，德国工程师和发明家狄赛尔，成功地制造出世界上第一辆柴油发动机，并于1893年获得专利。柴油机为单缸四冲程柴油机，是一种不用点火系统的压燃式内燃机，它的出现，不仅使柴油有了用武之地，而且比汽油机省油，功率大、污染小，适宜作为载货汽车和火车的动力。

1925年，美国铁路史上第一辆柴油机车投入运行。由于内燃机车的效率和环保性都大大超过了蒸汽机车，而且不像电力机车那样受限制，所以美、英、加拿大等国相继开始了铁路牵引动力的内燃机化进程。那时的火车各方面的技术还不成熟，最快速度是40千米/时。

我国于1958年开始制造内燃机车，先后有“东风”型等3种型号机车投入批量生产。1969年后相继批量生产了“东风4”等15种新机型，同第一代内燃机车相比较，在功率、结构、柴油机热效率和传动装置效率上，都有显著提高。第二代电力传动内燃机车“东风DF4”型（图9-26）最高时速170千米。

图9-26 第二代电力传动内燃机车“东风DF4”型

2023年1月31日，中车青岛四方机车车辆股份有限公司与阿联酋签约，生产世界上速度最快的内燃机车组，运营时速可达200千米。

九、一藤二瓜的燃气涡轮机车

图9-27 燃气涡轮机

燃气涡轮机（图9-27）是在内燃机的基础上加装了一套涡轮增压系统，以增加进气量，也是内燃机的一种。这种机车通过传动装置驱动车轮，制造和修理简单，能使用较为劣质的燃料（如重油等），因此对能源的适应性比内燃机车强；又因为不需要多少水，可在低气压、寒冷的高原环境工作，环境适应性比内燃机车和蒸汽机车强。

燃气涡轮机主要由压气机、燃烧室和燃气涡轮这三大部件组成，其工作原理是：压气机把空气吸入后逐渐压缩，再在燃烧室里与天然气燃料混合后剧烈燃烧，产生高温高压的气流，再进入涡轮中膨胀做功，输出强大动力。

1939年，瑞士布朗-博韦里公司设计研发了世界上第一台工业燃气涡轮机。我国首台F级50兆瓦重型燃气涡轮机由东方电气集团带头研制，并于2023年正式投入商业运行。相信在不久的将来会在机车上得到应用。

十、不用掉头的子弹头动车组

传统的绿皮火车到终点后，总是要掉头的，其程序也比较麻烦；而动车的头和尾长得一模一样，所以不需要掉头，到达终点后只要将旅客座椅旋转180度即可。

动车是指轨道交通系统中装有动力装置的车辆，能产生一定牵引力，而动车组列车就是由若干带动力的车辆（动车）和不带动力的车辆（拖车）组成的列车，两端各有1个“子弹头”驾驶室（部分车厢也自带动力），带动6节车厢。乘客可以始终面向列车运行方向，从而避免头晕，设施也更加舒适和人性化。从北京出发去上海，只要花6小时甚至更少的时间即可到达。

图9-28　动车组列车

我国现有的动车组（图9-28）

有“和谐号”和“复兴号”，它们运行的列车有D字开头的普通动车，速度可达200～250千米/时；G字开头的高铁列车，速度可达300～350千米/时；和C字开头的城际列车，速度可达250～350千米/时。

十一、我们进入了高铁时代

2003年10月12日，连接秦皇岛与沈阳两座城市的客运铁路开通，这是我国第一条轮轨高速动车组列车的试验路线，创造了当时“中国铁路第一速”——321.5千米/时。

2004年铁道部与世界主要动车组制造商谈判引入动车组先进技术；2005年铁道部与西门子公司合作，签订更高时速的动车组协议；2007年初，“和谐号”动车组CRH上线运营，4月开始按照每小时200～250千米的速度运行；2008年8月1日我国第一条时速350千米的京津城际铁路正式开通运营，我国正式进入高铁时代；2017年我国标准动车组正式改名为“复兴号”动车组，并在京沪高铁首发；2017年9月，京沪高铁正式以最高350千米时速运营。

据我国铁路有关部门的消息，截至2023年底，全国高铁营业里程达到4.5万千米，累计旅客发送量达到36.8亿人次。

2016年我国“十三五”规划提出，要建设“八纵八横”高速铁路，主通道总里程约4.5万千米，截至2024年10月已建成约80%。与此同时，六次大提速使火车的速度达到全新水平，以最重要的全长1318千米的京沪高速铁路为例，其最快的车次，从北京南到上海虹桥的运行时间已缩短至约4小时18分，而在50年前则需要36小时。

【知识链接】“和谐号”与“复兴号”列车动车组的区别

高铁是我国铁路重要的交通工具，“复兴号”和“和谐号”则是其中最著名的两种型号。可以说“和谐号”是我国第一代高铁列车，而“复兴号”则是第二代高铁列车（2021年开始，又有了第三代“复兴号”智能动车组）。它们都采用了我国高速列车的标准，具有较高的安全性和舒适性，都具有子弹头流线形状，但在某些方面仍然有着许多的差别。

① 外形形状和标识不同。首先“复兴号”的外观更加流线形，车头比较尖锐，车身上有“CR”字样或“复兴号”标志。而“和谐号”的车头比较圆润、经典和稳重，车身上都喷涂有明显的“CRH”字样或“和谐号”标志。其次腰带颜色不同：“和谐号”的腰带是白底蓝色，而“复兴号”的腰带是金色或红色。

② 前进速度不同。由于“复兴号”采用了轻量化设计和智能控制系统，从而使得它的速度更快。其试验时速可达420千米及以上，持续运行时速为350千米。而“和谐号”的一般运行时速达200千米以上，最高可达380千米。

③ 充电插座数量不同。“和谐号”每排座位只有2个电源插座；“复兴号”每两个座椅都有1个插座，每三个座椅就有2个插座。

④ 电器配置不同。“复兴号”全车覆盖Wi-Fi、全程免费使用，每一节车厢可以承载80～120部移动终端，不需要密码就能自动连接，而且车厢内还会配备高清电视；而“和谐号”则没有。

⑤ 座位宽度不同。“和谐号”的二等座椅间距0.99米，一等座椅间距1.06米；而“复兴号”的二等座椅间距1.02米，一等座椅间距1.16米。

⑥ 座位显示信息不同。“复兴号”列车具备座席信息显示功能，每个座位编号都使用指示灯来显示。如果指示灯是红色，就说明这个座位上有人，绿色就代表这个座位没人。而“和谐号”就没有这种信息显示功能，不能确定这个座位到底有没有人。

⑦ 设计寿命不同。“和谐号”的寿命是20年，“复兴号”是30年。

⑧ 车厢门控制方式不同。“复兴号”的车厢门完全是自动化的，而“和谐号”的车厢门则不然。

⑨ 票价不同。“复兴号”大部分都是高铁，运营的数量并不是很多；而“和谐号”大部分都是动车，运营的数量稍微会多一点。因此两者的价格相比较，“复兴号”的价格会更贵一点。

十二、高铁时代的慢火车

2008年8月1日，随着京津城际铁路的开通，我国迈入了高铁时代，截至2023年底，全国高铁营业里程已达4.5万千米。可是你知道吗？在这样的大环境下，我国还有81趟“公益性慢火车”在运行。

由普雄站往返于攀枝花站之间的5633/4次列车（图9-29）就是其中的一列。这趟列车常年穿行在大凉山的崇山峻岭之中，行程376千米，沿线经过38个乡镇，沿途停靠27个站。

图9-29 成昆线上的“公益性慢火车”

自从成昆线1970年7月开通以来，这趟“慢火车”已运营了50多年，作用和效果非凡。沿线群众不仅可以把自己生产的农副产品带上车，而且列车上还为不同的乘客群开辟了专用车厢，如“学生学习车厢”“健康驿站车厢”“流动集市车厢”和“慢车牧歌车厢”，所以彝族群众称赞其为“公益车”“扶贫车”“求学车”“就医车”“探亲访友车”。这趟列车，50多年来从未涨价，最低仅需2元，而从头乘到尾也只要25.5元，亏损部分由政府给予补贴。因为它是肩负着重要使命的“扶贫车”！

2020年11月，凉山彝族自治州所有的国家级贫困县均已脱贫，所以这趟过去的“扶贫慢火车”又摇身一变成了“致富公交车”。

2022年底，“复兴号”列车也开进了大凉山；它和慢火车这对孪生兄弟“一快一慢”，各有分工、相互交融，将肩并肩地把彝族群众带向更加幸福光明的未来！

第十章　铁路及其大桥

微信扫码
• AI交通专家
• AI科普课堂

19世纪后期至20世纪30年代，欧美铁路客运进入了“黄金时代”。20世纪40年代以后，公路、航空等其他运输方式的挑战，使铁路客运在竞争中处于被动局面，迫使铁路人提高火车的运行速度，促进了机车和铁轨技术的改进。

从20世纪初至50年代，德、法、日等国家先后开展了大量有关高速列车的理论研究和试验工作。1955年3月，法国用两台电力机车牵引3辆客车，试验速度达到了331千米/时，创造了当时高速铁路的纪录。1964年，世界上首条投入商业运营的高速铁路在日本诞生，最高时速达210千米，而目前高速铁路商业运营速度普遍可达350千米/时。

截至2022年底，世界铁路总里程约为124万千米，其中美国铁路里程约16.8万千米、欧盟国家合计约20.82万千米、中国铁路营业里程约15.5万千米。

一、铁轨与马车的渊源

铁轨与马车，似乎风马牛不相及。但是，现代火车的重量特别大，要求和地面之间的摩擦系数很小，所以必须在铁轨上行驶才行。没有铁轨，火车就成了无源之水、无本之木。那么，铁轨与马车又有什么关系，两者又有着怎样的故事呢?

· 马车轮距的确定

可能有很多人会认为，马车轮距一定是经过许多科学家反复计算、试验，最后确定下来的，是最科学最合理的尺寸，然而真相并非如此。

据说公元前55年，古罗马帝国军团入侵尚不强大的大不列颠，他们所用的两匹马并列牵引的两轮木制战车（图10-1），所向披靡。其轮距为四英尺八英寸半，换算成公制即为1435毫米。

图10-1 两匹马牵引的二轮木制战车

为了能够使战车通行，古罗马军团所到之处都铺设了适用于这种轮距的长途马路。到了1807年，英国诞生了有轨公共马车，它的设计者居然也沿用了这一轮距。

· 生铁价格跳水引发铁轨问世

16世纪下半叶，英国的矿山和采石场，其产品的运输是靠行走在木质路轨上的车子，用人推或马拉动的。据说到了1767年，英国的生铁价格跳水，一家铁工厂的老板，有堆积如山的铁，既赚不了钱，又卖不出去，还要占用很大的仓库，于是就把生铁浇铸成铁条铺在工厂的道路上，准备等到价格上涨再卖。后来人们发现车辆在铁道上行驶，既平稳又省力，不仅摩擦力小、更坚固，而且也比木质的路轨能承受更大的重量。于是经改良以后就成了铁轨。这个发明简直是石破天惊，成了继车轮之后又一个推动生产力向前发展的发明。那些矿山和采石场里的木轨，纷纷变身为铁轨，运输效率得到极大提高。

·火车和马车赛跑的故事

火车是1814年发明的，它的出现不仅改变了人们的出行方式，也大大提高了运输速度，促进了工业的发展，人类也由此进入了工业革命时代。

不过，火车刚发明时，并没有专用的火车轨道，而是在马车的轨道上行驶的，速度很慢，甚至还比不上马车。曾经还有过一个火车和马车赛跑的故事：1830年8月28日，在美国巴尔的摩港市，举行了一场马车、火车大赛。有个地主叫彼得·库柏，造了一台“大拇指汤姆号”机车（自重1吨，功率约为1.5马力），决心要和本市公共马车大老板斯托克斯的一匹剽悍的灰马一决雌雄。那天比赛开始时火车起动慢，于是马车超前了400米；当机车正常运行并以24千米/时的速度通过了弯道，眼看灰马的主人就要认输时，机车鼓风机的皮带却从滑轮上脱落下来，结果灰马追了上来，赢得了这场比赛的胜利。1906年，美国曾有一张照片和一幅木版画表现了同一主题的内容（图10-2）。

图10-2 火车和马车赛跑

·“路径依赖”法则延续了马车轨距

英国建设斯托克顿-达灵顿铁路时，设计工程师乔治·史蒂芬逊，成功地说服了机车车辆的制造商，同意铁轨的轮距和马车的轮距保持一致，使得以前马车的轮距得以延续。

当然，火车轨道与马车轨道的形状不同。所谓火车铁轨轨距，是指两股钢轨头部踏面下16毫米范围内工作边之间的最小距离（图10-3）。

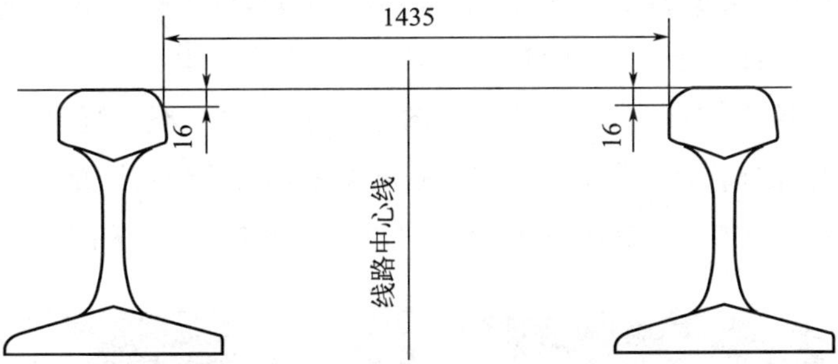

图10-3　火车铁轨轨距（单位：毫米）

如此这般，后来这一轨距竟然得到人们的普遍认可和继承。于是1937年，国际铁路联盟作出规定，将1435毫米的轨距定为国际通用的标准轨距。我国最早建造铁路时，因为詹天佑等专家基本都是从欧美留学回来的，所以，我国所有铁路，包括后来的动车和高铁的轨距宽度都是1435毫米。而世界上，西欧、北美、北非等地区使用最广泛的也是标准轨距。

这种继承，在学术上有个理论叫作“路径依赖”，即人们常说的习惯势力或者传统势力的影响力。例如我们使用的电脑键盘字母的排列顺序是QWERTY……而不是按照英文26个字母的先后顺序。究其原因，据说是电脑键盘是按照英文打字机键盘移植过来的，而打字机的发明者Sholes，在1870年研制打字机时，是为了解决打字员打字速度过快会造成挤塞现象，故意打乱了字母排列顺序。1936年，美国有一个发明家Dvorak博士，曾经对它研究了十多年，发明了一种新的ASK键盘，声称比Sholes设计的键盘效率更高。可是到最后，

ASK键盘并没有赢得市场的认可而慢慢地销声匿迹了。美国经济史学家、斯坦福大学教授David认为，现用键盘之所以能在市场上占统治地位，不是因为它最好，而是因为它最早。

诚然，现在世界上的铁轨轨距并非只有一种，而是有十多种。比标准轨宽的称为宽轨，如俄罗斯的宽轨是1520毫米；比标准轨窄的称为窄轨，其中最为常见的是1067毫米和762毫米。

轨距各不相同，给跨国的运输造成了麻烦，不但降低了火车的运力，也增加了运输成本。所以，有的国家建有双轨距铁路或多轨距铁路，铺有三条或四条钢轨（图10-4），以便让不同轨距的列车选择通过。

图10-4　三条或四条钢轨的铁路

二、风驰电掣的高速铁路

高速铁路，是指新建设计时速为250千米至350千米，运行动车组列车的标准轨距的客运专线铁路。世界上第一条高速铁路系统是于1964年建成通车的日本东海道新干线（图10-5），连接东京车站与新大阪车站，速度超过200千米/时，路线长度515.4千米。随后，各个国家也开始了自己国家高铁的发展。

2008年8月1日，我国第一条时速350千米的京津城际铁路（图10-6）正式开通运营，标志着我国正式进入高铁时代。随后十几年

图10-5 日本东海道新干线

图10-6 京津城际高速铁路

里，我国先后建成数十条高铁线路。直到今天，我国高铁创下的350千米/时的速度依旧位居世界第一，力压老牌高铁强国日本与法国。在长三角地区，高铁总里程已经突破7000千米，甚至推出了“公交化”高品质服务。

我国高速铁路一般采用无砟轨道（少部分例外）；统一运营构造速度达250千米/时以上的电力动车组列车，车次分“G”“D”“C”字母开头三种，车辆分CRH（引进国外技术的“和谐号”）和CR（自主研发的“复兴号”）系列车型；全部采用高速铁路级，主要用于东部铁路客运干线和特大城市群城际铁路。截至2023年底，我国高铁营业里程达4.5万千米。

然而，350千米/时并不是高速铁路的极限，近年来各国都在积极研发时速超过1000千米的超级高铁。马斯克的“铝制胶囊”、维珍航空的胶囊列车，以及我国科研机构研发的电磁橇，都是探索超级高铁的一种思路。目前，三种方案都处于试验阶段，究竟哪一种方案率先通车尚未可知。

现在无人驾驶汽车无人不知无人不晓。可是无人驾驶的高铁却凤毛麟角。2022年北京冬奥会期间，我国第一条也是世界上第一条无人驾驶高铁，在京张高铁上运营，最高时速达到350千米，开辟了继无人机、无人汽车以及无人船以外无人驾驶技术的又一个运用领域。我国高铁运营里程已经超过4.5万千米，投入使用的高速列车接近4000辆，如果未来全面实现了无人驾驶，意义十分重大。

【知识链接】火车上安装涡轮喷气发动机的列车

20世纪60～70年代，美苏为了应对竞争，双双展开了“高铁”计划：1966年，美国生产了M497黑甲壳虫涡轮喷气列车（由纽约中央铁路设计），车头部安装有两台通用电器G4719型喷气式发动机，最高时速达到295千米，是当时美国轨道车辆的最高时速。1970年，加里宁车辆制造厂也研制出苏联首辆SVL喷气式高速列车，动力系统采用两台雅克40支线客机喷气发动机，整辆车长28米，2008年8月整辆车被切割，车头作为建厂110周年纪念碑用于展示。它们（图10-7）曾经是世界上最快的火车，但后来就像两颗陨落的流星，生命绚烂而短暂，似乎从来没有来到这个世界上一样。

图10-7　安装涡轮喷气发动机的机车

试验结果证明，在铁路运输中采用喷气式列车理论可行，但运行噪声和燃料消耗相当巨大，因此没有进一步发展。

三、中国第一条自建铁路

完全由我国人自己设计修建并投入营运的第一条铁路是京张铁路，

它从北京丰台柳村出发，途经八达岭、居庸关、宣化等地至河北张家口，并在柳村与原有的京奉铁路（今北京至沈阳）接轨，全长201.2千米。该铁路于1905年9月开工，1909年建成，无外国人员及资金参与。现为京包铁路线的首段，由“中国铁路之父”詹天佑主持建造。

京张铁路最终总造价只有外国工程师报价的五分之一，节约投资22万两白银。投入运营后，仅7年时间就延伸到大同，又经过5年延伸到包头，成了一条实现政治统一、巩固国防、民族融合、繁荣北方地区的大动脉。

为纪念詹天佑为我国铁路事业作出的贡献，1922年，长城脚下的百年老站青龙桥火车站竖立了詹天佑铜像（图10-8）。1987年，有关部门将詹天佑夫妇的坟墓，从海淀万泉庄迁到青龙桥，并在八达岭关城西门外建造了詹天佑纪念馆。

图10-8 青龙桥火车站的詹天佑铜像

现在全国建立的詹天佑铜像不下十座。

【知识链接】英国人帮助修建的两条铁路

其实在京张铁路之前，我国已经建造过两条铁路：一条是上海的14.5千米长的吴淞铁路；另一条是9.7千米的唐胥铁路。这两条铁路都是在英国人的帮助下修建的。

1876年，以英国的怡和洋行为首的英国资本集团“先斩后奏”，背着清政府，以修建“寻常马路”为名，擅自修建了从上海至吴淞口的窄轨（轨距为762毫米）铁路——吴淞铁路（图10-9），这是我国第一条营业铁路。然而这条铁路通车不到1年，就被清政府花了28.5万两银子赎回并拆除，4台机车和器材被送到台湾，以备兴建台湾铁路。1897年，清政府利用该铁路部分路基重建，并改成普轨，1898年9月1日通车，全长16千米。1904年改名为淞沪支线。

图10-9　吴淞铁路文物保护标志牌

此外，为了煤炭运输需要，1879年开平矿务局要求修筑唐山到北塘口的运煤铁路，遭到清政府顽固派的强烈反对，只好开掘运河运煤。但由于地势原因，唐山到胥各庄之间的地势太高无法进行，清政府这才勉强批准修建，但是鉴于皇室中一部分人的守旧、迷信和闭关自守，禁止使用机车，“以免震惊了东陵的先王神灵”（注：在唐山西部不远处，有一片埋葬着清朝皇帝、嫔妃、阿哥、格格的皇室陵墓）。所以此段铁路建成之后，只能以骡马为牵引动力，被世人称为“马车铁路”（图10-10）。1882年，唐胥铁路开始使用蒸汽机车牵引煤车运煤，同年兼营客运业务，唐胥铁路被后人称为“中国铁路建设史的正式开端”。至今，唐山南站东侧有一条铁路，从一个上百年的涵洞里穿越而出，铁路边有一块石碑上刻有“中国铁路起点”字样（图10-11）。

图10-10 唐胥铁路建成初期仍用马车运煤

图10-11 唐山南站“中国铁路起点”纪念碑

【知识链接】完全由中国人自主设计、自建、自资的首条铁路——新易铁路

中国人自己出钱、由中国人自主设计和建造的首条铁路不是京张铁路，而是1902年通车的清西陵专用线——新易铁路（图10-12）。这条铁路的总工程师也是詹天佑。詹天佑打破外国惯例，采用“边筑路边铺轨”的方式，仅用4个月就完工。这条铁路的修建为后来的京张铁路积累了经验，培养了技术团队。但由于线路较短且主要服务于皇家祭祀，故知名度较低。

1902年，慈禧太后要求次年清明节乘火车前往易县清西陵祭祖，而当时的京汉铁路仅通至新城县高碑店。因此需修建一条从高碑店至易县梁各庄的42.5千米铁路。清王朝实际使用过三次：1903年慈禧祭祖、1909年光绪帝奉安、1913年隆裕太后祭陵。线路命运多舛，多次因战乱损毁，又多次重建。1958年后曾局部修复运营，但最终于1971年因京广铁路复线建设彻底拆除。随着公路交通发展，这条开创性的皇家陵寝铁路最终退出历史舞台。

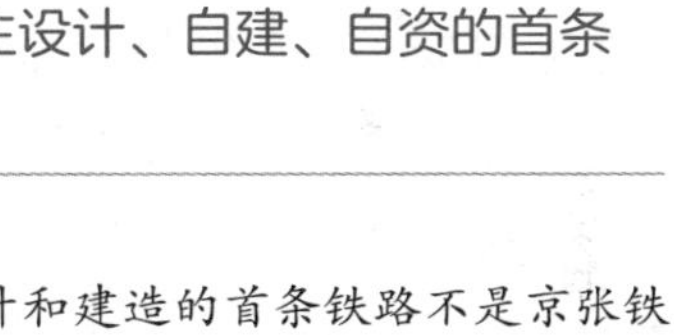

图10-12 高碑店－易县间的客票

四、铁路的构成和等级

·铁路的构成

铁路是由路基、道床和铁轨构成的。

（1）路基

直接铺设轨道结构并承受列车荷载的主体建筑物，与桥梁、隧道相连，共同组成一个线路整体，按填筑材料分为土质路基和石质路基两种。

（2）道床

分有砟道床和无砟道床。

① 有砟道床。有砟轨道的道床主要由碎石、木枕/钢筋混凝土枕和扣件等组成。其功能是分压传力、约束轨排、增弹减振、渗水排水和方便维修；适用于行驶普通列车。

② 无砟道床。无砟轨道的道床是由混凝土、沥青混合料组成的整体；它没有道砟飞溅的问题，且平顺性好，稳定性高，使用寿命长，几乎不用维修，适用于行驶高速列车。

（3）轨道结构

轨道结构通常由两条平行的钢轨、轨枕、扣件及道床组成，固定在枕木上，枕木之下为道砟，普通铁轨一般使用常规的钢材，高速铁路则要使用高级钢材，然后焊接成长钢轨线路。

1937年，国际铁路联盟作出规定，将1435毫米的轨距作为国际通用的标准轨距。如今，世界上仍有30多种不同的轨距标准。铁路轨距的标准不一，必然会使铁路运输难以畅通。可喜的是，世界上已有的高速铁路系统几乎全部采用标准轨距。

钢轨的规格是以每米长的钢轨质量表示的。我国铁路上使用的主要钢轨类型有75、60和50（千克/米）等。各国的规定有所不同。

·铁路的等级

为合理利用资金，我国根据铁路在铁路网中的作用、性质和远期客货运量，将铁路划分为不同等级。

根据GB 50090—99《铁路线路设计规范》规定，新建和改建铁路（或区段）的等级，根据其在铁路网中的作用、性质、旅客列车设计行车速度和客货运量，分为Ⅰ、Ⅱ、Ⅲ和Ⅳ四级。

① Ⅰ级铁路。在铁路网中起骨干作用的铁路，或近期年客货运量大于或等于2000万吨者。

② Ⅱ级铁路。在铁路网中起联络、辅助作用的铁路，或近期年客货运量小于2000万吨且大于或等于1000万吨者。

③ Ⅲ级铁路。为某一地区或企业服务的铁路，近期年客货运量小于1000万吨且大于或等于500万吨者。

④ Ⅳ级铁路。为某一地区或企业服务的铁路，近期年客货运量小于500万吨者。

注：年客货运量为重车方向的货运量与由客车对数折算的货运量之和。1对/天旅客列车按100万吨年货运量折算。

五、我国的铁路大桥

铁路是交通的大动脉，根据中国国家铁路集团发布的数据，截至2023年底，全国铁路营业里程已达15.9万千米，所以铁路桥梁数目自然也不会少。

截至2023年底，我国已有铁路桥梁近10万座，累计长度超过3.3万千米，建成和在建的跨度超过200米的大跨度高铁桥梁近130座，主要跨越长江、黄河、珠江水系和西南部山区。

·新中国成立前的第一座公铁两用桥

钱塘江大桥，又称钱江一桥，是杭州市境内的一座跨钱塘江两岸的梁桥，位于西湖之南，六和塔附近的钱江上，北起西湖虎跑路，全长1453米，宽9.1米，1935年4月正式开工，1937年9月26日建成通车，是我国第一座特大型铁路-公路两用大桥。由我国桥梁专家茅以升设计、我国自行建造。它经历了87年风风雨雨的考验，如今依然巍然屹立于钱塘江畔。战火纷飞的年代里，在经费紧张以及建造难度大、风险高等条件下，仅用时两年半就建造完成，打破了钱塘江“水深流急，不可能建桥”的断言。

·新中国成立后的第一座公铁两用桥

武汉长江大桥是连接武汉市汉阳区与武昌区的桥梁，横跨长江水道，是新中国成立后修建的第一座公铁两用桥，素有“万里长江第一桥”美誉。毛主席《水调歌头·游泳》中的“一桥飞架南北，天堑变通途”的“桥”就是指的这座桥。同时，它也是武汉市重要的历史标志性建筑之一。

该桥1957年10月15日通车运营，线路全长1670米，主桥全长1156米；上层桥面为双向四车道城市主干道，设计速度100千米/时，下层为双线铁轨，设计速度160千米/时；总投资额为1.38亿元人民币。

·世界上最长的铁路大桥

目前我国铁路桥梁全长在千米以上的特大桥有70余座，世界上铁路大桥长度前三名都在我国。

第一长的是丹阳到昆山的丹昆特大桥，长达164.851千米（是美国庞恰特雷恩湖桥的4倍多），由4000多孔900吨箱梁构成，创造了最长高速铁路大桥的吉尼斯纪录。

第二长的铁路大桥是位于中国台湾地区的彰化至高雄高架桥，全长约157.39千米，由彰化县八卦山到高雄左营，2007年竣工。

第三长的铁路大桥是天津特大桥（位于京沪高速铁路上，连接着河北廊坊和青县），长113.7千米。

第十一章 活跃在地上和地下的轨道交通

微信扫码
• AI交通专家
• AI科普课堂

就广义而言，轨道交通是指运营车辆需要在特定轨道上行驶的一类交通工具或运输系统。那么，最典型的轨道交通就是前面所述的传统火车了。不过，随着火车和铁路技术的多元化发展，现在一般所指的轨道交通，比较多用于称呼在经济发达地区中，新建的各种中短距离客运铁路系统，即城际轨道交通和城市轨道交通两大类。其普遍具有运量大、速度快、班次密、安全舒适、准点率高、全天候、运费低和节能环保等优点，但同时常伴随着较高的前期投资、技术要求和维护成本，并且占用的空间往往较大。

截至2023年底，全球有79个国家和地区的563座城市开通了城市轨道交通系统，总里程超过43400千米。

轨道交通可分为地铁、轻轨列车、单轨列车、磁悬浮列车和自动旅客捷运系统（APM），此外还有缆车和管轨式滑道车等。

一、常见的轨道交通

• 地铁列车

地铁在特大和大城市已经相当普遍，其列车长度和宽度有一定的区别。

地铁列车分为A、B和C型三种，但界限并不是那么严格，各国的掌握也不尽相同。

A型地铁列车：长22.8米，宽3米，代表车型：上海地铁1、2、3号线列车。

B型地铁列车：长19米，宽2.8米，代表车型：北京、天津地铁宽体列车，西安地铁1、2号线列车。

C型地铁列车：长19米，宽2.6米，代表车型：上海地铁5、6号线列车。

· 轻轨列车

轻轨占地小、运能大、造价低、速度快，一般适用于城市的市郊，或道路条件较好且对景观与噪声要求较低的城区。其规格与C型地铁列车相同。轻轨的“轻”是指列车载重轻，而不是轨重小，事实上与轨重没有直接关系，很多时候轻轨的轨重甚至超过地铁。

在我国，轻轨是指单向断面客运能力在1～3万人/时的城市轨道交通系统，其线路通常设于地面或高架桥上，也可延伸至地下结构内。而国际上则是指经过现代科技改造升级后发展出来的有轨电车系统。

1879年，德国工程师维尔纳·冯·西门子，在柏林的博览会上首先尝试使用电力带动轨道车辆。此后俄国的圣彼得堡、加拿大的多伦多等地都进行过开通有轨电车的商业尝试。匈牙利的布达佩斯在1887年创立了首个电动电车系统，1888年美国弗吉尼亚州的里士满也开通了有轨电车。

我国是在有轨电车发明了20年后才引进有轨电车的。1899年，清政府从德国西门子公司引进数辆有轨电车，由英国人在北京修建了一条由马家堡至永定门外的线网和轨道，全长约3.3千米。可惜的是次年义和团运动兴起，因该有轨电车线路为英国人修建，故于1900年6月12日被付之一炬，此后也没有修复，我国第一条有轨电车的命运就此结束。

交通是人们出行的刚需。于是1921年北京电车股份有限公司成立。1924年12月17日，北京第一条有轨电车正式通车（图11-1）。那时候叫第1路汽车，往返于前门和西直门之间，设头等和二等车厢。开通之初该线全长9千米，共10辆运营车，到1935年运营车辆已发展到96辆。

1904年抚顺客货混跑电铁线路建成。1906年4月正式对外开通营运（之前对内通勤客运以煤矿的产业工人为主）。1914年全线电气化改造完成，2009年7月1日起停止对外客运业务。现在在天津、长春、大连、上海、贵阳和汕头等城市都开通了轻轨。

2020年，中车株洲电力机车有限公司为墨西哥第一大工业城市蒙特雷量身定制了26列轻轨车辆（图11-2）。这列轻轨列车设计时速80千米，载客量355人。2023年，中车唐山机车有限公司为阿根廷的贝尔格莱诺研制了智能新能源轻轨列车。这些事实说明我国的轻轨技术已经进入世界前列。

图11-1　北京1924年的有轨电车复原品

图11-2　为墨西哥定制的轻轨车辆

·单轨列车

世界首条马拉单轨交通，由英国亨利·罗宾逊帕尔默建造，1825年6月25日（比1863年世界首条伦敦地铁还要早近40年）在英国切斯特开通，至今已有200年历史；首条蒸汽机牵引的单轨，于1876年在美国宾夕法尼亚州的费尔蒙特公园，配合美国百年博览会（美国建国100周年）展出，长度约170米，连接了园艺与农业两个展览馆。后来，德国和意大利等国也相继建造并形成规模。

单轨列车是由橡胶车轮导向的轨道交通。顾名思义，其轨道只有一条，而非传统列车的两条，路轨一般用混凝土制造，要比普通钢轨宽很多。单轨列车的车辆比路轨更宽，与城市轨道交通系统相似。单轨列车主要应用在城市人口密集的地方以运载乘客，被称为“架在空中的铁路”。一些游乐场内也有建造单轨列车。

单轨列车按照走行模式和结构，主要分成悬挂式单轨和跨座式单轨两类（图11-3）。悬挂式单轨列车(也称空中轨道列车)的列车悬挂在轨道之下。跨座式单轨列车的列车跨坐在路轨之上，两旁盖过路轨。

图11-3　悬挂式单轨列车和跨座式单轨列车

单轨列车通常为高架，具有成本低、工期短的优点。而相对于高架的钢轨地铁而言，高架单轨具有占地少、污染小、能有效利用道路中央隔离带，适于建筑物密度大的狭窄街区的优点。此外，单轨列车和轨道容易检查和维修养护，因而单轨是大城市客流中等的交通线路和中等城市主要交通线路的较好选择。特别是在地形条件复杂，利用其他交通工具比较困难的情况下，更能体现其优越性。所以说，建设和发展单轨列车，不失为改善我国城市交通状况的一个有效途径。

我国重庆市已有3条单轨线路投入运营，其中的3号线,总里程67.09千米，是世界上最长的跨座式单轨交通线路；芜湖、柳州也各有2条单轨列车。另外一些城市也拟建设单轨列车，如武汉于2023年9月16日开通的“光谷光子号”，系中车四方股份公司自主研制的高智能、高安全、高舒适、低能耗列车。

· 无轨电车

无轨电车虽然是交通运输的一个组成部分，但是与轨道交通关系不大，这里不作为重点内容。

19世纪后期，欧洲的汽车还不太普及，城市内仍然大量使用马车作为交通工具。一匹马一年需要50亩（1亩≈666.67平方米）的马场草地才能喂饱，养马的成本很高，可见马车的性价比太低。于是1882年4月29日，西门子发明了无轨电车。

1901年7月10日，世界首个载客的无轨电车系统在德国开通运营。它使用由两条架空平行接触线和一对靠弹簧支撑的受电杆组成的装置作为电流授受系统，奠定了现代无轨电车电流授受系统的基础。它不需要在地面构筑铁轨，性价比更高，也不会破坏城市交通网。

1914年前，英商上海电车有限公司开通了无轨电车线路。第一条无轨电车线路（14路）开通于当年11月15日，由福建路延安路驶往1.1千米外的郑家木桥，刚运营两周就有20万上海人赶来乘坐。1915年线路延伸至爱尔考克路（今安仁街）。

无轨电车有很多优点，但因为它的灵活性较差，所以从2006年起，上海开始试验一种电容蓄能式的电动客车来取代部分无轨电车。车辆在车站间行驶时使用储存于电容内的电力，无须连接到接触网。到了车站后，车辆利用乘客上下车的时间接上电源，快速充电。

北京第一代无轨电车，车长9.42米，载客人数达70～80人。1957年—1969年，累计生产469辆。1957年2月26日开始投入运营。当初最早开通的电车1路（即后来的101路）从红庙路口东到百万庄西口，全长14千米。

1980年之后，我国有部分城市开始逐渐以柴油为燃料的公共汽车取代无轨电车，现在逐步向油电混合车型转变。

二、世界上第一条地铁的故事

从1863年世界上第一条地铁开通至今，已经经历了160多个春秋，可谓历史悠久。单是在其发源地伦敦，伦敦地铁系统在2017年的年客流量达到约14亿人次。在此期间，地铁的发展速度也很快。截至2023年年底，世界上有79个国家和地区的563座城市拥有地铁。接下来讲一讲世界上首条地铁的故事。

· 形势所迫

地铁的发源地是英国伦敦，由于英国第一次工业革命的兴起，伦敦的人口激增，1854年达到260多万人，以后逐年增加。根据当年的统计，每天进城的人数：步行的有20万，乘公共马车的有3.4万，乘私家马车或租马车的有2.6万，乘坐火车的有2.7万。由于街道狭窄，不仅行人、小贩和马车挤得水泄不通（图11-4），而且马粪产生的臭气熏天有碍卫生。因此迫切需要有更好的交通工具。虽然当时蒸汽火车已经普遍使用，各大城市间的铁路也铺设完毕，但考虑到蒸汽火车的烟雾会污染环境，故议会立法严禁将车站设在市中心附近。为了解决日趋严重的交通与卫生问题，当时的伦敦市政府时常召开听证会集思广益，但都没有征得什么良方。在众多的市民中，有人提出进行城市拆迁改造，但政府又无力承担这笔支出；还有一位名叫查尔斯的律师，他提议修建“伦敦中央火车站”，铺设一条用玻璃罩保护起来的贯穿城市中心的铁路，由于不太现实，也没有得到支持。

图11-4　英国第一次工业革命后的伦敦街景

· 灵感源于老鼠洞

后来，查尔斯律师仍然为此绞尽脑汁，一如既往地想方设法。有一天半夜起床上厕所，他偶然观察到老鼠在墙角的洞穴中跑来跑去，于是灵机一动，一个绝妙的设想浮现在他的脑中：火车既然无法从地面开进城市，那么是否可以让它在地下开到市中心？经过他的缜密分析并确认了这个大胆的设计，终于促成了世界上第一条地铁的建设。1847年，他毅然辞去律师工作，专心致志地开始了地铁的构思设计。

怎么在城市开挖地下铁道？经过3年的努力，1850年，查尔斯正式向政府提交了修建地下铁道的方案。经过长达6年的论证之后，政府决定采纳他的建议，敲定在帕丁顿和法灵顿大世界之间，开挖一条长达6千米的地下通道。从1860年2月开始动工，1863年1月9日，世界上首条地铁——英国的“伦敦大都会铁路”正式开通，干线长度约6.5千米，其创始人查尔斯也因此被誉为“地铁之父”。

·事实胜于雄辩

1861年，在修建这条世界上史无前例的地铁之前，伦敦人对这个前所未见的新事物并不抱信心。伦敦各大报纸曾经对它进行了各种各样的猜测和议论，比如地道会不会塌方，旅客会不会被蒸汽火车头喷出的浓烟毒死等，当地的牧师甚至指责地铁开发公司“企图闯入地狱之门”。甚至连《泰晤士报》也说建造地铁的想法“不切实际而且危险”。

在质疑与困难中，这条全长6.5千米的大都会地铁线历经3年的建设，终于在1863年1月10日正式通车运行。当然在建造过程中，遇到的问题也不少。这不足为奇，因为创新和挑战总是并存的一对孪生姐妹。例如1862年，当地铁挖到一条小河的岸边时，河岸发生了坍塌，工地灌进了2米多深的河水，脚手架横七竖八地泡在水里，一片狼狈。这个问题致使工期延迟了3个月。

不过，就在第一条地铁线建成后，《泰晤士报》很快改变了态度，称其为“当今伟大的工程学典范”。

1890年11月4日，当时的威尔士王储（后来成为英王爱德华七世），出席了第一条采用电力驱动地铁线路的通车典礼，可见英国对地铁的重视程度。当时地铁列车的电能来自大型蒸汽机驱动的发动机。因为发动机的功率不够大，所以地铁站的照明都是煤气灯。微型电力机车牵引三个木制车厢（图11-5），每个车厢只能容纳30名乘客（图11-6）。车厢的大门不是在侧面，而是位于两端。每个车站有1名负责人，确保车厢不超载并负责打开车门。

图11-5 车厢外景

图11-6 车厢内景

那天的乘客总数达到了4万人。它不仅速度快，而且一列车的载客量可抵十几辆公共汽车。按照当年7月的统计，地铁向公众开放的前6个月里，乘客数量达到477万人，平均每天有26500人乘坐。到了1880年，扩展后的大都会铁路，每年可运载4千万名乘客。

·设备简陋且分级乘坐

那个年代电力尚未普及，地铁空间相对封闭，加之使用蒸汽机车，虽然有许多排风口吸走蒸汽机车产生的黑烟，但是地铁乘车环境依然很糟糕。烟云缭绕致使经常有人被熏得头晕甚至晕倒。当时的地铁隧道没有照明，车站站台使用煤气灯照明，车厢内部用白炽灯泡照明；车厢是木制的，只有很小的磨砂玻璃窗；乘客上下全走楼梯，更没有扶梯，信号系统也是沿袭铁路上的老一套。

可是，虽然条件这么差，每天依然有很多人争相乘坐地铁，除了不用担心像地面上堵车外，更是一种时髦和享受，上到皇室贵族、王公大臣，下到市井小民都以乘坐地铁为荣。不过，1924年早期的伦敦地铁列车车厢是分等级的：富人们坐在头等车厢里，而普通老百姓只能坐三等车厢，而女性也曾有过专用车厢。

此后，英国格拉斯哥、匈牙利布达佩斯等地也相继修建地铁，至

图11-7　伦敦交通博物馆陈列的机车

今已经遍及全世界。作为19世纪最伟大的发明之一，地铁这种交通工具让全世界人民受益，英国人民对交通事业的贡献举足轻重。为了纪念这一历史性的创举，他们把当时使用过的一辆蒸汽机车，完好地收藏在伦敦交通博物馆内供人参观（图11-7）。

·建造方法原始

地铁隧道的挖掘有三种方法，一是明挖法，二是盖挖法，三是暗挖法。

图11-8　明挖法

伦敦的第一条地铁，采用的是明挖法（图11-8）：将沿线的地上住户全部搬迁，从地面向下挖出一条10米宽、6米深的大沟；再在露天铺好路轨，建好站台、架设钢支撑或者浇筑钢筋混凝土支撑，用黄砖加固沟壁，建筑隧道壳体，再搭成拱形的砖顶，然后回填覆盖，在地面重建道路和房屋。

这种方法的优点是施工方便、成本较低，适用于地势平坦、岩土质软、没有建筑设施和管线的地区。但是缺点是影响周边环境和交通，施工场面比较混乱。

虽然当时布鲁内尔设计的方形铸铁框盾构机，已经成功贯通了横断泰晤士河的水底隧道，但是由于政府的保守，担心这项技术尚未成熟，所以坚持采用了十分费时费力的明挖施工法。

1863年建成的这条地铁隧道，尽管设置有一定数量的通风井，仍然有机车产生的烟雾在隧道中弥漫，致使地下铁道的长度受到限制。直到1890年，世界上第一条由电力驱动的地下铁路在伦敦开通后情况才得以改善。1905年，伦敦早期开通的地铁系统全部实现电气化，成为现代化的大都会地铁系统（图11-9）。

1900年贯通的地铁“中央”线上的火车车头（图11-10），已经考虑到空气阻力的影响和回程调头的问题，所以把它制造成准子弹头状，且引擎可以双向驱动。这是当时有远见卓识人士之举。

图11-9 现代化改造后的场景

图11-10 准子弹头状的机车

·“钻地龙”式的盾构机

暗挖法是在特定条件下，不挖开地面，全部在地下进行开挖和修筑衬砌结构的隧道施工方法。暗挖法可以有好几种形式。这里仅介绍盾构法，它使用一种叫盾构机或TBM的设备。前者适用于软地层隧道，后者适用于硬岩隧道。

1818年，英国工程师布鲁内尔，通过观察小虫蚕食木船底板成洞的经过，得到了启发，并在此基础上提出盾构工作法，获得了专利。于是敞开式手掘盾构机的原型就此问世。1834年到1841年，他设计的方形铸铁框盾构机，首次成功贯通了横断泰晤士河的隧道。后来也在日本、德国等国家得到广泛应用。

现代盾构机（图11-11）是盾构隧道掘进机的简称，专用于隧道掘进，素有“钻地龙”之称。现代盾构机集光、机、电、液、传感、信息技术于一体，具有开挖切削土体、输送土渣、拼装隧道衬砌、测量导向纠偏等功能。

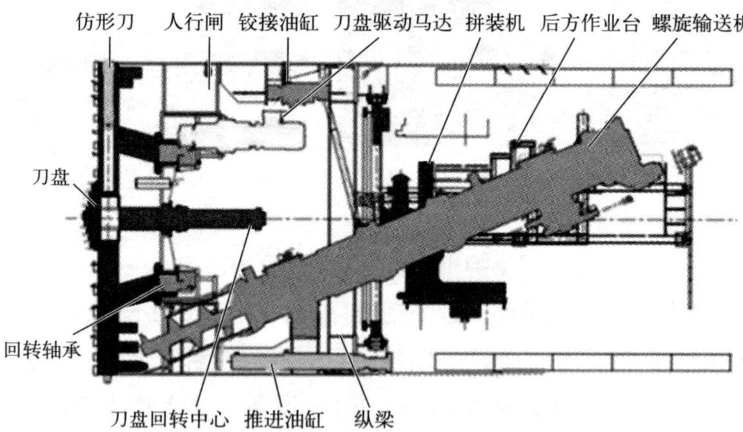

图11-11　现代盾构机与它的内部结构图

1997年，我国花了7亿元人民币外汇，从德国进口了两台盾构机。经过技术的消化吸收并改进，2017年，我国盾构机首次出口到欧洲；2020年，直径16.07米的“京华号”盾构机下线，标志着我国盾构机技术已经走在世界前列。

三、中国第一条地铁

我国第一条地铁诞生于北京，当时把地铁作为理想的战备设施，规划设想始于1953年，但并未对外公布建设计划，而是以代号“401工程”称之。1965年成立筹建领导小组时，由北京军区司令员杨勇任组长。1965年7月1日开工时，北京市市长彭真主持开工典礼（图11-12），党和国家领导人朱德、邓小平、彭真、罗瑞卿等出席，八十高龄的朱德为地铁铲下第一铲泥土。

经过4年的努力，1969年10月1日地铁一期工程建成通车，凭单位介绍信可以参观乘坐。1971年1月15日正式开通运营，从北京站到西郊苹果园站共17个车站，全长23.6千米，单程票价一角（图11-13）。于是，北京成为我国首个拥有地铁的城市。

截至2023年底，我国已经有包括北京、天津、上海、广州、南京、深圳在内的50多个城市开通了地铁，运营总里程超过11000千米。

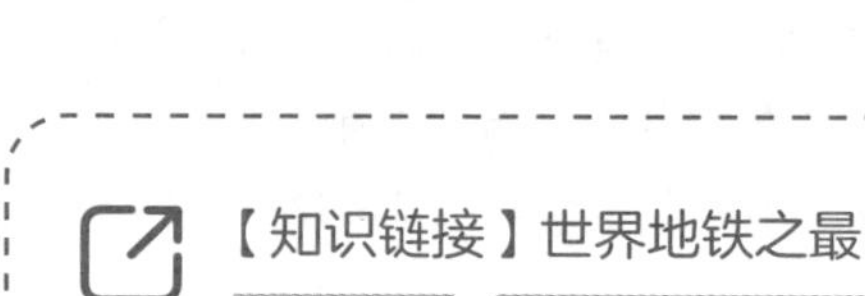

图11-12　北京地铁开工典礼

图11-13　北京地铁乘车票

【知识链接】世界地铁之最

（1）发展最快的国家

我国是地铁发展最快的国家。1969年，我国第一条地铁线路北京地铁一号线正式建成，截至2023年3月北京已建成27条地铁线；到2023年年底，全国已有50多个城市拥有城市轨道交通系统。全球客流量最大的前10个城市地铁系统中，北京、上海、广州分别排在第一、第二、第五位。2016年12月，香港全无人驾驶地铁系统开通运营，该产品的成功研制对于我国地铁技术走向国际市场具有重要意义。

（2）地铁车站数量最多的城市

纽约地铁是全球历史最悠久的公共地下铁路系统之一，全市共有30条线路，设置468座车站，全年365天24小时都在运营，是全球拥有地铁站数最多的地铁系统。

（3）里程最长的无人驾驶地铁

阿拉伯联合酋长国的迪拜地铁先期建设的红线和绿线两条主干线，共有47个车站，全长75千米，于2009年9月开通。2012年，迪拜地铁获得吉尼斯世界纪录的认证，成为全世界最大的自动化无人驾驶轨道交通（2016年12月温哥华高架列车的长青延线打破了这一纪录）。

（4）速度最快的地铁

不同城市、不同型号的地铁最高时速不同，北京地铁大兴机场线最高时速达160千米，为世界最快地铁。广州地铁18号线和22号线设计最高时速也是160千米（分段建设中，均已开通首段运营）。

（5）海拔最高的地铁

瑞士阿尔卑斯山的地铁线路，海拔达3500米，它专门服务于滑雪者。

（6）里程最短的地铁

世界上里程最短、规模最小的地铁，是土耳其的伊斯坦布尔地铁。它建于1875年，连接伊斯坦布尔最繁华的两个地区——山上的富人高档生活区和山下的繁华港口、商贸区，只有0.6千米，而且只有首尾两个车站。行车间隔为3.5分钟，每次单向旅程耗时1.5分钟。它是世界上仅次于伦敦的古老地铁。

伊斯坦布尔是一个同时跨越欧、亚两大洲的名城。该地铁线原本为一条隧道，最初的时候，只有马车在里面来回穿梭，1910年改造成地铁线路。

（7）最繁忙的地铁

① 世界上最繁忙的地铁是莫斯科地铁，由10余条线路组成，每天发

出9000多辆列车，每天运送的乘客人数达到了1600万人。

② 东京地铁网络相当发达，如今总共有56条线路，全长326千米，仅次于上海、北京、伦敦、纽约，在世界大都市地铁中长度位居第5位，但年均人流量却是世界第一，为46.6亿人次。

（8）地铁运营里程最长的城市和单线运营里程最长的地铁线

世界上地铁运营里程最长的城市是我国上海市，截至2024年5月地铁运营总里程达到了864.8千米，位居全球第一。

世界上单线地铁里程最长的是上海地铁11号线，主线起自嘉定北站，途经3个区，终点止于浦东新区迪士尼站；支线西起江苏省昆山市花桥站，终点止于嘉定区嘉定新城站，全长82.4千米，是我国第一条跨省地铁线路。

（9）最清洁和安全的地铁

新加坡地铁最清洁，最安全。列车及车站清洁光亮，一尘不染。乘客所能触及的地方，均采用不燃材料装修，同时还有一整套灭火救灾的自动检测系统。

（10）距离地面最深和最浅的地铁

朝鲜首都平壤地铁，最大埋深达200米左右，称得上是世界埋深最深的地铁。

我国天津地铁最浅处埋深仅2～3米，是世界上埋深最浅的地铁。

（11）最有艺术氛围的地铁

瑞典斯德哥尔摩地铁被誉为"世界最长的地下艺术长廊"（图11-14）。全长108千米，110多个站台，200多位艺术家不同主题的作品，覆盖其中90多个站台。

图11-14　瑞典斯德哥尔摩地铁

（12）最长的地铁隧道

广州地铁3号线，起于天河客运站，止于机场北站，全长64.41千米，共设置30个车站，最高运行速度120千米/时。

（13）运营时间最长的地铁

纽约地铁是世界上历史最悠久的地铁系统之一，并以几乎全天24小时运营而闻名（仅在2020年因疫情消杀需要短暂关闭过夜间服务）。其官方统计的车站共有472座，系统路由长度为394千米，轨道总长度约为1070千米（其中约40%为地面或高架线路）。

（14）最漂亮的地铁

莫斯科地铁建造始于1931年，第一条地铁线建成是1935年。当时的口号是“让我们为人民建造一座宫殿吧！”所以，斯大林时代建成的地铁，被公认为是世界上最漂亮的地铁，地铁站的建筑造型各异、华丽典雅。每个车站都由国内著名建筑师和艺术家设计，以不同历史事件或历史人物为主题，采用五颜六色的大理石、花岗岩、陶瓷和彩色玻璃镶嵌各种浮雕和壁画装饰，辅以华丽的照明灯具，犹如富丽堂皇的宫殿，享有“地下宫殿”之美称（图11-15）。

图11-15　莫斯科地铁

（15）出入口最多的地铁站

世界上出入口最多的地铁站在日本新宿，这里地面上有东日本旅客铁道、小田急电铁、京王电铁等火车经过。截至2017年，它拥有51个站台，178个大小出入口，每日使用人次达384万之多。2011年，被吉尼斯世界纪录官方认证为“世界最繁忙的车站”，“从这里出发，可以到达日本任何一个地方。”

四、磁悬浮列车

图11-16 磁悬浮列车

磁悬浮列车（图11-16）是一种靠电磁力，实现列车与轨道之间无接触悬浮和导向，再利用直线电机产生的电磁力牵引前进的列车。它速度快、平稳舒适、适合长短路程、耗电量少、外形美观，最高时速可达700千米。

1922年，德国工程师赫尔曼·肯佩尔提出了电磁悬浮原理，并于1934年申请了专利。

磁悬浮技术，按电磁铁种类分，有超导型磁悬浮和常导型磁悬浮两种（图11-17）。虽然它们都是利用磁铁同极相斥的原理，但是也有相当大的差别。在超导型磁悬浮技术中，每一节车厢上都装有一台液氮压缩制冷机，列车的超导磁悬浮装置将始终保持在零下196摄氏度的低温状态，使列车获得上浮力、推进力，保持车体的悬浮状态。超导磁悬浮装置是列车的关键设备之一。在运行过程中车体与轨道之间保持100毫米左右的间隙（当速度要达到100千米/时）。而常导型磁悬浮技术采用抱轨运行形式，车身下端左右各伸出一排弯曲抱臂抱住铁轨，以保证列车不致脱轨。当列车弯曲抱臂上的磁铁通电时，就会产生强大磁力吸引住静止的铁轨，整个列车由于吸引力就会悬浮，车体与轨道之间有10毫米左右的间隙。

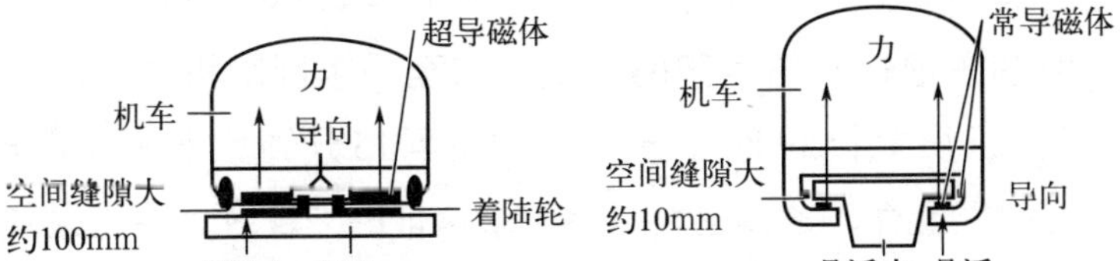

图11-17 超导型磁悬浮和常导型磁悬浮示意图

磁悬浮列车没有发动机或电动机，之所以能高速运行，是利用了磁铁的吸力和排斥力。通电后，列车上磁铁就会变成一节节带有N极和S极的电磁铁，轨道磁铁N极与列车上磁铁N极相斥会将列车向前推，下一节轨道磁铁N极与列车磁铁S极相吸会将列车往前拉。轨道上的电磁铁会根据列车前进而不断变化磁极，保证磁悬浮列车不断向前前进（图11-18）。所以磁力既可以让列车悬浮又可以推动列车前进。

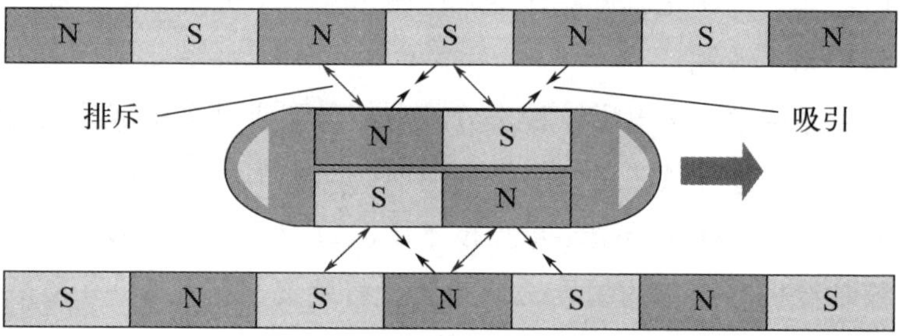

图11-18　磁悬浮列车运行原理

1984年4月，英国在伯明翰机场到火车站之间修建的620米长的磁悬浮运输系统正式运营，旅客乘坐磁悬浮列车从机场到火车站仅需90秒。但是由于它采用常导悬浮，超载能力差，在运行了11年之后停运。

我国上海磁悬浮列车专线（图11-19），是世界上第一条商业磁悬浮线路，2000年率先引进德国技术，2006年4月正式投入商业运营。西起上海浦东地铁枢纽龙阳路车站，东至浦东国际机场，设计时速430千米，正线全长29.86千米，发车间隔15分钟。乘客只需短短8分钟便可跑完全程，是吉尼斯世界纪录认证的“现今世界上最快的陆上交通工具”。

图11-19　上海磁悬浮列车龙阳路车站

另外，我国目前还有长沙磁悬浮线、北京磁悬浮线和凤凰磁悬浮观光快线等磁悬浮列车线路在运营中，而合肥-芜湖的磁悬浮线路正在规划设计中。

五、自动旅客捷运系统

自动旅客捷运系统（APM），是一种无人驾驶、立体交叉的大众运输系统，为城市轨道交通线路制式的一种，集合了多种传统城市轨道交通工具的特点，其主要特征是列车的微型化。国际标准按照轨道交通线路自动化程度，定义了5个自动化等级（GOA）：从低至高为GOA0至GOA4。

据不完全统计，到2020年为止，世界范围内已经有50多条无人驾驶线路。中国的无人驾驶已运营轨道交通线路达9条。

① 2008年2月29日，中国第一条无人驾驶APM——北京国际机场APM通车运营。后又开通了北京地铁燕房线、大兴国际机场线等。

② 2010年11月8日，中国第二条无人驾驶APM——广州地铁APM线通车试运营。

③ 2018年3月31日，上海首条无人驾驶APM——上海地铁浦江线通车试运营。后又开通10、14、15、17、18号线。

六、其他轨道交通

·缆车

缆车是一种特殊的轨道交通工具，利用电动机产生牵引力，通过钢丝绳拉动车辆前进，可跨越山岭、深谷、江河、湖泊等地运载乘客或货物。缆车车站之间有若干个支柱支撑钢索。

通过观光缆车可立体直观多角度地接触大自然，最大限度地享受旅游的快乐。在一些风景游览区、工矿区建有索道缆车，便利了交通和旅游；国外一些地区，如瑞士和北欧等地，缆车的使用率较高。

索道缆车的发明人是英国人安德鲁·史密斯·哈利代。他的父亲是伦敦缆索的制造商，也是英国第一位有缆索专利的人士。安德鲁于1852年移居美国，在内华达山脉金矿区运用缆索设计制造了跨河的吊桥，并发现它还有另一项用途，即将矿井底下沉重的矿车，借着缆索拉上地面。海利迪后来将缆索制造重心移至旧金山。他所发明的缆车于1870年获得美国专利，并于1873年问世，穿梭于旧金山陡峭的山坡之间，大受民众欢迎。

我国使用缆车的历史悠久，它曾经是重庆市民必乘的公共交通工具，朝天门、望龙门、菜园坝等都设有缆车站；后来交通发达了，菜园坝到两路口才改成了皇冠大扶梯。现在在重庆长寿区还有一段地面缆车在运行。

缆车可分为空中缆车（图11-20）和地面缆车（图11-21），分别吊挂在高空索道和山区地面轨道上运行。轨道坡度不受限，一般以15°～25°为宜。

缆车线路按运输量、地形和运距等因素，可设计成单轨、双轨以及单轨中间加错车道或换乘站等多种形式。为使乘客乘坐舒适，便于他们上下车和装卸货物，车厢内座椅与水平面平行并呈阶梯式。车厢的运行速度一般不大于13千米/时。

图11-20　空中缆车

图11-21　地面缆车

·管轨式滑道车

管轨式滑道车是旅游景区、森林山坡流行的代步设施，滑车滑行在不锈钢结构上，平顺且无噪声。

管轨式滑道车（图11-22）由滑道、滑车、提升系统、刹车系统和站房等组成。

图11-22　管轨式滑道车

滑道：用无缝钢管材料制成，铺（架）在具有一定坡度的地面上，供滑车在其上面滑动。

滑车：供乘客乘坐，前后有两组滑轮，可沿滑道上下滑行。

提升系统：有索道提升和轨道提升两种形式。后者由三根无缝管组成，每隔0.5米有一防倒钩，以确保滑车提升时的安全。

刹车系统：刹车手柄布置在滑车两侧，可供乘客控制速度，滑车后轮加装两个自动抱索器，保障滑车速度始终维持在40千米/时以内。此外还有三点式安全带、高靠背、面部防护装置和前后防撞装置。

站房：供停放一定数量的滑车，以备乘客上下滑车用。

微信扫码
• AI交通专家
• AI科普课堂

水上篇

越航越远的船舶

人类的生活与水息息相关，因此自古以来，人们在选择居住地时，就倾向于靠近河流、湖泊或海岸线。这种选择不仅便于获取生活用水，也为农业灌溉、交通运输等提供了便利条件。

水路运输历史悠久，早在古代，人们就利用天然河道运输物资、进行人员往来。随着社会的发展，水运逐渐成为许多国家国内重要的交通运输方式之一，同时也是国际物流体系中的关键组成部分。

船舶是指航行或停泊于水域中，用于运输或作业的各种交通工具的统称。其发展几乎与人类文明同步，经历了从原始的独木舟、筏子，到木板船、帆船，再到现代轮船的演变过程。

与其他运输方式相比，水路运输具有明显的经济和环保优势。它具备运载能力强、运输成本低、能源消耗少、基础设施投资相对节省等特点，特别适用于大宗货物和大型设备的长距离运输。尽管受气候和自然条件影响较大，但其承载能力是其他运输方式难以替代的。

第十二章　原始的渡河工具

微信扫码
· AI交通专家
· AI科普课堂

人类最早渡河的工具，是借助大自然中现成的有较大浮力的物体，如树干、芦苇捆、大葫芦等，后来才逐渐学会制造独木舟等。

古代人用葫芦做浮具。明代罗颀撰《物原》中记载："燧人氏以匏济水"。这里的"匏"，就是指葫芦。我国海南岛上的黎族先民，很早就掌握了"以匏济水"的要领。2022年端午节，五指山毛道乡的居民为了保护传统文化，采用旧传统新形式的模式，以葫芦渡水为原型，组织开展了"葫芦渡水"竞赛活动（图12-1）。

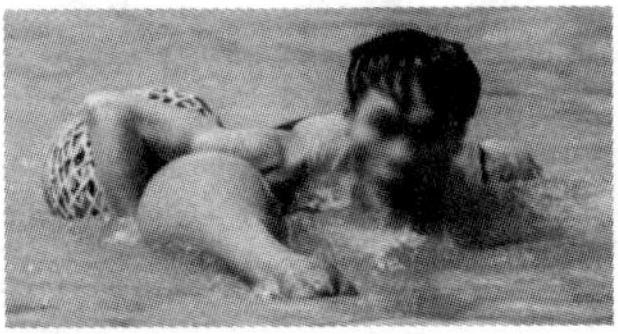

图12-1　葫芦渡水

一、大树制成的独木舟

为了渡河或者捕鱼，古人将大树的中间挖空，制成独木舟，成为人类使用的船舶的雏形，世界各地都曾出现过。商代甲骨文中已有舟字，其字形模拟了独木舟或早期平底船的侧面轮廓。《周易》中有"刳木为舟，剡木为楫"的记载，意即用一根大圆木，从中间剖开掏空，制作成独木小舟；削木做成桨楫（图12-2）。

图12-2　古代人制作独木舟

我国使用独木舟的历史悠久。在浙江、福建、江苏、四川等地曾多次有文物出土，有的尖头尖尾，有的方头方尾或敞尾。虽然出土的最早年代为春秋时期，但陶制的船形物在新石器时代的遗址中则多有发现。再有，在浙江河姆渡、钱山漾等处新石器时代的遗址中均发现有木桨，说明早在5000～7000年前就发明了舟楫。

2020年，在我国杭州市萧山区跨湖桥，发现了8000年前的、由马尾松制成的独木舟（图12-3）。它由整根松木烧灼后再用石器挖凿加工而成，这大概是我国最古老的独木舟了。这说明我国东南地区，是世界上最早发明舟船、实现近海及远洋航行的地区之一。据不完全统计，我国已出土独木舟20多只。

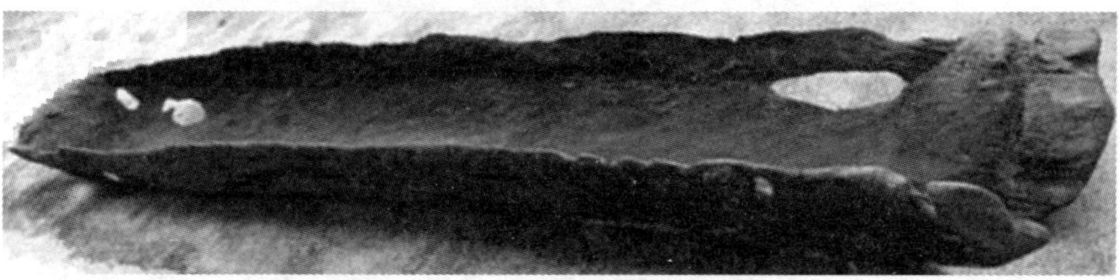

图12-3　出土的萧山跨湖桥独木舟

1954年埃及曾发掘并复原了一只迄今世界上已发现的最古老的木制大船，那是埃及法老王的陪葬船。

二、稳定性更好的双体舟

独木舟的横向稳定性很差，为此古人设法制造了双体舟（船）。

我国古代称这种船为舫或方船，战国时期已有记载。隋代双体船是我国目前所见的时代最早的双体船实物，体现了隋代辉煌的造船历史。

1975年在山东平度泽河东岸，出土了一件由两条U形独木舟连接而成的隋代双体木船残骸。每只船体宽1米左右，用3段整枫香树木刳制、衔接而成。船体之间用20余根横梁连接，横梁两头分别穿过船身，再以铁钉固定。甲板之上的一端建有棚屋一类的设施。出土时船体严重残损，构件也有缺失。现存最长的两段各长11.5米。据推测该船的总长度应在23米左右，可载重23吨。根据考古人员推想后复原的双体独木舟（图12-4）现存山东博物馆。

图12-4　隋代双体木舟复原图

公元前2000年前后，波利尼西亚人创制了世界上最早的双体独木舟（图12-5），常出没于太平洋中，这类舟体在大洋中航行比较平稳，挂上风帆亦不会倾覆。

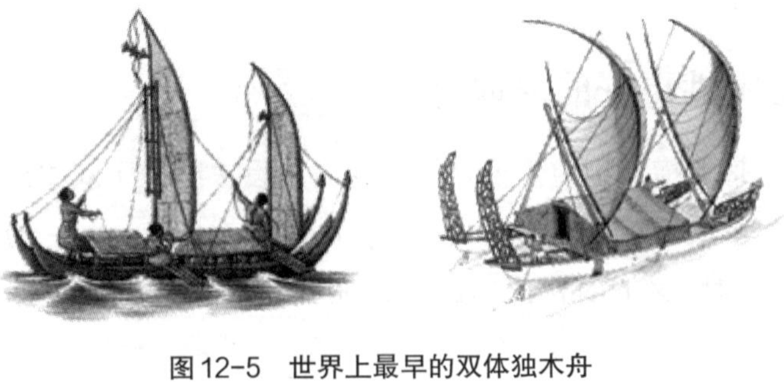

图12-5　世界上最早的双体独木舟

【知识链接】当代尚存独木舟

在当代，独木舟在国内已经几乎绝迹，在国外也只是作为一种旅游或探险的工具。

① 旅游项目：在尼泊尔的奇特旺国家公园里或许多河流上，还有乘独木舟观看水鸟和鳄鱼的项目（图12–6）。

② 探险工具：2023年1月30日，四川旅游学院刘勇教授和5名法国同伴，分两组乘“桨手号”独木舟（图12–7，舟身长不到10米，重量约800千克），每组三人昼夜不停地划桨。从西班牙耶罗岛的一个港口出发，耗时54天23小时，单靠人力划桨，于当地时间2023年3月26日08：30成功抵达美洲加勒比海地区的瓜德罗普，顺利完成了无动力全程5239千米跨越大西洋的探险。

图12–6 用于旅游项目的独木舟

图12–7 现代化的探险独木舟

当然，此独木舟已经不是“彼”独木舟了，而是用近10万欧元买来的一艘特制海洋人力艇，上面配备了现代化的GPS、卫星电话和救援通信设备等。

三、排对排的木筏和竹筏

竹、木是轻于水的物料，将它们用藤条、绳子绑扎成片状的排状物，分别叫作木筏和竹筏（图12-8），可以用桨、橹、篙来推进。人类用它作为运输、狩猎和捕鱼工具，至少起源于石器时代。1956年，在浙江出土的古代木筏，据鉴定是4000年前新石器时代的遗物，说明舟筏的历史，可以追溯到史前时代。

图12-8　木筏和竹筏

竹筏在历史上也曾经立下过赫赫战功。1935年元旦当天，红军长征先锋部队到达了通往遵义的重要通道乌江天险岸边，200米宽的水深急流，两岸又是悬崖绝壁，竟有一只竹筏在敌人炮火下抢渡成功，上面的5名战士得以隐藏（图12-9）。他们第二天占据了敌人的碉堡，工兵们乘势用仅有的几支竹筏和门板搭起了简易浮桥。3日下午，他们与到达渡口的长征红军主力部队里应外合，渡过了乌江，北上向遵义挺进。

图12-9　竹筏曾帮助红军渡过了乌江

一般的竹筏长约10米，宽2～3米；木筏的长度和宽度更大，至今仍在不少旅游点和养殖场使用。

四、勇闯急流险滩的皮筏

在深浅不一或有岩石的河流等地区，不适宜用木筏或竹筏，这时，坚韧的皮筏就可以大行其道了。

皮筏是用牛羊的整张皮，经过清洗和防腐处理后制成充满空气的皮囊，然后将数个或数十个皮囊（视要求的大小而定）紧凑排列捆扎起来，再在上面架上平整的竹木栅制作而成。它机动灵活，不怕撞击。

至迟在公元前8世纪，亚述人在捕鱼和作战时，就用上了充气的皮囊作为浮游的辅助工具。在一个出土的公元前8世纪的浮雕上，就有给皮囊充气和使用它来捕鱼的图案（图12-10）。

图12-10 记载公元前8世纪皮囊充气和用它捕鱼的浮雕

我国的黄河流域上游，水浅流急、险滩密布之处，水上交通运输曾长期依赖一种古老的交通工具——皮筏（图12-11）。为了更好地保护和发展这项非物质文化遗产，同时为了更好地推动旅游事业发展，2014年兰州挂牌成立了黄河羊皮筏子漂流中心。

图 12-11　黄河上游仍用皮筏作为交通工具

第十三章　依靠人力航行的木板船

微信扫码
• AI交通专家
• AI科普课堂

此前的交通工具各具特色，但存在不少缺点。皮筏容易漏气进水；独木舟的材料来源有限、加工困难、稳定性差；双体独木舟的连接复杂，空间很小，而不宜于人在上面长期生活。于是到了夏代，人们就设法在它的上面和两侧添加木板，并用棉麻填满缝隙，从而慢慢地演变成木质船（舢板）。它的诞生看似平淡，但是实际上是一个质的飞跃，因为今天所有的舰船，都是由它进化而来的。

《史记》中说，大禹治水时“水行乘船”，可见在夏朝之前就有了木板船。根据历史记载，我国在殷商后期，已经有了运载大宗物件的大舶或舫。

1978年，在河北省平山县，发掘的古代中山国（公元前414年—公元前296年）的一号墓中，出土了可能是国王生前用的游船（图13-1）。船身采用铁箍拼接船板，铅皮、麻布、油灰等材料填塞缝隙，制作工艺先进。这是我国目前已发现的工艺非常成熟的早期木板船实物之一，表明最迟在战国时期，木板船的制造技术已经相当高超。

图 13-1 古代中山国的木板船复原图

至于古代船的大小，我们可以从春秋时期吴国的战船略探知一二："大翼一艘，广丈六尺，长十二丈"（1丈约等于2米），可"容战士二十六人，棹五十人，舳舻三人，操长钩矛斧者四，吏仆射长各一人，凡九十一人。"

木板船的结构比较简单，一般由船身、动力、橹、桨、舵等组成。船的发明，为以后的生产发展和航海奠定了基础。

一、人拉杆撑推动的船

在一些内陆小河旁，时常可以见到这样的情景：一位船夫在河边用绳子拉着一条小船，船上站着一个人把舵，有的还有一个人拿着一根竹竿（篙）前后走动撑船（图13-2）。有一首脍炙人口的歌叫《纤

图 13-2 人拉杆撑推动的船

夫的爱》，描写的就是这种靠人力拉动前进的小船上的一对夫妻间的深情厚谊。长江船谣中有一首关于篙的诗是："一根竹子青油油，生于高山或深沟，十个铜钿买得手，做个篙子随水流。"

诗人徐志摩有一首题为《再别康桥》的诗，1928年12月10日发表在《新月》月刊，其中有一段是描写船和篙的："寻梦？撑一支长篙，向青草更青处漫溯；满载一船星辉，在星辉斑斓里放歌。"他的浪漫情怀，不知使多少人痴迷。

注：康桥又称剑桥。徐志摩曾于1921年至1922年在英国留学，1928年再次去英国。他这首《再别康桥》，作于归途的我国南海。

二、划桨摇橹推动的船

纤夫拉船或者用篙撑船，累且不说，在有的情况下是行不通的，比方说在悬崖峭壁处，或者河流分岔处。所以后来人类又发明了桨，它是人类手臂的延长，有了它就可以坐在船上划水前进。这种划桨船首先是在位于欧洲和非洲之间的地中海海域周围发展起来的。

古罗马和古希腊的战船上都有桨（图13-3）。公元前2700年，长江流域也出现了桨船。桨的上端为圆杆，下端为板状的划水工具，中部支在船舷的桨座上。向后划桨时，船桨给水一个向后的作用力，于是根据牛顿第三定律，水也给船桨一个反作用力，推动船前进。现代的龙舟比赛和水灾救灾中也还要用到桨（图13-4）。

图13-3　古罗马和古希腊的战船上的桨

图13-4 龙舟和救灾船也都用到桨

如果要增加船只的推进速度，就要增加桨的数目。所以，古罗马和古希腊战船上的桨有好几十副，甚至还出现过两层或三层桨战船（图13-5）。

图13-5 多层桨战船

1852年，在雅典的阿克罗波利斯（雅典卫城）的废墟中，发现一块石雕上刻有公元前6世纪至前3世纪有舷外托架三层桨战船的图案，现存法国卢浮宫。该类船种是当时地中海的主要战船。

我国浙江省余姚市河姆渡新石器早期遗址，曾出土一把雕花木桨（图13-6），残长63厘米，桨面宽12.2厘米，厚2.1厘米。柄部残，断面呈长方形，可容手握。桨柄与桨叶结合处，阴刻有弦纹和斜线纹图案，做工精细。同时出土的还有其他5枝窄面桨和宽面桨。

图 13-6　河姆渡新石器早期遗址出土的雕花木桨

创作于1955年的经典儿童歌曲《让我们荡起双桨》（刘炽作曲，乔羽作词），就生动地描绘了划桨泛舟的愉快情景。

图 13-7　兼具推进和操纵两种功能的橹

国人在划桨的基础上，发明了可不出水面做连续划水、兼具推进和操纵两种功能的工具——橹。用手摇动时，水中的橹片左右摆动，前后产生的水压差推动船前进（图13-7）。它的推进效率高，一根橹可以代替几支桨，有“轻橹健于马”和“一橹三桨”之说。在云南晋宁出土的西汉铜鼓上就有摇橹的楼船纹。

橹和桨二者的作用相似，都能推动船前进，其区别是，在外形上，桨短而宽，橹长而扁窄；位置上，桨位于船身两侧，橹位于船尾；操作方式上，桨做前后划水，向后入水，用反作用力推动船，而向前离水为空行程；橹在水中作左右运动，用与水的作用力的分力推动船前进；数量上，桨可多可少，而橹只有一个。

三、操纵方向的舵和定海神针锚

船舶不仅要靠桨来推动它前进，还要有一种能够控制它前进方向的装置，这就是舵。当船不大时，桨可以身兼两职，同时起到推动和转向这两种作用；但是船一大，桨手一多，相互协调起来就比较困难，于是设立专职舵手势在必行。

古代人们也用“柂”“柁”“杕”表示舵，东汉刘熙《释名》中说，船“其尾曰柂”。南北朝《玉篇》（公元543年）说：“舵，正船木也”，又说：“杕，船尾小梢也”。这些都说明国人很早就发明了舵。而考古发掘则提供了更早的实物证据。1954年，广东的一座东汉墓出土了一艘陶船模型，证实了早在2000多年前的汉朝就已经发明了船舵。广东、湖北等地的西汉墓出土的木船模型，其船尾都安置有舵（图13-8）。

舵是一块平板或具有流线形截面的板，装在船尾纵剖面的位置上，与水面相垂直地浸没在水中，并能绕舵轴转动。它的作用是保证船舶最终能安全到达目的港。如果船没有舵，就好像汽车没有方向盘。

我国很早就掌握了舵的使用技术，将舵杆轴线置于舵叶的中前位置，就是平衡舵，所需转舵力最小。天津静海出水清淤后的宋船简图表明，公元12世纪初，宋代一般的内河船上已装有平衡舵（图13-9）。但其平衡系数偏小，不及现代船舵之半。但此舵与同时代清明上河图中汴河船平衡舵极为相似，可能是该船行驶的河道较汴河更浅，故此舵之展舷比显得更小。这是世界上最早的平衡船舵。

图13-8 西汉墓出土的木船模型

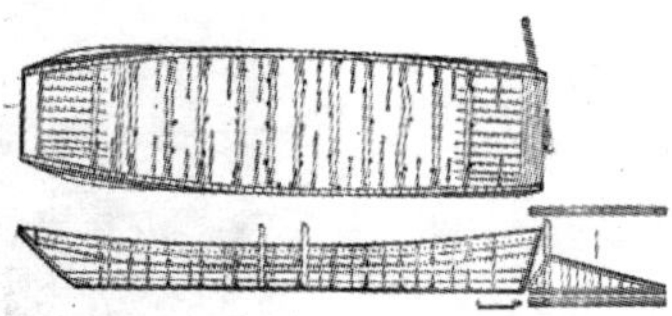

图13-9 静海出水的宋船简图

欧洲最早带有横舵柄的尾柱舵的手稿草图出现于1242年。而著

图 13-10　船舵图案

名的包铁皮的船舵图案（图13-10），大约出现于公元1200年的易普斯威治城市印记上。在英国和比利时的洗礼盘（圣水器）的船雕上也出现了此类舵型。这些作品都出自土尔纳城一所艺术学校的某艺术家之手。当时舵已在阿拉伯船上使用，而舵是由阿拉伯人从我国传到欧洲的。

船上有一种必备的设备是铁锚，一种用铁制成的停船器具，用铁链拴在船上，人们称它为“定海神针”。把锚抛在水底，可以使船停稳，是锚泊设备的主要部件。它亦可用于狭水道航行和紧急避碰时刹减船速、搁浅后辅助脱浅等。

我国发明和使用锚的历史极为悠久。早在三千年前，我国古人就用坚硬的石头，从中间穿洞制成锚，或是用装满石头的篓筐作为锚，称为“碇”。碇石用绳系住沉入水底，靠其重量使船停泊。后来还有木爪石锚，即在石块两旁系上木爪，靠其重量和抓力使船停泊。在我国北宋（公元960年—公元1127年）画家张择端创作的《清明上河图》中，可以清楚地看到挂在船艏的两个锚（图13-11）。

图 13-11　《清明上河图》中船艏的锚

公元前600年，小亚细亚的航海家、哲学家阿拉哈西斯制造了铁锚。不过，他制造的铁锚实际上是一个只有一只铁爪的弯钩。

到了19世纪，制锚技术有了很大的进步。1821年，英国的霍金斯设计制造出带锚链的有爪铁锚。在这种锚臂可自动朝下钩住水底，不必去晃动锚杆。

1933年，英国人泰勒发明了一种犁锚，他在锚端装有一个双犁铧，使抓力提高了一倍。先人们经过无数次的改进才有了如今我们所使用的锚。

四、船上曾经有过轮子

众所周知，车辆要靠轮子行走，可是你知道船上也曾安装过轮子吗？人们把这种船叫作车船。不过，它的轮子由众多桨片组成，利用人力踩动桨片旋转来推动船在水中前进，它的出现远在蒸汽机被发明之前。直到19世纪，蒸汽动力的明轮船才开始实用化，但远洋航行的主力仍是帆船。

船的轮子分明轮和暗轮。有一半轮廓露出水面的称为明轮，而轮廓全部埋在水中的称为暗轮。轮子的形状像大车轮，桨叶转动向后击水，利用水的反作用力推动船只前进。它的安装位置，可在船两侧外部或船尾。用明轮推进的船只，由于船两侧或船尾装有大桨轮，所以，人们把这种船称为“明轮船”（图13-12）。

图13-12　明轮船

早在南北朝（公元420年—公元589年）时，已有这方面的记载。在唐代，公元782年到785年，我国的杭州知府李皋对车船的改进，在我国车船历史上起到了承前启后的作用。他对船进行了改装，通过人力踩动木轮桨叶拨水，推动船体前进，这应该是最原始的轮船，也是世界上最早的轮船。他制造的战船速度快，"挟二轮蹈之，翔风鼓浪，疾若挂帆席"。到了宋代，车船盛极一时，绍兴二年（1132年）王彦恢制造的战舰，旁设4轮，每轮8桨。木匠高宣也是造车船的名匠，曾创造大小车船10余种，大型车船长20～30丈，吃水1丈左右，可容纳700～800人；中型车船一般承载200～300人。宋朝最大车船长36丈，宽4丈1尺。《宋史·岳飞传》说："方浮舟湖中，以轮激水，其行如飞"，描述的就是这种"车船"。

13世纪初，明轮船已经成为南宋军队的重要力量。在宋金海战中，时任两浙西路马步军副总管、兼率舰队守卫海防的李宝，主动请缨率领一支只有战船120艘、水兵3000人的舰队沿海北上迎击金军，"人在舟中，蹈车以行船，但见船行如飞，而不见有人"。这支"小队"在山东唐岛，用计一举击败拥有战船600艘，水兵7万人的南下舰队。

此后，我国的明轮船得到不断改进和完善，对我国船舶的发展起了很大的作用（图13-13）。此技术传入欧洲后，1543年欧洲也出现了

图13-13　改进后的明轮船

明轮船。1487年—1489年，达·芬奇也曾设想过明轮船，企图通过人踩动踏板，使轮子在水中转动，从而推动船前进（图13-14）。

图13-14 达·芬奇设想的明轮船

在公元6世纪的一幅画中有这样的画面：在罗马战船上用牛推动绞盘，再由绞盘齿轮带动三对船侧的明轮。这是第一幅牛拉明轮船画（图13-15）。到了14世纪，这类设想也曾在西班牙出现过，但并未见付诸实施。

图13-15 用牛拉的明轮船

现在的轮船，虽然淘汰了轮子改用螺旋桨推进，但是仍然沿用原名。

五、龙骨船的诞生和压舱术

龙骨结构是我国古代造船业的重大发明，而压舱术则是船长或船员在航行中用于稳定船只的重要技术。

·龙骨船

按底部形状分，船有平底船和尖底船两种。后者为了连接两侧船板和肋材，必须要有龙骨，它是船体的关键部件。

龙骨是船底中线处从船首（艏）至船尾（艉）贯通底部全长的纵向连续构件，材料坚硬。其主要作用是有效支撑船身，使船只更加坚固稳定，同时，龙骨结构增加了船只的吃水深度，提升了纵向强度和稳定性，从而增强了抗御风浪的能力。

龙骨船主要由龙骨、中线纵梁、支龙骨、肋材、龙筋、上甲板、船侧外板、船首和船尾等多个部分组成（图13-16）。南朝祖冲之所造日行百里的所谓千里船，和南朝梁侯景军中的160桨快艇，都是人力推进的有龙骨的快速舰艇。

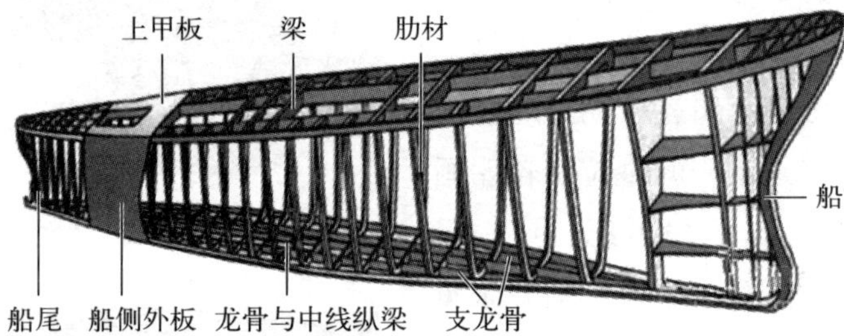

图13-16　龙骨船的结构图

我国宋代就有了龙骨船，而欧洲船只早在中世纪就开始采用这种龙骨结构，但我国在龙骨船的发明和应用上较早。

· 压舱术

船舶在大风浪中航行，如果稳定性不足，就有可能带来倾覆的危险。因此，必须采取有效措施提高船舶的稳定性，以减轻船舶的摇摆程度，缓解波浪的冲击，或者尽早驶离大风浪海区。

提高船舶稳定性的方法之一是尽量降低船舶的重心位置，即所谓的压舱。压舱可以用往压载水舱内灌水，舱底加装石头、铁块和钢锭等来实现。而现代船舶，基本上都是用压载水舱来调节重心的。

宋代徐兢在其著作《宣和奉使高丽图经 · 舟楫 · 客舟》中记载了用炉灶、供水设施和兵甲装备等置于船底以压舱；宋孟元老在《东京梦华录》中记载用铸铁压舱。这些都是密度较大、效果良好的压舱材料。

历史上曾有过用极高价值物品充当压舱物的案例。1942年2月初，美国海军“鳟鱼号”潜艇执行了为防守菲律宾的美军运送补给品的任务。潜艇抵达菲律宾的科雷吉多岛卸下物资后，又将从12家菲律宾银行紧急撤离的20吨金条和18吨银币搬进“鳟鱼号”潜艇内，塞满了潜艇狭小的空间。三周后，“鳟鱼号”潜艇将这批价值连城的“压舱物”安全运抵珍珠港，航行途中还发射鱼雷击沉了一艘日本海军巡逻舰和一艘货轮。

六、古希腊的战船

古希腊是欧洲文明的发源地之一，地域包括希腊半岛、巴尔干半岛南部和意大利东部等一大片地区。因为紧邻地中海和爱琴海，古希腊人有着悠久的航海传统和高超的造船技术。造船技术的发展，最初源于贸易和殖民的需要，后来在抵御波斯帝国入侵的战争中得到了极大的推动和锤炼，他们生产的战船（图13-17）闻名于世，希腊也成为世界历史上重要的海上强国之一。

图13-17 古希腊的战船

当时最有名的战船是桨手上、下三排分布的所谓的“三列桨战船”（图13-18）。这是一种带龙骨的“长船”，在带帆航行、风向适宜且桨手全力划行时，其航速最高可达18千米/时；全舰需要170名桨手划行。此船

图13-18 三列桨战船

不仅拥有坚固轻巧的船体，船艏还有用铜铸成的撞角，用来撞击敌船水线部位；而且具有严密的人员组织系统，最终凭借优良的战斗性能，在公元前5世纪得到迅速推广，成为古典时期希腊世界的主力战船。

七、比赛用的龙舟

龙舟就是船头上有雕刻或装饰成龙形的特制船只。赛龙舟是多人集体划桨竞赛，为我国民间传统水上体育娱乐项目，已流传了2000多年，一般在端午节举行。传说，赛龙舟是为了纪念爱国诗人屈原。由此可见，赛龙舟不仅是一种体育娱乐活动，更体现出人们的爱国主义和集体主义精神。

古代那些有“真龙天子”之称的帝王们，走水路时通常都要乘龙舟，“天子乘鸟舟、龙舟，浮于大沼”(《穆天子传》)，“上御龙舟，幸江都”(《隋书 · 炀帝纪》)。当然，皇帝乘坐的龙舟高大宽敞、雄伟奢华，舟身精雕细镂，彩绘金饰（图13-19）；而民间用来比赛的龙舟和皇家龙舟则不可相比，一般都做得窄小狭长一些（图13-20），以减小阻力，提高速度。

图13-19　皇家龙舟

图13-20　民间比赛的龙舟

八、威尼斯的游船

意大利东北部的城市威尼斯，是一座拥有着丰富历史的水上古城，它坐落在118个小岛上，由177条大小河道和401座各式各样的桥连在一起，是世界著名的旅游中心。河道两岸是美丽的大街小巷（图13-21），观光的主要交通工具便是游船，也是一种最浪漫的水上交通工具。

这种水上游船叫“贡多拉”（图13-22），是一种非常有特色的小船，每艘船最多可乘6人。它的造型独特、装饰华美、两头翘、底部平而狭长，木制船身，船头和船尾装有标志性的铁制饰件，可以轻而易举地行船于河道中。

图13-21 威尼斯风光

图13-22 水上游船“贡多拉”

第十四章 利用风力航行的帆船

微信扫码
• AI交通专家
• AI科普课堂

单靠人的力量撑船、拉纤或摇橹，对于在小河中的小船来说尚可勉强应付，但是对大江、海洋中的大船来说，则是无可奈何了。于是，人们想到利用风力推动船的前进，在人类尚未发明轮船和发动机的年代，风力船曾经是主要的远洋运输方式。而要利用风力推动船的前进，就离不开帆了。帆船是以帆借用风力作为行驶动力的船，是继舟、筏和木板船之后的一种古老的水上交通工具，已有5000多年的历史。

公元前3000年左右，埃及出现了有桨和帆的船。公元前2686年—公元前2613年，埃及进入第三王朝的古王国时期，在开罗的尼罗河上游，右岸某山麓墓葬的壁画上，绘有埃及第三王朝时期的埃及河船船纹（图14-1），据估计，该船船长15米以上，是埃及最早的真实船纹，它比金字塔问世的时间还要早。

图14-1　尼罗河上游的墓葬壁画图案

一、帆是人类智慧的结晶

帆是挂在船桅上利用风力推动船只前进的织布或篷，其形状通常有三角形和矩形两种。升了帆的船轻盈快捷，如虎添翼，为人类节省了不少人力和物力。

风能在船舶领域的应用历史悠久，早在公元前31世纪前后，古埃及就出现了第一艘风帆船。之后依靠风能推进的船舶，成为了古代航运的主力军；公元前11世纪至前8世纪，腓尼基人大力发展商帆船，其中有一种是安装了帆的、可以作远距离航行的“希波”商帆船（图14-2），把货物置于船底，有效地降低了重心。

我国使用帆船的历史同样悠久，最早可追溯到商代。从15世纪到19世纪中叶，是帆船发展的鼎盛时期。15世纪初我国航海家郑和远航东非（图14-3），15世纪末哥伦布发现新大陆，他们的船队都是由帆船组成的。在明代，甚至出现了长达135米，宽48米，排水量达2万吨的巨型风帆船。

图14-2 “希波”商帆船

图14-3 郑和远洋风帆船

目前世界上仍在运营的最大全帆装帆船是卢森堡的“皇家克莱德号”，作为豪华游船航行于地中海与加勒比海，全长133.8米，船宽16.5米，吃水5.5米，注册总吨约为5000吨。这也是世界上最大的帆船，拥有五桅全帆布（图14-4）。

图14-4 “皇家克莱德号”

由于风的方向经常变化，所以帆船在行驶过程中，要不断调整帆的角度，以适应风向的变化，保证船只的正常行驶。对丁这个问题，帆的角度多大，舵向哪边偏，我国操船的舵手们有着丰富的经验（图14-5）。

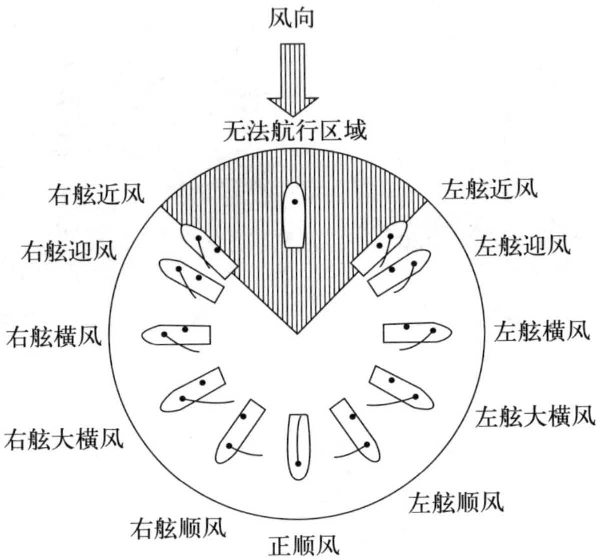

图 14-5　舵的偏向图

可是，一帆风顺是理想状态。俗话说，风有八面，唯当头不可行。船向和风向不完全一致时，就需要航船去适应风向。

风向不是航船所能改变的，遇到逆风该怎么办？我国古代有一种叫“逆风调戗术”，即用舵和帆联动操作，通过操作舵角和帆角来回摆动，使船在不断掉头的情况下走一条“之”（或称“Z”）字形路线。当遇到来自船头前方、风角较小的逆风时，便可使用这种技术（图 14-6）。

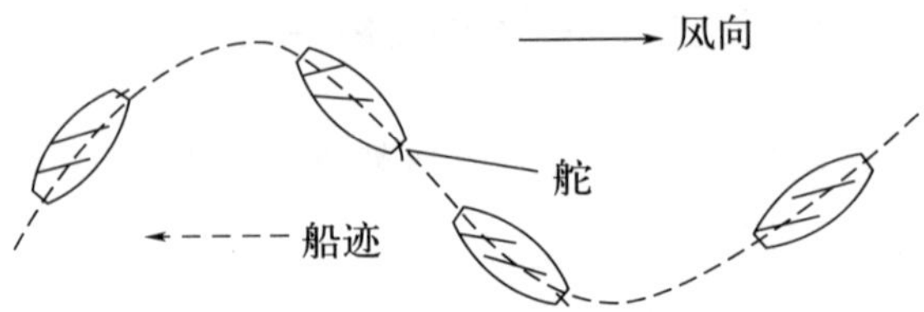

图 14-6　“之”字形路线

二、古罗马和中国的商船

古罗马一度是世界上航海很先进的国家，有最优秀的航海家。他们将海上贸易做到地中海、红海以及其他更远的地区，建立起了一个庞大的海上贸易体系。至迟在罗马帝国时期，工匠们就掌握了先造肋骨和骨架来确定外形，然后再加外壳的生产技术。这一新技术可以更好地控制船身的弯曲度、平衡性和对称性。

大型商务船只的动力，主要是和船头垂直的大方帆，桨只作为辅助动力，而且置于船的后方两侧。公元前4世纪，百吨级的大船就已经出现。希腊阿洛尼索斯岛1992年出水的公元前400年左右的沉船，船身最长就可达30米，船上有4000个陶瓶，加上其他货物，整艘船的载重估计在126吨以上（图14-7）。

图14-7　希腊公元前400年左右沉船复原件

在西班牙的某地海底，曾发现一艘距今至少1800年的罗马帝国时期的沉船，船里有93罐密封完整的双耳陶罐，里面装有葡萄酒、橄榄油还有鱼露（Garum），且全部保存得相当完整。

我国古代也是个商业十分发达的贸易大国。从汉代开始就通过陆上和海上丝绸之路与各国展开贸易往来。南宋时的广州、泉州、明州（宁波）等，就成为海外贸易的重要港口，而泉州是当时世界上最大的国际贸易港。1974年从泉州湾后渚港出水的宋代中型远洋艚船沉船，残长24.20米、残宽9.15米，系当时国内发现年代最早、体量最大的宋代海外贸易海船。

值得一提的是，1987年在广东阳江海域发现的宋代“南海一号”古

图 14-8　宋代“南海一号”古船

船（图14-8），船残长22.95米，宽9.85米，排水量约800吨（载重约400吨），是迄今为止中国发现的年代最早、船体最大、保存最完整的古代远洋贸易商船之一。据研究，它很可能从我国东南沿海的某个贸易港口驶出，赴新加坡、印度等东南亚地区或中东地区进行海外贸易。这艘船于2007年12月完成整体打捞出水，总共出土文物18万件套，其中尤以铁器、瓷器为大宗。

这两艘沉船和后面要介绍的明朝郑和下西洋船队，足以说明我国古代海上贸易曾经是十分兴盛的，尤其是宋朝和明朝前期。

三、水密隔舱的发明

我国古代造船业相当发达，船舶的抗沉性世界闻名。这得益于我国造船技术的一大发明——水密隔舱技术。这种技术早在13世纪末，就由意大利旅行家马可·波罗介绍到西方，500年后的1795年，英国海军总工程师塞缪尔·本瑟姆将军受英国皇家海军的委托，才第一次采用我国人首创的水密隔舱技术建造新型军舰，以后才在世界逐渐得到普及。这种结构至今仍是船舶设计中重要的结构形式。所以说水密隔舱技术是我国对世界航海史的重大贡献。

图 14-9　水密隔舱

所谓水密隔舱，就是船舱中以隔舱板分隔的彼此独立且互不透水的一个个舱区（图14-9）。这种结构对提高船舶航行的安全性、便于货物分舱管理和提高船体的强度与刚度，以及作为船壳板弯曲的支撑点等多方面具有重要的作用和价值。对于整艘木帆船而言，水密隔舱的数量与船的大小、用途有关，船只越大隔舱越多；相同吨位的以载客为主的船舶要比货船具有更多的水密隔舱。

这种技术最晚起源于唐代，宋代以后在海船中被普遍采用，并用于部分内河船只。由于舱与舱之间严密隔开，航行时即使有一两个舱区破损进水，船的整体仍保持相当的浮力，不致沉没。如破损不严重，进水不多，只要把进水舱区的货物搬走即可。如果进水太多，只要抛弃部分货物，减轻载重量，也不至于很快沉入海底。

据南朝《宋书》记载，晋代农民起义军有一种八槽舰，就是具有八个水密隔舱的战船。与海相伴、向海而生的古代泉州，素以发达的造船业著称。清代嘉庆年间蔡永蒹所撰《西山杂志》载："舟之身长十八丈……银镶舱舷十五格，可贮货品三至四万担之多。"其中的"十五格"即为十五个水密隔舱。1960年江苏扬州出土的唐代木船，即设置有目前所知的最早的水密隔舱。宋元时期的大船内隔有数舱乃至数十舱，可见他们当时已经将这种技术运用到炉火纯青的地步。

四、中国的楼船

楼船是指有多层建筑的大船或游船，古代多用作战船。但因重心过高，稳定性较差，故不适宜远航，只在内河及沿海的水战中担任主力（图14-10）。

图14-10 中国古代楼船

据《汉书·武帝纪》载，西汉武帝元鼎二年，京城长安，大修昆明池，列馆环之，习水战，治楼船，高十余丈，旗帜加其上，甚壮，并建立舟师——楼船军。昆明池有楼船百艘，戈船各数十艘。当时的不少铜鼓、砖石和铜镜上都刻有楼船纹。

五、帆船时代的伟大壮举

数百年前，曾经是帆船的黄金时代。在帆船发展史中，地中海沿岸地区、北欧和西欧地区以及我国都曾作出重大贡献。从古埃及时代到19世纪初叶的漫长历史时期内，木帆船一直是主要的水路运输工具。古代地中海的腓尼基人和濒临地中海的希腊人在造船、航海方面均较领先。现在看来，帆船航海似乎已经是个落后的事物，可是在那个年代，人们利用帆船却造就了很多伟大的事件，如腓尼基航海家从地中海出发，通过直布罗陀海峡，环绕非洲一周后回到埃及；公元7世纪日本数次派特使访问中国、鉴真数次东渡传授佛教；郑和下西洋；哥伦布发现新大陆；葡萄牙航海家迪亚士越过非洲最南端好望角；达·伽马第一次从欧洲绕好望角航行到印度；西班牙麦哲伦的环球旅行等等，不胜枚举。

限于篇幅，我们在后面第18节“航海史上的伟大壮举”中，将会详细介绍郑和下西洋、哥伦布发现新大陆、麦哲伦的环球旅行和“挑战者”的环球考察等。

六、帆船进入世界文体圈

·邮票上的帆船

邮票虽小，可它却能在方寸空间里，记录历史、人文、山水等重要事件，所以具有很大的收藏价值，帆船也是邮票记录的重要内容之一。

郑和从1405年开始7次下西洋享誉海内外，而到15世纪时，葡萄牙航海技术已非常发达，居世界领先地位。这两个具有悠久航海文化的国家于2001年联合发行古代帆船特种邮票1套2枚（图14-11），分别是宋代（13世纪）三桅古代帆船和15世纪葡萄牙三桅三角帆船。

图14-11　2001年我国和葡萄牙联合发行的古代帆船特种邮票

1513年后，葡萄牙人两度从葡属马六甲航行到广州，与我国商人进行贸易，这也是欧洲与我国首次直接的外交和商业联系。

由于葡、中两国均为航海贡献大国且关系密切，所以葡萄牙邮政机构，还在2013年单独发行了一套以航海地图、罗盘和代表我国的瓷器作为主要设计元素的“葡萄牙与中国交往500周年”主题纪念邮票（图14-12）。

图14-12　葡萄牙发行的葡中交往500周年纪念邮票

・帆船之都林立

帆船之都的概念，过去和现在有所不同。过去着重帆船和游艇的数量，而现在则着重于帆船运动开展的状态，和相应的基础设施的完善程度、专业赛事组织团队的强弱。公认的世界帆船之都，主要有以下几个。

（1）新西兰奥克兰

奥克兰是新西兰最大的城市，也是新西兰最大的港口，在港口停泊的帆船“桅杆如林”，是全世界拥有帆船和游艇数量最多的城市，故有新西兰“帆船之都”的美誉。2021年第36届美洲杯帆船赛总决赛在奥克兰开幕。世界环球帆船赛组委会主席理查德·布里修斯说过：“我们认为奥克兰是世界环球帆船赛的灵魂所在。”

（2）中国青岛

图14-13　中国帆船之都青岛

被誉为“东方瑞士”“亚洲日内瓦”的青岛，是我国帆船运动的发源地，被誉为“中国帆船之都”（图14-13），同时也是2008年北京奥运会帆船比赛的举办城市。近年来，在青岛沿海一带规划兴建的银海国际游艇俱乐部、青岛乘风破浪帆船俱乐部、极地世界国际游艇俱乐部等，吸引了大批国内外高消费人群，为游艇及海上休闲设施带来了商机。

（3）美国纽波特

自1639年以来，美国罗得岛州的纽波特就是美国海运重镇之一，而如今已成为世界知名的帆船圣地：几乎人均1∶1的船只拥有率、数不胜数的顶级船赛主办地（1930—1983年间的美洲杯主场、2014—2015年赛季开始成为世界环球帆船赛停靠站）、国家帆船名人堂所在地等，帆船早已成为了纽波特DNA的一部分。2022—2023

年赛季，纽波特将连续三届成为“海上马拉松”比赛的停靠点之一。

（4）英国考斯

考斯帆船周是英国史上历时最长、最成功的体育赛事之一，也是英国夏季体育运动日历上的最大亮点。自成立以来，考斯帆船周每年都在8月初举行。每年都有800～1000支船队会聚集在考斯完成为期8天的比赛，有时一天甚至会举办40多场比赛，大大小小的赛船在海面上，密密麻麻颇为壮观。

（5）德国基尔

基尔是世界帆船运动的中心城市，也是德国最北边的联邦州——石荷州的首府城市，德国一年一度的帆船运动盛典“基尔周”，每年都有超过200万的来自世界各地的帆船运动爱好者和游客来到德国北部这一座美丽的海滨城市基尔，参加基尔周的各种各样的活动。

· 帆船比赛是奥运会赛事之一

1896年，第1届奥运会就把帆船列为正式竞赛项目，但原计划的比赛因恶劣天气影响而被取消。4年后的1900年，第二届奥运会在法国巴黎举行，帆船运动共进行7个级别的比赛。除在美国圣路易斯举行的第3届奥运会没有帆船比赛项目外，此后帆船比赛成为奥运会的常设项目。2008年第29届奥林匹克运动会在中国举办，其中的帆船比赛项目，于8月9日至21日在青岛奥林匹克帆船中心举行，共有62个国家和地区的400名运动员、292艘帆船（板）参与，盛况空前（图14-14）。

图14-14　第29届夏季奥林匹克运动会帆船比赛盛况

负责举办世界上各种帆船运动的国际组织是世界帆船联合会，截至2021年有会员协会145个，1907年成立于巴黎，其总部设在英国伦敦。中国帆船协会于1984年加入该组织。

第十五章　工业革命时代的机动船

微信扫码
• AI交通专家
• AI科普课堂

在19世纪以前的几千年中，船舶的动力一直是人力和风力，制约了速度的提高和吨位的加大。自从瓦特成功改进了蒸汽机后，效率大为提高，给船舶的发展带来了史无前例的机会。在船舶上采用蒸汽机作为推进动力的试验始于1769年，经过不断改进，直到1807年才得到成功。

一、蒸汽机推进的明轮船

1769年，法国工程师乔弗莱建造了一艘用蒸汽机带动木桨的机动船，由于那时的蒸汽机笨重且木桨的效率很低，所以航行速度很慢；后来又于1783年建造了一艘用蒸汽机带动明轮的机动船，取名“波罗斯卡菲号”，可惜行驶半小时后蒸汽机发生了爆炸。

1807年，美国的约翰·史蒂芬逊建造了带明轮桨的“菲尼克斯号”轮船，为了绕开内河航运的垄断问题，他决定试航时从纽约沿海岸驶向费城，虽然途中遇到风暴，但是经过13天的航行，最终还是平安地到达目的地，成为世界上首艘在海上航行的轮船。

公认的机动船发明人，是美国工程师富尔顿（1765—1815）。他17岁时离开家乡宾夕法尼亚兰开斯特到费城，一面学习绘画，一面在一家机器工厂做机械制图工作。22岁时，他来到英国伦敦，以绘画艺术结识了著名的蒸汽机发明家瓦特。在瓦特等人的影响下，他一边工作一边继续深造。终于在1807年，建造成功了一艘用蒸汽机带动“明轮”推动的船只。船上安装了一台当时最好的瓦特式蒸汽机，取名“克莱蒙特号”（图15-1）。经过努力，1807年8月17日在纽约州的哈得逊河上完成了历史性的航行，航速为6千米/时，比帆船快三分之一。这艘船的试航成功，宣布了船舶发展史进入了一个机器代替了人力和风力的新时代，为世界人类航海事业的发展作出了卓越的贡献。为此，人们就把轮船发明者的桂冠，戴到了富尔顿的头上，称他为“轮船之父”。

图15-1 “轮船之父”富尔顿和“克莱蒙特号”

富尔顿第一艘蒸汽船的试航成功，震动了美国海军。为了加强美国的国防力量，富尔顿不顾身患重病，于1814年为美国海军设计了美国第一艘蒸汽动力军舰“德莫洛戈斯号”，安装有20门火炮，炮台能够转动。

富尔顿一生共建造了17艘轮船，1815年因患肺病逝世，终年50岁。

此后，人们便开始了海上探险的历程。1819年5月22日，美国一艘蒸汽机3桅杆帆船“萨凡纳号”，从美国萨凡纳港启航，25天后到达英国利物浦。为了节省燃料，其中有18天用蒸汽机提供动力，另外7天用风帆提供动力，成功地横渡大西洋，抵达了英国。

1837年英国布鲁内尔制造了蒸汽机船“大西部号”，是当时世界上最大最快的轮船。虽然第一次航行时机舱出事，但确实后来也成功渡过了大西洋，并在几年内完成了数十次横渡。

1838年4月4日，英国的“西留斯号”蒸汽船从英国的昆市镇出发，以17千米/时的速度，历时442小时到达了美国新泽西州的山迪岬，实现了完全以蒸汽机为动力的不间断横渡大西洋的航行。

我国自唐代就有明轮了，但明朝以后，由于实行“闭关锁国”政策，造船业发展缓慢。

19世纪中叶，我国一些接受过西方教育的知识分子，曾经试制过轮船，其成功范例是“黄鹄号”。

图15-2 “黄鹄号”蒸汽机轮船模型

“黄鹄号”是我国第一艘蒸汽机轮船（图15-2），由曾国藩自掏8000两白银，于1865年由徐寿设计、安庆内军械所自行建造，“全用汉人，不假外人”，并于1866年春在南京下关码头下水。它是一艘木壳轮船，船长55尺（1尺=0.31米），排水量25吨，装有140马力单缸高压蒸汽机，航速25里/时（1里=500米）。“黄鹄号”试航时曾经轰动一时，但并未正式投入实际使用。这是近代由我国人自己造的第一艘轮船，也是我国近代科学技术史上的一项新成就。

1912年，当时的北京政府将江南船坞收归国有，并改名江南造船所，但其技术和管理仍很大程度上依赖外国专家，造船业得以复苏。第一次世界大战期间，该厂曾为美国政府制造过4艘万吨级蒸汽货轮，船总长135英尺（约41.15米）、型宽16.71英尺（约5.09米），吃水11.57英尺（约3.53米），功率约3670匹指示马力，是当时远东地区所建造的最大船只之一。直到新中国成立后，造船工业才得到大力发展，跻身于世界前列。

二、螺旋桨推进的船

用明轮推进的船，虽然减轻了人们的劳动强度，但是效率比较低，遇到较大的风浪时，桨叶常常会露出水面空转，船只行驶时摇晃得很厉害。

早在蒸汽机诞生之前，一些科学家就曾经研究过“螺旋”这个问题：古希腊的阿基米德发明圆筒状螺旋扬水器，瑞士的伯努利提出过螺旋推进器的设想。只是由于当时蒸汽机还没有出现，所以一直未能运用到船舶的推进方面来。正所谓“他山之石可以攻玉”，1835年，澳大利亚人罗素把一根螺杆安装于一艘小船的尾部，并使这根螺杆在蒸汽机的带动下旋转，结果获得成功。于是，这根螺杆成为螺旋桨的雏形。

1836年，英国造船工程师史密斯，在长38米、蒸汽机功率60马力的“阿基米德号”的船尾上，安装了一个木制长螺杆，并与蒸汽机连接起来。开始试验时，它以4海里/时的航速航行。突然，有一次水中的障碍物折断了螺杆，只剩下一小截螺杆可以工作。正当史密斯急得不知所措时，这船却意外地加快了速度，达到13海里/时。这事启发了造船工程师们。于是，他们把长螺杆变成短螺杆，又把短螺杆变成叶片状，最后演变成现代螺旋桨——一根轴上带着几个叶片的物件（图15-3）。

图15-3 螺旋桨

螺旋桨代替明轮做轮船推进器，大大提高了推进效率。而且它构造简单、重量轻、效率高，非常适合做轮船的推进器。

螺旋桨的种类很多。按桨叶的数量，可以分为2片、3片、4片，甚至更多，当然桨片越多功率就越大；按结构，可以分为定桨距和变桨距；按作用力的方向，可以分为推力螺旋桨和拉力螺旋桨。

船舶螺旋桨大多是用铜镍合金或者铜锰合金铸造成的，因为它们具有极好的耐腐蚀性能，良好的可加工性，且硬度和延展性也很高，故应用广泛。

螺旋桨的大小与船的排水量密切相关。我国镇江中船瓦锡兰螺旋桨有限公司，制造过世界最大的船用螺旋桨之一，其桨叶直径达12.5米（约4层楼高），重约480吨，是专供大型集装箱船、油轮和运矿船使用的。

三、柴油机推进的船

1892年德国人狄塞尔发明了柴油机。第二次世界大战以后，这种动力渐居主导地位。船体使用材料和驱动动力的改变，大大促进了造船工业的发展。第二次世界大战中，舰船数量的激增，促进了舰船的工艺和技术水平的提高。美国在建造2610艘万吨级的自由型船时，创造了铺龙骨后10天后就下水，下水后4天完工交船的纪录。

现代中小型船只，一般使用柴油发动机而不使用汽油发动机。其原因有四点：一是柴油发动机的燃油效率比较高，二是能承受重载并有更长的使用寿命，三是柴油燃料的燃点比汽油高，而且产生的有毒排放比汽油更少，四是在世界各地加油更为方便。

对于万吨甚至十万吨级别的船只，由于要求的动力非常大，而对速度没有太大要求。为了降低运输成本，烧重油比较适合。当然由于烧重油发动机的变速性能差，在进港时还得使用柴油发动机（复合动力装置)，便于应对频繁加减速及变道造成的问题。

现在世界上最大的柴油发动机，是由芬兰的瓦锡兰公司制造的14缸低速船用柴油机。

四、穿上盔甲进军深蓝

1807年8月17日，美国人富尔顿发明的“克莱蒙特号”蒸汽轮船，是第一艘取得商业成功的蒸汽轮船，他的成功很快引来无数的效法者。在后来的5年内，美国和欧洲的内陆河流中已经有50多艘蒸汽轮船投入了营业性航运。

不过，那时的蒸汽机船是木帆船，为了制造更大更坚固的船，从1840年起，船体逐渐改用铁板；19世纪60年代以后逐渐以钢代铁。钢铁船与木质船相比，不仅坚固而且船体可以做得越来越大。它们似雨后春笋，如群雄逐鹿，出现在大江大洋上。

1843年7月19日，由英国工程师布鲁内尔设计的，“大不列颠号”蒸汽机客船下水，它用蒸汽机驱动螺旋桨，每两周穿越一次大西洋。该船总长64.8米、宽10.8米，航速8.5节（1节=1海里/时），排水量1340吨，是当时世界上最大、最豪华的载客邮轮（图15-4）。由于当时的蒸汽机可靠性不足，它保留了传统的三桅和风帆，以备不时之需。

图15-4 “大不列颠号”蒸汽机客船

由于当时的条件限制，船体的铁板是搭接焊成的，内部的楼梯、地板和隔板基本上仍旧用木料。“大不列颠号”被誉为英国航海史上的一个奇迹，它的出现圆了无数欧洲人的移民梦。现在，这艘服役期超过90年已经退役的蒸汽机船，停在布里斯托的一个海港，摇身变成一个巨大的博物馆。

1854—1858年，由英国工程师布鲁内尔设计建造了“大东方号”铁船（图15-5），应用了梁的力学理论，首创纵内架和格栅双层底结构，形成了双层船壳。其船长207米，排水量27384吨，吨位大约是当时最大的船只的5～6倍；它可载客4000人，装货6000吨，其后40年，一直保持着最大船舶的纪录，被认为是造船史上的奇迹。船上安装了两台蒸汽机，一台驱动明轮，另一台驱动螺旋桨。船上还有6根桅杆，帆的总面积有8750平方米。

图15-5 “大东方号”铁船

不过，这艘船的问世时间有点超前。由于当时的乘客和货物都不够多，而且它体积太大，煤耗过高，造价也太高，导致无法盈利。由于商业运营不顺利，只进行了为数不多的远洋航行，在1863年就被停用了。后来被改造成一艘海底电缆铺设船，在1865年和1866年成功地完成了第一条跨大西洋电缆的铺设任务。

1889年，英国建造了“巴黎号”和“纽约号”两艘姐妹船，它们主要依靠蒸汽动力，航速达到20节。从此木制大帆船时代基本结束，钢铁盔甲船的大军开始奔向海洋！

那时的军舰也与时俱进，1859年，法国建造了排水量5630吨的“光荣号”战列舰；1860年，英国建造了排水量9137吨的“勇士号”战列舰。这两艘军舰外面包覆铁质装甲，被视作世界上最初的两艘蒸汽装甲舰。

我国清朝北洋水师使用的、由德国建造、于1885年竣工交付的“定远号”和“镇远号”铁甲舰，可以称作是这一时期的铁甲舰代表。

五、向高大上进军的海上船舶

17世纪后，欧洲的技术进步，为航运提供了技术条件，英国等列强通过殖民扩张得到了极大的发展，海外贸易、海外掠夺、圈地运动和淘金热的兴起，使英国迅速发展、强大起来，并且成为大西洋航运中心。

1607年，英国在北美建立起第一块成功的殖民地——弗吉尼亚的詹姆斯敦，到18世纪中期在北美就拥有了13块殖民地。由于有大量的人员和物资需要在欧洲和美洲之间流动，在飞机尚未出世的年代，唯一的途径只有乘坐轮船“漂洋过海”，所以当时的远洋客船主要用于运送来往于欧洲与美洲之间的乘客，以向美洲移民服务为主。1620年秋，英国“五月花号”帆船载运100名移民横渡大西洋到达美洲，成为近代第一次远洋客运；1818年，美国黑球轮船公司开辟了纽约到利物浦之间的定期班轮航线。1835年，英国工业奇才布鲁内尔提议，建立从伦敦到布里斯托尔的海上运输线，建造大西洋邮轮，航线扩展到美国纽约市，大西方轮船公司又应运而生。

“大西方号”邮轮（图15-6）是使用明轮推进和铁壳的大型蒸汽船，1838年4月首航，是第一艘专门为跨越大西洋进行客运的轮船，

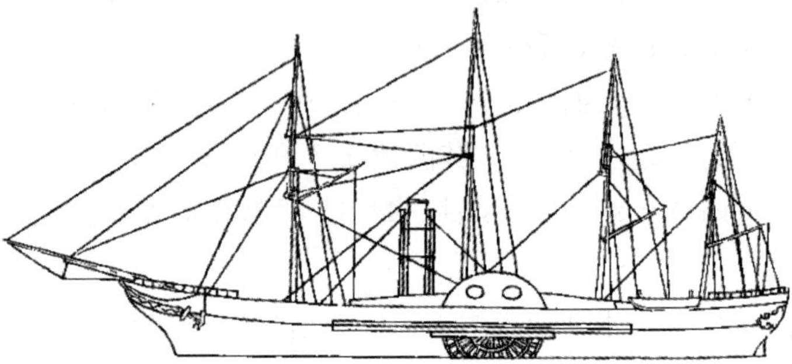

图 15-6 “大西方号”邮轮

也是当时西方最大的客轮。

不过，明轮推进的效率不高，后来，英国的“大不列颠号”诞生，并于1843年下水，它是世界上第一艘采用铁质船壳的远洋蒸汽螺旋桨轮船，并于1845年成功横渡大西洋。

19世纪末20世纪初，世界豪华定期客船兴起，各发达的资本主义国家竞相在北大西洋航线上争雄，以夺得“大西洋蓝带”之美称，导致定期客船的高速化和大型化发展。

定期客船的发展与欧洲等地向美洲移民有关，联系欧美大陆的北大西洋航线，成为海上客运的主要航线。除此之外，太平洋航线、澳洲航线、南美航线也是向北美洲移民的辅助航线。

【知识链接】各国的航海节

国际海事组织（IMO）号召世界各国和地区的政府，根据本国的重大航海历史事件或人物，每年都要庆祝世界海事日，自行选定庆祝日期。

中国：1405年7月11日，明朝正使郑和率2.7万多人，乘大船62艘，第一次出使西洋。为纪念郑和七下西洋的伟大壮举，中国政府自2005年起，将每年7月11日定为“中国航海日”。

美国：1933年5月20日，美国国会通过联合决议，规定每年5月22日这一天为美国国家航海节，以纪念1819年5月22日，美国第一艘蒸汽机船“萨凡那号”从美国佐治亚州的萨凡那港出发，成功地横渡大西洋，抵达英国的利物浦港，为美国远洋海运事业作出重大的贡献。该决议授权并要求美国总统在每年5月22日之前发表文告，号召美国人民积极参加5月22日的美国国家航海节的重大庆典活动。

英国：每年6月19日至25日为“韦茅斯-波特兰老海员节”、9月6日至7日为“大雅茅斯航海节”。“韦茅斯-波特兰老海员节”以纪念诺曼底登陆战役为主题。“大雅茅斯航海节”以庆祝当年盛极一时的英国航海事业为主题。

日本：曾将每年的7月20日定为“海之日”（1995年设立，1996年开始实施），其目的是让生活在四面环海环境中的日本人们铭记海洋带来的恩惠，并祈愿日本这个海洋国家繁荣。2003年，日本将“海之日”从每年的7月20日改为了7月的第三个星期一。

加拿大：每年的6月21日至22日是加拿大一年一度的航海节，但是加拿大人却称其为加拿大国际龙舟节。

菲律宾：鉴于菲律宾海员在全球的影响与地位，菲律宾政府将每年9月29日定为国家海员节（目前全球在船海员中菲律宾海员大约占到20%）。

印度：每年的4月5日，以纪念1919年4月5日印度“皇家号”货轮从孟买启航，成功首航英国。

澳大利亚：每年的9月25日。庆祝活动由澳大利亚交通运输部主持，通常会举办诸如提高航海技术、确保海运质量、严禁经营劣质船舶、加强船舶检验和登记、普及海员医疗卫生、培养和选拔优秀海员人才、关心远洋海员的切身利益等方面的各类研讨会和船员福利法律咨询会。

第十六章　琳琅满目的现代舰船

微信扫码
• AI交通专家
• AI科普课堂

一、竞技场上的赛艇

赛艇运动起源于英国，为庆祝英王加冕，1715年首次举办了赛艇比赛。此后，赛艇运动在英国泰晤士河上逐渐流行起来，起初是为了娱乐消遣，随后几年成立了赛艇俱乐部。1775年，英国制订了首部竞赛规则。1829年，英国牛津大学和剑桥大学在泰晤士河上举行了首次校际赛艇比赛，这是现代赛艇运动的起源。1892年，国际赛艇联合会在意大利都灵成立。1900年，巴黎奥运会将男子赛艇列为比赛项目；1976年，蒙特利尔奥运会设立女子赛艇项目，此后，竞技场上赛艇赛事日益多样化，并逐渐受到人们的喜爱和重视。

赛艇（图16-1）是一种专门用于比赛、训练的舟艇，两头尖瘦、艇身狭长，艇身主要由玻璃钢、碳纤维等轻质材料制成。比赛时由一名或多名桨手坐在舟艇上，背向舟艇前进的方向，运用其肌肉力量，通过桨和桨架的简单杠杆作用进行划水，是在规定距离内竞速的一项划船运动，先到终点的艇为胜者。舟艇上可以有舵手，也可以无舵手。

图16-1　赛艇

赛艇有单人双桨、双人双桨、双人单桨无舵手、四人双桨、四人单桨无舵手、四人单桨有舵手、八人单桨有舵手等项目。

1896年第1届奥运会在希腊雅典举行，赛艇是正式比赛项目。不过由于天公不作美，它遇到了和帆船比赛一样的命运，被迫临时取消。1900年第2届奥运会在法国巴黎举行，赛艇比赛顺利举办，设有6个单项。

1984年洛杉矶奥运会，中国赛艇队首次参加奥运会，女子四人单桨有舵手获得第八名，男子四人单桨无舵手获得第十名；2008年8月17日，中国女子四人双桨获得金牌，实现了中国赛艇史上零金牌的突破。

【知识链接】奥林匹克运动会的由来

古代奥林匹克运动会起源于古希腊，因举办地在奥林匹亚而得名。

公元前8世纪至公元前7世纪，古希腊相继建立了数百个城邦。各城邦为了维护自己的利益，经常互相打仗，因此各个城邦都利用体育锻炼来培养身强力壮的武士，各种竞技活动层出不穷，古代奥运会便应运而生。古希腊人信奉多神教，每逢重大的祭祀节日，各城邦都举行盛大的宗教集会。他们认为宙斯神是众神之首，所以对他的祭祀也格外隆重。他们以唱歌、舞蹈和竞技等方式来祭祀万神之王宙斯神。从公元前776年起，到公元393年止，基本上每四年举行一次，并规定奥运会期间各方必须休战。古代奥运会共举办了293届，后来罗马帝国占领希腊后，古奥运会慢慢地衰落消亡。

1892年11月25日，法国体育活动家、教育学家和历史学家顾拜旦，在“法国体育联合会”成立3周年的纪念大会上，发表了题为“复兴奥林匹克”的演说，首次正式提出了创办现代奥运会的倡议。会议规定沿袭古奥运会传统，每四年举行一次运动会。大会决定把第一届会期定在1896年，鉴于古奥运会遗址奥林匹亚已成一片废墟，会址改设在希腊首都雅典。

奥林匹克运动会分为夏季奥运会（奥运会）、夏季残奥会、冬季奥运会（冬奥会）、冬季残奥会、夏季青年奥运会（青奥会）和冬季青年奥运会。中国于2008年举办了第29届夏季奥林匹克运动会，于2022年举办了第24届冬季奥林匹克运动会，北京也因此成了世界首个冬夏“双奥之城”。

二、游艇、游船和渔船

·游艇

游艇是集航海、运动、娱乐、休闲等功能于一体的高级耐用消费品。在发达国家，游艇像轿车一样多为私人拥有；而在发展中国家，多作为港监、公安、边防的工作设备，少量也作为公园、旅游景点的经营项目供人们消费。

游艇的型别按长度划分为小型游艇（11米以下）、中型游艇（11～18米）、大型游艇（18～35米）和超大型豪华游艇（35米以上）四个等级。超大型豪华游艇按长度，分为35～40米、41～44米、45～49米、50～54米和55～60米五个等级。

世界上外形最惊艳的超级游艇之一，是豪华三体游艇“阿达斯特拉号”（图16-2），这艘游艇是由香港船东委托、由珠海佳航游艇公司历时5年制造而成的，长42.5米，宽16米，轻载排水量约52吨，可容纳9名乘客和5名船员。其最大速度可达22.5节（约41.67千米/时），并能以17节（约31.48千米/时）的速度巡行4000海里。它的外形酷似太空船，其“双翼”用来保持船身稳定，并借助空气动力学原理提升速度与能效。

图 16-2 “阿达斯特拉号”游艇

世界上最大的太阳能游艇是“行星太阳能号”（图16-3），长约35米，宽约23米。它配备了太阳能电池板，完全不用化石燃料，最高速度达14节。

曾是世界上最贵的游艇之一、俄罗斯亿万富翁安德烈·梅尔尼琴科的超级游艇A（图16-4），据报最终耗资近6亿美元建造。它的长度为142.81米，有8层独立的甲板，其最标志性的设施是一个由高强度玻璃制成的巨大球形水下观察舱。虽然只可以容纳20位客人，但却需要54名船员提供服务，从下层到达顶层需要搭乘电梯。

图 16-3 “行星太阳能号”

图 16-4 超级游艇 A

· 游船

游船（图16-5），顾名思义就是用于载客旅行、参观、游览的各类客运机动船，一般用于内河、江湖或沿海附近，自古至今长盛不衰。清代杜濬《初闻灯船鼓吹歌》中载：“腾腾便有鼓音来，灯船到处游船开。”现代七绝《游船》中载：“清辉对酒夜时长，露饮风前语

图 16-5　游船

亦狂。歌闹游船茶座雅，伊人起舞水中央。”

游船的动力多种多样：古代可以是橹、桨；现代可以是螺旋桨、喷水推进器；风则是古典和现代均使用的动力。在有环保要求的情况下，一般采用电能作为动力。

· 渔船

渔船用于捕捞和采收水生动植物，也用于水产品加工、运输、养殖、资源调查、渔业指导和训练以及执行渔政任务等，有内河、近海和远洋之分。其中，内河渔船的船型多数较小，设备也相对简单。

远洋渔船（图 16-6）是从事公海捕捞生产的船舶，有较好的稳定性、耐波性和适航性，结构特别牢固。它们的马力、吨位、航速、舱容量、捕捞机械自动化程度、综合生产能力、自我维修能力、加工能

图 16-6　远洋渔船及其收网的情景

力等技术装备水平较高，一般配有冷藏加工设备和直升机。荷兰的一种围网船，长143米，宽18米，排水量约10000吨，鲜鱼冷藏能力可达数千吨，速冻能力3500立方米，总造价高达4亿元。撒一次网可捕获多达250吨甚至300吨的海洋生物。

三、客轮——水上俱乐部

客轮是指专门用于运送旅客及其行李的船舶，也可装运少量货物，绝大多数定期定线航行。以载客为主，兼运部分货物的称为客货轮；以载货为主，兼运少量旅客的称为货客轮。根据《国际海上人命安全公约》，凡载客12人以上的船舶即为客轮，不论是否同时载有货物。

按照航行水域和功能的不同，客轮可分为海轮、内河客轮（江轮）以及渡轮等多种类型，一般有完善的上层建筑，用以布置各种类别的客舱及一些服务舱室；对救生、防火、抗沉等安全要求严格；有较高的舒适性，具有良好的隔噪与减振性能；有较高的航速和功率储备。

我国最具代表性的客轮航线是长江的上海至汉口航线。

1861年1月，美国琼记洋行的木质明轮“火鸽号”(678吨)驶进上海。4月开始在长江上海至汉口段营运，这是长江上的第一艘外国商用轮船，也是长江上的第一艘客轮。

1873年7月，轮船招商局所属240吨轮船“永宁号”从上海出发，开航镇江、九江、汉口等地，标志着中国轮船首航中国内河，这也是长江上的第一艘投入营运的中国轮船。

新中国成立后，修复、改建、新建的客货轮越来越多，以长江干线的客货轮为例，1960年是33艘，1970年是107艘，1980年是129艘，1990年是158艘，1994年是164艘。其中1975年，上海船厂制造的新型大型客货轮“东方红11号”（图16-7）为当时的巨无霸，上层建筑为4层宝塔形，总长112.8米、型宽16.4米，可载客1200人，载货450吨。

图16-7 “东方红11号”

现在我国的大型客轮越来越多，比如“龙兴岛”轮和“永兴岛”轮，它们分别服务于烟台-大连航线和威海-大连航线。这两艘轮船长167.5米，宽25.2米，总吨位23000吨，旅客区3层，汽车舱3层，可载客1400人，载车线2000米，服务航速19节。其稳定性和船体结构满足国际无限航区最高要求，抗风等级达到国内最高水平。船舶采用艏、艉门布置，确保车辆上下船不用“掉头”。船上设置豪华VIP套房、电影院、茶室等，旅客可以尽享海上浪漫之旅。

四、“海上城市”豪华邮轮

邮轮起源于欧洲。欧洲岛屿众多，海岸线绵长，邮轮起初主要是为了运送邮件，顺便捎带几个旅客。1822年，欧洲半岛东方轮船公司，开辟了世界上第一条邮轮航线，从英国出发至伊比利亚半岛，“邮轮”因此得名。

后来由于乘客越来越多，客船建造达到高峰。20世纪30年代，出现了著名的“玛丽皇后号”、“伊丽莎白女王号”和“诺曼底号”，载重量在8万吨以上。船上有游泳池、电影院和大型商场，被称为移动的城市。它们的主机采用汽轮机，功率为16万马力，航速超过30节。然而到了20世纪60年代，由于民航业的发展，加之邮件的减少，邮轮逐渐演变为以休闲度假为目的，所以实际上变成了“游轮”。

· 世界上最大的游轮——“海洋标志号”

目前世界上最大的游轮，是芬兰的梅耶图尔库船厂所建造的，总部位于美国迈阿密的皇家加勒比国际游轮公司运营的“海洋标志号”（图16-8），2024年1月27日首次正式投入运营，首航路线从迈阿密到加勒比海。该船长365米，总层高20层甲板，最多可接待7600位宾客，总吨位为25万吨，造价10亿美元。其规模远超美国最大的“福特号”航空母舰。除了大之外，它的特点是绿色环保，采用液化天然气作为主要能源，可以大幅降低污染物排放。

图16-8 “海洋标志号”

至此，原来世界上最大的游轮——法国大西洋造船厂建造、皇家加勒比国际游轮公司运营的“海洋奇观号”，退居第二位。这家游轮公司旗下共有8大系列共29艘游轮。

· 处女航即遭遇不幸的“泰坦尼克号”

大家熟悉的“泰坦尼克号”游轮（图16-9），建成于1912年，其豪华程度在当时首屈一指，总吨位46328吨，航速可达22节。整艘游轮有16个水密舱，设计抗沉性能良好，当时被称为是“永不沉没的客轮”。1912年4月10日，船只从英国的南安普敦出发首航，驶向美国纽约。不幸的是，4月14日23：40该船撞到冰山，并于4月15日凌晨2：20沉没。据英国贸易委员会公布的数据，船上的2224人中只有710人生还。

图16-9 “泰坦尼克号”游轮和船票

1998年在我国上映的同名电影，以此事件为背景，讲述了处于不同阶层的穷画家杰克和贵族女露丝，抛弃世俗的偏见坠入爱河，最终杰克把生存的机会让给露丝的感人故事，令无数观众刻骨铭心、哽咽难言。电影中还展现了很多可歌可泣的故事：在“泰坦尼克号”下沉时，乐队指挥华莱士·哈特利带领着8人乐队，继续为没有登上救生艇撤离的这1500多名乘客，演奏着音乐，直到他们生命的最后一刻；富翁古根海姆穿上礼服，准备像绅士一样离开这个世界；伊文斯夫人把救生艇的座位让给了一个孩子的母亲；大富豪伊西拒绝上救生艇，说在女人和孩子都被救之前他不会上船，他的太太也坚定地跟他站在一起。于是，后人在他们的墓碑上刻着：“再多的海水都不能淹没的爱”，以示对他们这种奉献精神的赞扬。

【知识链接】八位名流富豪躲过那场劫难

那次在“泰坦尼克号”游轮上遇难者人数为1514人，其中不乏商界名流、社会人士和学生等，但有八位名流、富豪，明明买了“泰坦尼克号”的船票，却最终因各种各样的原因没有登船，幸运地躲过了这场劫难。

第1位：大资本家约翰·皮尔庞特·摩根

美国巨富摩根在得知“泰坦尼克号”邮轮的目的地是纽约的消息后，就购买了一张船票，准备回家看看。但是，一位在法国的老朋友邀请他去当地景点游玩，他因为留恋当地的风景和美食欣然前往，脑中已经忘却了“泰坦尼克号”的航行。在法国逗留数日的他，也因此错过了“泰坦尼克号”的航行。可等他在岸边为白白浪费高价票而苦恼的时候，却已经幸运地避开了这场灾难。此后，他坚信自己是幸运的，而冥冥之中自有天意。于是，他从此便成为一位虔诚的天主教徒。不得不说的是，摩根大通公司，在2021年世界500强中排名第43位，倘若他当时上了“泰坦尼克号”，排名第43位的可能就是别人了。

第2位和第3位：石油巨商赫尔希夫妇

他们在得知这一豪华游轮要进行处女航之际，便斥巨资买了两张高价票。可在开船的前一天，赫尔希妻子的脚却意外扭伤，整个关节都肿胀了起来，得在医院住一段时间的院，赫尔希也必须留下来照顾妻子。没想到，他们却因祸得福侥幸存活下来。

第4位：小说家西奥图·德莱赛

作为一名小说家，他所写的作品《美国的悲剧》受到数以千万粉丝的追捧。德莱赛需要游历各国取材，来寻找写作的灵感。当他游历到英国时，“泰坦尼克号”刚好售卖船票，如此豪华的游轮和新奇的体验，德莱赛当然不希望错过，立马买了一张“泰坦尼克号”的船票，希望能够带给自己写作的灵感。然而在登船的当天，德莱赛碰见了许久不见的好友也要去欧洲，不过好友乘的是另一艘船，于是德莱赛就和好友一起乘另一艘船回欧洲，也因此躲过了这场灾难。

第5位：发明家古列尔莫·马可尼

他是意大利的物理学家，发明了众所周知的无线电收发报机。“泰坦尼克号”船票发售当天，当地一位富翁给他寄了一张船票，邀请他乘坐这艘豪华游轮。当他听说有“泰坦尼克号”这样一艘巨型游轮的时候，决意要去一探究竟。

可是意外的是，马可尼发现他的论文截止日期与“泰坦尼克号”的航行时间相吻合。怀着严谨的科学态度，马可尼谢绝了富翁的好意，全身心投入论文的最后审阅，只得放弃登船游览的机会。也正是因为他有如此强的事业心，才躲开了这场震惊世界的沉船事故。

第6位：钢铁大亨克雷·弗里克·约翰

“泰坦尼克号”的船身是用他生产的堆积如山的钢材制成的，所以他对“泰坦尼克号”充满了浓厚的兴趣。不过，由于他上船的主要目的是与前述第1位幸运者——资本家摩根谈金融合作，摩根没有登船，他自然也就没有登船的必要了。

第7位：宗教领袖约翰·马特

这是一位有着极高影响力的宗教领袖，受人爱戴，他的船票是别人赠送的。当他登上了“泰坦尼克号”后，身边坐着一对母子，小孩从上船开始便一直啼哭。这让约翰·马特感到十分怪异，决定放弃这次航行，从而逃过一劫。他下船前还建议母子俩同他一起下船，却遭到了拒绝。后来的1946年，约翰·马特由于“创建了世界范围内的基督教组织”获得了诺贝尔和平奖。

第8位：身家千万的银行家阿尔弗雷德·格温·范德堡

阿尔弗雷德，出生在美国最富有的家族之一的范德比尔特家族，因经营铁路和水上运输致富。当时他因为需要出席一场十分重要的商务宴会，而放弃了“泰坦尼克号”的行程，因为“谈生意没空旅行”，让他躲过了这场灾难。

·“爱达·魔都号”邮轮中国造

我国在邮船制造方面的业绩同样喜人。2023年11月，由上海外高桥造船有限公司制造的首艘国产大型邮轮“爱达·魔都号”正式交付运营方，并于2024年1月1日首航，执航以上海为母港的国际邮轮航线，并适时推出海上丝绸之路邮轮航线，让古丝绸之路的智慧与力量在21世纪海上丝绸之路上继续破浪远航。

“爱达·魔都号”邮轮（图16-10）全长323.6米，型宽37.2米，高度70米，总吨位13.55万吨，共有20层甲板，拥有2826间乘客舱室，可搭载乘客5246人，拥有分布于16层甲板、总面积4万平方米的生活娱乐公共区域，拥有136个系统，2万多套设备。零部件数量高达2500万个，相当于5架C919国产大飞机、13辆“复兴号”高铁列车的工程量。它寓意“从上海出发，爱达世界”，是名副其实的“海上现代化城市”工程。

图16-10 “爱达·魔都号”邮轮

国产首艘大型邮轮命名交付，标志着我国成功集齐了造船业皇冠上的“三颗明珠”，已全面掌握了航空母舰、大型液化天然气运输船、大型邮轮的建造能力。

五、越造越大的油轮

原油是世界上最重要的商品之一。最早的运油方式，是用桶装好后再上船，到达目的港后再卸货，效率低、成本高。现在原油的运输量占到了海洋贸易1/3左右的份额，而且油轮越大，单位成本越低，所以需要建造一种直接将油料装进货舱内的大油轮。另一方面，由于油品可以通过铺设在近海的石油管道装卸，不用靠码头，这也为建造大油轮提供了方便条件（最大的已达到56万吨）。

所以，从20世纪50年代起，许多船东竞相订购大型乃至超大型油轮。从原先的10万载重吨，发展到60年代中期的20万载重吨，60年代末期达30万载重吨，70年代初超过40万载重吨，1976年法国竟然建造了4艘56.5万载重吨的巨大型油轮。据20世纪80年代初的统计，当时投入营运40万载重吨以上的巨大型油轮，全世界就有20艘之多。

载运散装石油或成品油的液货运输船舶，为了到达目的地后快速卸货，必须在整个运输过程中始终保持一定的温度，所以大多数的油轮都使用蒸汽机作为动力装置兼作热源；出于安全性和船舶布局的考虑，绝大多数油轮的发动机舱都设在船尾；为了防止和减少油轮发生海损事故造成的污染，大型油轮必须设置双层底或双层船壳。

· 世界上最大的原油船

1976年开始建造的“诺克·耐维斯号”，是一艘新加坡籍、属于超大型原油运输船等级的超级油轮，船体长458米，宽69米，载重吨为56.5万吨，满载排水量82.6万吨，能够容纳将近65万立方米的原油（将近410万桶）。该船于1981年下水，钢板89毫米厚，利用了住友造船开发的双层船体技术，来防止原油意外渗漏污染环境。

这艘油轮原来是一位希腊船运商向日本住友重机械工业订购的，设计吨位是44万吨，但后来因这艘船在试航时性能不够理想，供需双方进入仲裁程序，其间希腊商人破产，转卖给了香港籍船王董浩云。为达成做全球最大油轮船东的愿望，便将该油轮转交日本钢铁改建，加长至可载重56.5万吨，并命名为“海上巨人”（图16-11）。

图16-11 “海上巨人”油轮

虽然“海上巨人”是个庞然大物（单是船锚就有36吨重），但是由于采用了自动化设计与电脑辅助控制，机舱内可以昼夜24小时无人值班，所以船上只有40名船员。此外，船上还装有卫星导航系统、数据处理系统和避碰系统，确保该船航行更加安全。不过，事物总是有它的两面性。船的吨位太大出现的弱点也不可忽视：该船以约16节的速度行驶时，制动距离需要9千米，转向需要3千米的空间，而且满载后无法通过水深较浅的巴拿马运河与苏伊士运河等人工河道，甚至连英吉利海峡也无法穿越。

“海上巨人”油轮的命运多舛。两伊战争末期的1988年5月14日，它在经过霍尔木兹海峡时，遭到伊拉克战机反舰导弹攻击，船身严重损毁，事后被拖离海区入坞维修。1991年，它被卖给挪威一家公司，并被用作海上储油船。2004年，它又被转卖给了挪威亚勒海运船公司，改名为“亚尔维京号”。后来，它又被转卖给新加坡的第一奥森油轮公司，并且改名为“诺克·耐维斯号”。2009年12月，该船被出售给印度的拆船商，随后被拆解。由于该船上的锚与香港航运业界有一段深厚的情谊，一位不愿意透露姓名的人士，购买了重36吨、长7米的锚和20多个链环（每个约0.5米长），现存于香港海事博物馆用作展览。遗憾的是其230吨重的舵和50吨重的螺旋桨，还有那个庞然大物的船身，早已变成铁水。

· 我国最大的油轮

2014年，我国广州广船国际股份有限公司，成功建造了32万吨的“凯桂号”油轮（图16-12），拥有自主知识产权。该船全船长333米，宽60米，船总高度70多米，相当于23层大厦的高度。

图16-12 “凯桂号”油轮

该船甲板面积有4个足球场大，货舱容积不少于36万立方米，装载量相当于150列40节的火车。该船航速为16.7节，续航力约22000海里，相当于绕地球赤道一圈，中途不用再加油。

六、各显其能的运输船

运输船多种多样，包括杂货船、散货船、液货船、集装箱船和滚装船等。在如今经济全球化的时代，世界上约80%的贸易量（按体积计算）要依靠航运运输。根据世界贸易组织（WTO）数据，2015年全球商品贸易总额约为16.5万亿美元；2023年，全年全球海运量达到了124亿吨。从这些数据来看，航运业已经成了我们生活中非常重要的行业，据联合国贸发会数据，截至2022年初，全球商船队（100总吨及以上）已拥有约10.5万艘船舶。

· 杂货船

杂货船是主要运载成包、成箱、成捆等杂件货物的船，其应用广泛。在内陆水域中航行的杂货船吨位有数百吨、上千吨，而在远洋运输中的杂货船吨位可达2万吨以上。杂货船（图16-13）要求有良好的经济性和安全性，而不必追求高速。

图16-13 杂货船的货轮

为了提高运输效率，有的杂货船既可运载一般的包装杂货，又可装运散货和集装箱货等。

全球最大通用散杂货船是中国的“明兴”轮，船长199.9米，型宽32.26米，型深19.0米，设计航速14.4节，可载重6.2万吨，是最新一代绿色环保、经济节能型多用途重吊船。该船由上海船舶设计院主导设计，仪征金陵船厂建造施工。

· 散货船

散货船（图16-14）专用于运送煤炭、矿砂、谷物、化肥、水泥、钢铁等散装物资。其特点为：驾驶室和机舱布置在尾部，货舱口宽大；内底板与舷侧以向上倾斜的边板连接，便于货物向货舱中央集中，甲板下两舷与舱口处有倾斜的顶边舱以限制货物移动；有较多的压载水舱。按载运的货物不同，又可分为矿砂船、运煤船、散粮船、散装水泥船、运木船等。

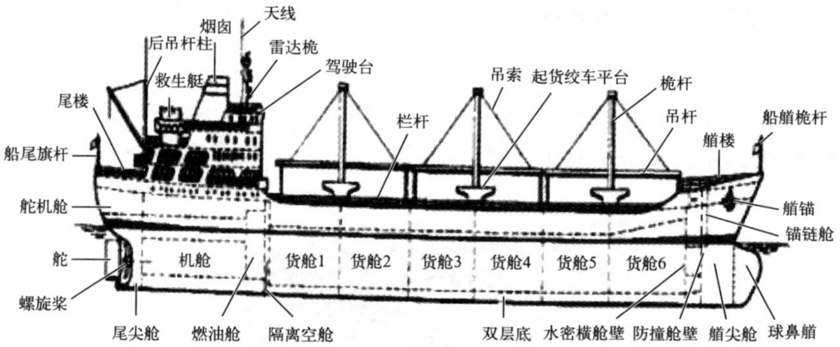

图 16-14　散货船

【知识链接】“球鼻艏”的功能

图16-14右下部有一个叫“球鼻艏”的部位，是设计在水线以下的近似呈球状的船首部，简称球艏。它的作用是产生与船首波相位相反的波浪，降低兴波阻力（降低主机能耗10%～20%），提高船速。20世纪初，船鼻艏的概念就被提出并在一些船只上实验。20世纪60年代后，球鼻艏逐渐在商船上流行开来。由于航速越快兴波阻力越大，所以，航速不高的散货船和大型油船，都没有“大鼻子”。另外，“球鼻艏”还有一个重要用途，就是减少船舶的纵摇。许多球鼻艏都有装载压载水的艏尖舱，当海况不好船舶俯仰过大时，通过调节艏尖舱内的压载水数量，就可以使船舶航行更稳定。

·液货船

液货船是专门载运液体货物的船舶。按照运载货物的不同，可分为油船、液化气船和其他液货船。

（1）油船

油船是专门用于载运散装石油及成品油的液货船，一般可以分为原油船和成品油船，一般吨位都比较大。根据载重吨位不同，分为通用型油船（1万载重吨以下），灵便型油船（1万～6万载重吨），巴拿马型油船（6万～8万载重吨），阿芙拉型油船（8万～12万载重吨），苏伊士型油船，（12万～20万载重吨），巨型油船（20万～30万载重吨），超大型油船（30万载重吨以上）。油轮的吨位越大越经济，历史上最大的油轮载重吨位曾达到56万吨。

以前油船都是单甲板、单底结构。因为货舱范围内破损后，货油浮在水面上，舱内不至于大量进水，故油船除了在机舱区域内设置双层底以外，货油舱区域一般不设置双层底。现在为了防止和减少油轮发生海损事故造成的污染，国际海事组织已经要求1996年后建造的油轮，必须采用双层结构（包括双层底和双舷侧等），以极大降低海损事故中原油泄漏的风险。

（2）液化气船

液化气船（图16-15）是载运液化天然气和液化石油气的专用船，如液化石油气、液化天然气、氨水、乙烯、液氯等。货舱采用全密封的金属罐。在运输天然气或石油气时，先把天然气经低温常压转变成液态或把石油气经低温或加压的方式转变成液态，然后注入液舱（球形或矩形）内。

这些液货的沸点低，多为易燃、易爆的危险品，有的还有剧毒和强腐蚀性。因此液化气运输船货舱结构复杂，造价高昂。

图 16-15　液化气船

2013年，我国江南造船为新加坡建造的“哈赞德”轮已经交付船东，那是一艘容积为9.3万立方米的超大型液化气船，总长230米，型宽36.6米，服务航速16.5节，燃油续航达到2.3万海里，其油耗和气耗水平处于国际领先地位。

（3）其他液货船

其他液货船用于运送淡水、果汁、牛羊油脂、糖蜜、植物油、清洁剂，以及其他许多类似的产品。

液态货物的情况千差万别。有一些液货经过数千海里的载运时，需要存放在有特制衬里的容器中，才不会变质；有一些液货海运时必须保持绝对的低温；有些液货必须保持在某一压力下；还有的液货需要高温。这就要求液货船要有专门设备。

· 集装箱船

集装箱船又称货柜船或货箱船，是一种专门载运集装箱的船舶，货舱口宽而长，货舱的尺寸按载箱的要求规格化。由于其货损少、装卸效率高（是常规杂货船的30 ～ 70倍）、经济性好，航速又高于其他载货船舶（通常18 ～ 20节），所以被称为海上运输巨无霸。

集装箱起源于汽车运输，后来运用于火车运输和船舶运输。1930年，在法国巴黎成立了集装箱运输的国际组织——国际集装箱协会（BIC）；1933年欧洲“国际铁路联盟”（UIC）制定了铁路集装箱的标准，并在欧洲地区的铁路运输中使用了统一的集装箱。1960年，美国制定了第一个集装箱标准。1961年6月，国际标准化组织集装箱技术委员会成立，1964年制定了集装箱外形和总重的第一个国际标准。

1956年，美国泛大西洋航运公司，改装了他的“盖特威城号”油轮，在其甲板上试装了58只集装箱，从美国诺瓦克出发去休斯敦卸货，船舶集装箱运输的历史从此开始。由于这个试验取得了异乎寻常的效果，其他公司纷纷仿效，集装箱船便似雨后春笋般得到发展，到20世纪70年代已成熟定型。到20世纪末，全球的集装箱船运营商大约650个，集装箱船队保有量5368艘、2293万TEU。

世界上环保集装箱船的明星之一——“艾玛·马士基号”，由韩国现代尾浦造船厂制造，在服役初期，它曾是世界上最环保、设备最先进的集装箱船舶之一。全长397.7米、宽56.4米、纵深16米，整艘船舱和船楼大概有12层建筑高。轮机舱安装了世界最大的14缸船用柴油机，功率可达10.9万马力，大概相当于1156辆家用汽车的总和；另外还有5台辅助柴油发电机和一台使用锅炉废气的汽轮发电机提供电力。该船拥有提高燃油使用效率系统、废热量循环系统、电子化控制引擎等，能够有效地降低燃油消耗率。该船使用了当今世界上最先进的造船技术，高度自动化，用计算机系统全面监控，仅需要13名船员操作。

我国在集装箱船制造和运输方面进展很快。1978年，我国改装了国外一艘船，命名为“平乡城”，首航澳大利亚旗开得胜。第二年4月18日，“柳林海”轮从上海首航美国西雅图。2008年，中国首制万箱级集装箱船“中远亚洲”轮，它全长349米，型宽45.6米。此后10年间，超大型集装箱轮加速入列，造船业蒸蒸日上。2022年6月22日，沪东中华造船有限公司建造的首艘24000TEU超大型集装箱船“长益”轮（图16-16）签字交付，这是当时中国首艘自主设计建造的，拥有完全自主知识产权的全球最大集装箱船之一。该船总长

399.99米，型宽61.5米，货舱深度达到33.2米，最大堆箱层数可达25层，甲板面积达24000平方米，创下全球超大型集装箱船纪录，也是目前全球装箱量最大的集装箱船，被誉为海上“巨无霸”，彰显了中国船舶科技突破新跨越、实现中国创造新高度的优势，同时也成了中国船舶工业新的里程碑。

图16-16 “长益”集装箱船

【知识链接】集装箱船如何分代

国际上常以集装箱船的载箱量多少作为分代依据。

第一代集装箱主要以多用途船为主，载箱量在500TEU左右，有些船配以船用龙门起重机，船舶能力利用率较低。

第二代以后基本上是全集装箱船，甚至发展到滚装集装箱船。

第三代以内的集装箱船全能通过巴拿马运河，船宽以32.2米为限。

第四代集装箱船就出现了超巴拿马型船，船宽超过32.2米，即为超巴拿马型船，极限40米。

第五代集装箱船能装5000只标准箱，吃水13～15米。

【知识链接】船只如何通过巴拿马运河

巴拿马运河位于中美洲国家巴拿马，横穿巴拿马地峡，连接太平洋和大西洋，是世界重要的航运要道，1920年正式通航。巴拿马运河属于水闸式运河，每座船闸都是成对的，所以可以双行，船只在船闸中由轨道牵引机牵引行动。从一侧的海岸线到另一侧海岸线长度约为65千米，由两侧的运河航道和中间的加通湖（海拔约26米，可为船闸供水）组成。

从太平洋一侧而来的货船，需要先通过一座由三对闸门组成的船闸，经过两级提升进入海拔16.5米的米拉弗洛湖，继续前行通过一座由两道闸门组成的船闸，再经过一级提升进入海拔26米的航道，然后沿航道前行约23千米进入加通湖。

从加通湖出湖则需要通过一座由四道闸门组成的船闸，通过三级下降进入与大西洋相水平的航道，之后驶入大西洋，整个运河通航过程完成（图16–17）。

图16–17　船只通过巴拿马运河

由于需要通过繁复的水闸，外加等待时间，每通行一次巴拿马运河都需要耗费至少10个小时。

巴拿马运河为什么采用水闸式运河，而不建成海平面式运河呢？主要原因有三：

一是直接打通需要挖土方近10亿立方米，工程量太大。现在的水闸式运河，法、美两国接力，耗时近20年，耗费约7亿美元，才挖了2亿土方，而如果直接挖通两大洋，不但进程会更长，工人的死伤和花费也会更多。

二是运河两侧大西洋和太平洋水面有20厘米左右的高度差，且两侧洋流涨落潮不同步，会对航道造成扰动和冲击，要稳定航道仍然离不开水闸。

三是如果直接打通两大洋，会改变运河两侧大洋的生物分布，形成未知的生态灾难。

·滚装船

滚装船是指通常在船尾（或船侧）设有货舱门和跳板，车辆可通过跳板、货舱门和各层甲板间的活动斜坡道或升降平台，直接驶入各层甲板的船舶（图16-18）。其特点是不需要船上或码头上传统的起货设备就能获得很高的装卸效率。

英国曾用退役的登陆艇，开辟一条通往德国汉堡的定期航线，装载货物的车辆可直接登上陆岸。由此在海洋运输方式中开创了新的形式——滚装运输，在交通运输史上具有划时代的意义。

图16-18　汽车开进滚装船

世界上第一艘滚装船，是美国于1958年建造的“彗星号”；1966年，丹麦建成了北欧第一艘滚装船“苏墨赛特号”。

2016年9月，中国厦船重工为挪威礼诺航运公司制造了当时世界领先的大型滚装船“礼诺·旅行者号”，它长199.9米、宽36.5米、载重量可达21000吨，可容纳8500辆汽车，拥有多达14层的装载甲板，并提供高达71400平方米的甲板空间。

七、穿围裙的气垫船

气垫船是利用高压空气在船底和水面（或地面）间形成气垫，使船体全部或部分垫升而实现高速航行的船。气垫是用大功率鼓风机将空气压入船底下，由船底周围的柔性围裙或刚性侧壁等气封装置限制其逸出而形成的。其最大优点是航行阻力小（空气的阻力比水的阻力小得多），速度比较快；同时气垫船还可以在浅滩和浅水地带航行。

19世纪50年代，英国工程师科克雷尔，在空的猫食罐头上装了一个空的咖啡罐，用家用吹风机作动力进行试验。结果，靠排气而产生的升浮效果令他非常满意。接着，他制造了长约0.5米的模型船，在河里进行试验后又获得成功。1959年6月，世界上第一艘SR-N1型气垫船建成，在怀特岛试航。7月25日，该船成功横渡英吉利海峡，标志着这项革命性发明的巨大成功。该气垫船长9.1米，宽7.3米，重4.5吨。1964年以后，气垫船类型增多，应用日益广泛，目前多用作高速短途客船、交通船、渡船等，航速可达60～80节；在军事领域，气垫船主要用作海岸警卫队的巡逻艇等。

世界上现役最大的气垫船，是乌克兰的野牛气垫登陆艇（图16-19），其舰长57.3米，舷宽25.6米，吃水1.6米，航速60节（续航时55节），满载排水量555吨，可以载运主战坦克等重型装备或人员，并为登陆部队提供一定的火力支援，也

图16-19 野牛气垫登陆艇

可担负后勤支援。

2013年，中国引进了两艘该型登陆艇，并在技术转移条件下，于黄浦造船厂建造了两艘同型登陆艇，总共花费3.15亿美元。

八、船底长翅膀的水翼船

水翼船是一种船底部装有水翼，航行时靠水翼产生的升力（图16-20），使船体全部或部分升离水面的高速船。水翼船的速度越大，水翼提供的升力也越大，且成平方关系。和气垫船类似，把船身抬离水面后，可大大地减小水的阻力和提高航行速度。它的航速可以达到同吨位普通船舶的好几倍，而且适航性也很好。

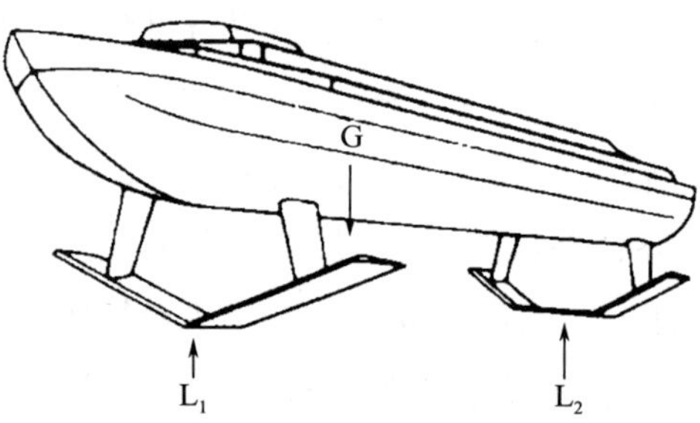

图16-20　水翼产生升力

苏联曾是世界上研制水翼船最早、应用最广、技术工艺较先进的国家之一。苏联有数百艘水翼船，活跃于内河和近海运输线上，甚至在顿河等流域，还有高速水翼船的公交线路，用于城市近郊运输，各个城镇之间由水上巴士站连接，特别方便。

苏联的“拉基塔级”水翼船（图16-21），是世界上数量最多的水翼船，可运载100人，航行于世界各地的150多条航线。水翼战船“蝴蝶号”（图16-22）则是世界上最大的水翼船，排水量达400吨，装有3台燃气涡轮机7.5万马力。

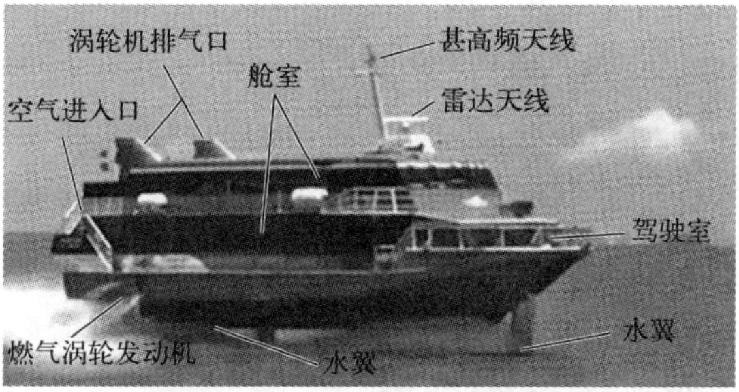

图16-21 “拉基塔级”水翼船

图16-22 “蝴蝶号”水翼战船

中国在20世纪90年代，从俄罗斯进口过高速水翼船，有“流星”“海燕-M”等型号，用于长江流域的水上客运。不过，由于我国高铁和高速公路发达，运营大约10年后就被淘汰了。民用客运水翼船的主要缺点是能耗较大，不够经济，舒适性不佳（噪声大）；而且高速行驶掀起的水浪，严重侵蚀江岸。

第十七章　驾驶技术和水上设施

微信扫码
• AI交通专家
• AI科普课堂

船舶进入茫茫大海之后，单靠人的感觉无法确定自己的位置，于是前人就利用太阳、北极星或者指南针确定方位。中国于

12世纪发明了航海指南针，使航海术由地文航海进入天文与磁性导航结合的远洋航海的阶段；经阿拉伯人于14世纪时传入欧洲的罗盘，使航行不致迷失方向；16～18世纪，由于六分仪和天文钟的发明，终于能够测定海上航船的纬度和经度，人类又进入了推算航海的新阶段；而现代，则是卫星导航系统、全球定位系统的高精度导航定位时代。

一、保证远航不迷路的神器

当航海的范围越来越大时，保证船的航行方向正确也就显得越来越重要。因此，导航器具成为了人们航海时必不可少的工具。只要能准确导航，便可以游遍世界各地；否则便有可能落得船毁人亡。那么在古代，人们又是如何在海上判定方位、辨别方向的呢?

·指南针

指南针是我国的四大发明之一。在此之前，航海依靠观察太阳和恒星的位置来确定方向，受天气影响很大。所以，指南针自发明以后，在航海上得到重要应用。北宋朱彧在公元1119年写成的《萍州可谈》中说："舟师识地理，夜则观星，昼则观日，阴晦观指南针"。这是世界上关于指南针应用于航海的最早记载；南宋时赵汝适写的《诸蕃志》中说，海船上昼夜都使用指南针导航；到元代时已用指南针确定航海路线，称为针路。

海上使用的指南针形式有多种：水浮式、针碗式、碗唇式和悬缕式等。

后来，这一技术在14世纪前后，经阿拉伯人传入欧洲，产生明显效果。如1492年意大利人哥伦布横渡大西洋到达美洲，1497年葡萄牙人达·伽马绕过好望角远航印度，1519年葡萄牙人麦哲伦向西环球航行……这些载入世界航海史册的航行中指南针都发挥了重要作用。

・罗盘

经过不断的改进，古人在指南装置的基础上，配上带有24个方位等精细刻度的指示盘，从此罗盘诞生了。明朝初年，航海家郑和率领庞大船队远航多次，他们远航船队使用的航海器具，包括指南针、罗盘（图17-1）、导航的针路图和天文导航的过洋牵星图；到了明清两代，海船尾部已设有装放和保护导航仪器的罗经舱（俗称针房）。

图17-1 罗盘

・牵星术

郑和下西洋时，测量方位、推测整个船队的航向靠牵星术，主要工具是牵星板（图17-2左）。它是测量星体距水平线高度的仪器，其原理相当于后来的六分仪。通过牵星板测量星体高度，可以确定船舶在海上的位置。牵星板共有大小十二块正方形木板，以一条绳贯穿在木板的中心。使用时观察者一手持板，手臂向前伸直，另一手持住绳端置于眼前。眼看方板上下边缘，将下边缘与水平线取平，上边缘与被测的星体重合，然后根据所用之板属于几指，便得出星辰高度的指数（图17-2右）。若板的上边缘并不能很好地对应目标星星，那就用渐近法，换个更大或者更小的板重复进行。

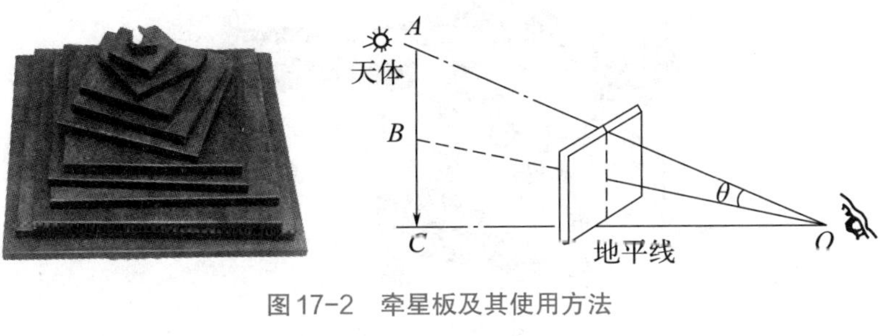

图17-2 牵星板及其使用方法

· 八分仪和六分仪

图 17-3　八分仪

六分仪通常用于测量某一时刻太阳或其他天体与海平线或地平线的夹角，从而迅速求得海船所在位置的经纬度。

1730年，英国人约翰·哈德利发明了测量纬度的八分仪（图17-3）。观察者可通过一面镜子同时看见地平线和被测星体，它们之间的角度可用边缘标有刻度的象限仪测出，测角范围可达90°。直到20世纪，八分仪仍然作为测量天体高度确定纬度的方法。其缺点是刻度较少，精度相对较低。

1757年，坎贝尔船长在八分仪的基础上，把测量范围扩大到120°构成了六分仪（图17-4）。它由一个三脚架组成的120°扇形板（上面有刻度和一个可移动的指针）、一架小望远镜、一个半透明半反射的固定平面镜（地平镜）、一个与指标相连的活动反射镜（指标镜）组成。反射望远镜将需测量的有夹角的两天体反射到一起，人们就可以方便地测到角度，精度有较大的提高。其后六分仪的测量角逐渐增大到144°，但是人们仍然保留了这一名称。

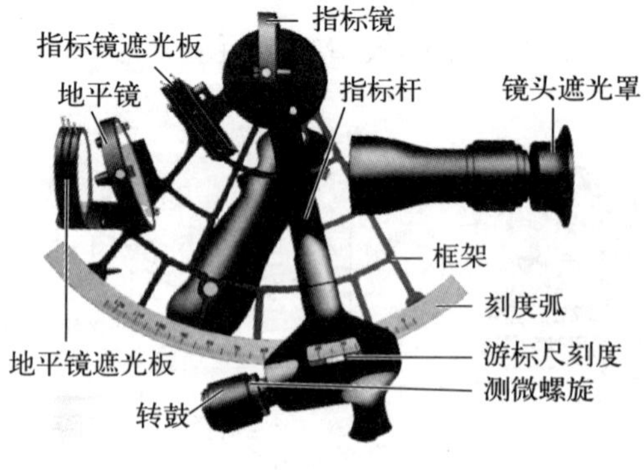

图 17-4　六分仪

使用时，观测者手持六分仪，转动指标镜，使在视场里同时出现的天体与海平线重合，根据指标镜的转角可以读出天体的高度角（光线的反射角等于入射角），然后查阅星历表得知海船所在位置的经纬度，如图17-5所示。

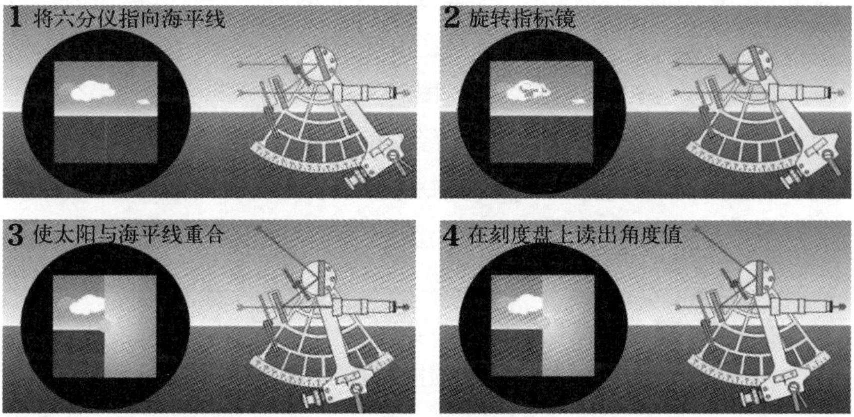

图17–5　使用六分仪的4个步骤

·航海钟

最早发明机械钟的是公元8世纪中国一位杰出的天文学家，名叫一行（唐朝僧人，俗名张遂）。他和另一位中国发明家梁令赞一起设计了擒纵装置，其结构为中心的齿轮齿槽。此技术在中世纪传入欧洲，到了14世纪，欧洲造出了一个又大又笨的家庭机械钟。15世纪，德国锁匠亨莱因发明了一种弹簧驱动的时钟，1656年荷兰惠更斯制造了一种更精确的带钟摆的时钟。但是这还远不能满足航海的需要。

（1）国会悬赏令

16～17世纪时，欧洲各国为了争夺海上霸权，纷纷积极投入寻找测量经度的方法，英国也是其中活跃的一员，可是一百多年来一

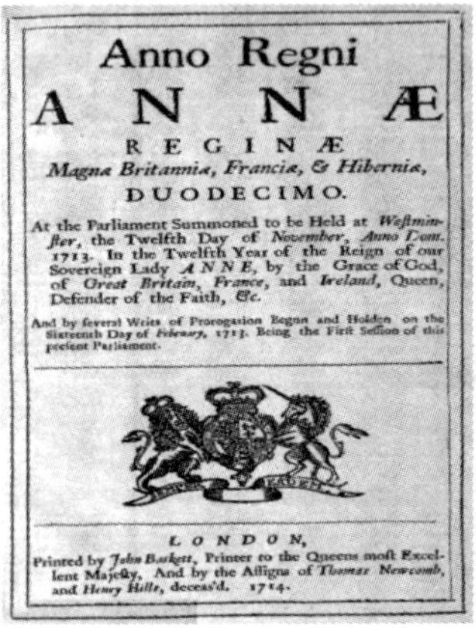
Anno Regni
ANNÆ
REGINÆ
Magnæ Britanniæ, Franciæ, & Hiberniæ,
DUODECIMO.

At the Parliament Summoned to be Held at *Westminster*, the Twelfth Day of *November*, *Anno Dom.* 1713. In the Twelfth Year of the Reign of our Sovereign Lady *ANNE*, by the Grace of God, of *Great Britain*, *France*, and *Ireland*, Queen, Defender of the Faith, &c.

And by several Writs of Prorogation Begun and Holden on the Sixteenth Day of *February*, 1713. Being the First Session of this present Parliament.

LONDON,
Printed by *John Baskett*, Printer to the Queens most Excellent Majesty, And by the Assigns of *Thomas Newcomb*, and *Henry Hills*, deceas'd. 1714.

图17-6　悬赏令

筹莫展。加之1707年，一支英国舰队在胜利返航途中因大雾弥漫12天迷失方向，造成4艘战舰撞上了海岛暗礁沉没的事故，导致1500多名水手命丧九泉，损失惨重。于是1714年，英国国会通过了《经度法案》，以法律的名义宣布悬赏令（图17-6）：任何人只要能找出在海上测量经度的方法，误差在1度以内的奖1万英镑；误差在三分之二度以内的奖1.5万英镑；误差在半度以内的奖2万英镑（相当于当时一位船长200年的收入，按购买力折算，现今价值高达数百万英镑）。

为了公正地找出获胜者，英国国会还为此专门成立了“经度委员会”，由包括著名科学家牛顿、天文学家哈雷，以及数学家和航海家在内的许多大师担任评委。可当时，他们都以为只有依靠天文学，才能解决经度测量的问题，他们费尽心机、各显其能，但均未奏效。

（2）钟表匠应战

重赏之下，必有勇夫！就在1730年，一名叫约翰·哈里森的英国钟表匠，出于对制表的热爱，在业余时间自学成才。他决定用自己的方法接受天文学家们的挑战，经过多年的思考，他设计出一套方案，采用了革命性的“蚱蜢擒纵”和“平衡双摆”机构，有效地解决了海浪颠簸带来的问题。他将这个草图送到伦敦，给当时的天文台台长哈雷（哈雷彗星的发现者）过目。哈雷看了草图后，觉得十分可行，便给他引荐了伦敦最好的钟表匠乔治·格拉姆。两人谈得十分投机，格拉姆还赞助了他250英镑的制作经费。其后哈里森花了5年时间，制造出第一台1米见方、34千克的航海钟（图17-7，后人称它为H1，H

为哈里森名字的英文首字母，1表示首台），虽然其精度已经达到要求，可是十分笨重，而且售价高达500英镑的价格让航海人望而却步。

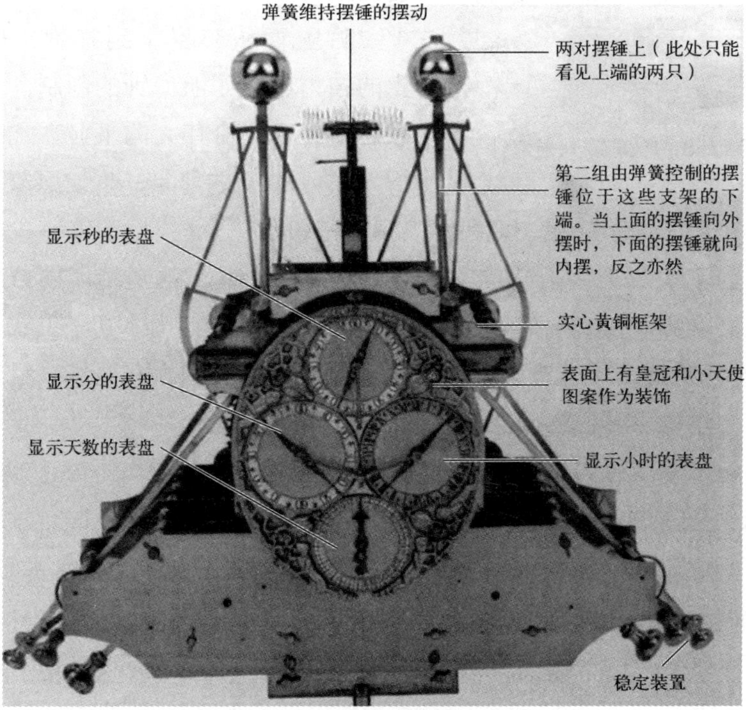

图17-7 哈里森H1航海钟

（3）百尺竿头结硕果

为了给航海钟瘦身，哈里森决心继续奋斗，于1741年造出了H2，1753年造出了H3……又经过6个冬去春来，功夫不负有心人，哈里森终于在1759年，造出了一块只比怀表大一点的航海表H4（图17-8），重量不到1.5千克，而且性能更为优越。1761年，哈里森让儿子威廉带着H4登上一艘军舰，横跨大西洋航行，进行天文钟性能实地检验，风浪颠簸让威廉严重晕船。经过81天的海上航行考验，得

图 17-8 哈里森 H4 航海钟

出的结果是，H4只比格林威治标准钟慢了1分54.5秒，误差率远小于《经度法案》的规定。

哈里森从35岁干到76岁，把毕生的精力献给了航海钟的创制，专心致志成就了一个伟大的事业。几经周折，在他80岁的那年，也如愿以偿地获得了2万英镑奖金。可真是“高手在民间”！

为了表彰英国天文学家在经度测量这个领域的功绩，1884年国际天文学界，正式把格林尼治皇家天文台所在地定为本初子午线（零经度）。从此，地球被分为了东西两个半球。英国人在这场“经度之战”中功勋卓著，也确立了他世界霸主的地位。

有了哈里森天文钟的创制经验，后来同类产品层出不穷，如华尔兹航海天文钟、汉密尔顿M22、M23航海天文钟、瑞士真力时航海天文钟、欧米茄航海天文钟，20世纪早期瑞士的浪琴航海天文钟等，给航海带来诸多便利。

· 雷达和GPS

雷达是一种无线电导航设备，在商船上应用已有好几十年的历史了。在船舶近海定位，引导船舶进、出港，窄航道航行以及在避碰中有重要作用，在能见度不高时，亦可作为驾驶员的观察手段。

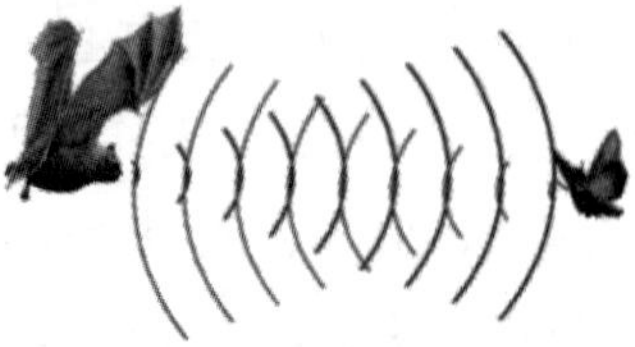
图 17-9 雷达的仿生原理

雷达的发明可以追溯到19世纪。科学家发现，蝙蝠之所以能在夜间捕捉到食物，是因为它的耳和嘴的配合：嘴发出的超声波，遇到食物后就反射回来被耳所接收（图17-9）。根据这个仿生原理，科学家就决定发明雷达。把电磁波能量通过发射机天线，射向空间某一方向，再通过雷达天线接收后，传送至特定设备处理，便可得到该物体的距离、速度、方位、高度等。

1935年，英国气象局的工程师罗伯特·沃特森·瓦特成功制造出第一台实用雷达。后来在摧毁德军飞机的进攻中，起到非常重要的作用。

GPS导航仪在海洋船舶中已普遍使用，它与雷达的作用相同，但可以正确地识别物标，且具有全球、连续、实时、高精度、多功能等优点。今天的航海对GPS的依赖已达到空前的程度，无论是大洋航行、船舶转向，还是推算船位、对时，甚至抛锚都要使用GPS。如果GPS坏了，船长是不会开船的。如今的普通人都可以轻松用手机进行全球定位；所以对于航海人来说，确定方位再也不是遥不可及、令人生畏的事。

除了GPS应用于导航之外，中国北斗卫星导航系统（BDS，是中国自行研制的全球卫星导航系统），亦具备全球导航的能力。这是继美国全球定位系统（GPS）、俄罗斯格洛纳斯卫星导航系统（GLONASS）之后，联合国卫星导航委员会认定的全球四大核心导航供应商之一。

【知识链接】中国古代测量船速的方法

早在三国时期，我国就会测算航速。吴国丹阳太守万震所著的《南州异物志》中，记载有吴国海船在南海一带测算航速、航程的方法。其具体方法是：船员将一个木片从船头投入海中，然后立刻从船头向船尾跑去。假如二者同时到达船尾，那么船速和船员跑步的速度大致相同。

明代时航海技术比前朝有了很大进步，但是人们仍然使用这个方法来测量航速。古人利用燃香来计时，将一夜（约十个小时）分为五更，一更大约相当于现在的两个小时。船员在一更内能够跑三十千米，如果木片和船员同时到达，那么航程和船速也就可以推算出来了。

如果木片先到就称作过更，木片后到就叫作不上更。这种测算方法虽然看起来简单，但是却非常实用。它的原理与近代的手操计程仪的原理十分相似，可以说这个方法就是现代计程仪的雏形。帆船时代的主要测速工具就是手操计程仪，它由沙漏计、计程仪扇形木和计程仪线绳三部分构成。

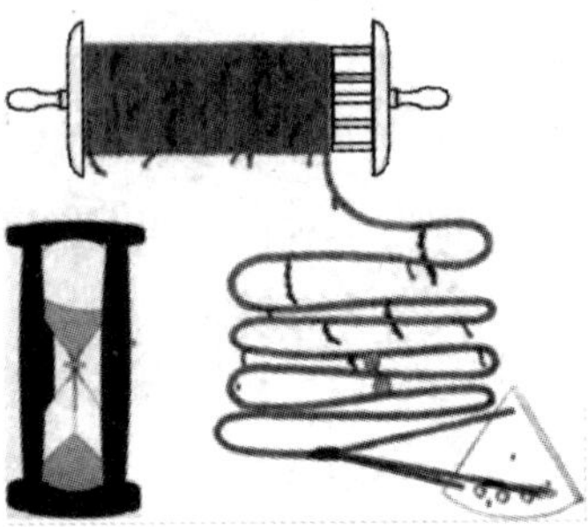

图 17–10　古代测量船速的方法

利用手操计程仪测量航速时，先将扇形木从船尾放下，然后一边前进一边放长线绳，与此同时用沙漏计时，最后根据放线的长度和时间来计算船速（图 17–10）。

没有任何天体能够直观地用来显示经度。因此，航海家们只能依靠测量航速来估算自己的相对位置。下面是18世纪以前的海员们测定航速场景的描写：

“开始！”随着一声令下，一名水手把手里的沙漏翻了个身，开始计时。另一名海员手握麻绳，绳子的一头绑着一块扇形木板，漂浮在海面上，另一头绕在带手柄的卷筒上，随着帆船的前行，麻绳不断从卷筒上松开，从海员的手心里通过。

“停！”掌管沙漏的水手喊了一声。负责计数的水手报出一个数字，这就是这段时间里通过他手掌心的绳带结的数量。这个数字除以沙漏里的沙子下落所需时间，就可以算出当时的航行速度。值班水手把各段时间的航向和船速记录在航程记录板上。船长再根据船的航速和航行方向，在海图上标出现在的位置。

但是，这种方法极其粗陋，帆船航行时会遇到横漂移和洋流的干扰，造成测定结果误差很大。不仅是海上的船长和水手们希望测量经度，绘制海图的制图师们也需要利用经纬度绘制地图和海图。可是，由于无法准确测量经度，所以那时的地图和海图的误差常常很大。

二、海上航线和避碰规则

船舶碰撞事故是对海上安全航行的最大威胁，是航运最大的安全隐患，所以即使在浩瀚无垠的海洋，也要按照一定的航线航行，遇到其他船只，也要进行避让。

·海上航线

车辆在陆地上行驶有固定的路线，也有左行或者右行的规定。然而，船舶在海上航行，虽然没有固定的“路”，也要按照特定的线路航行并遵循避碰规则。海上航线指船舶在两地间的海上航行路线，每个航次的具体航线，应根据航行任务和航行地区的地理、水文、气象等情况，以及船舶状况拟定。

世界主要海运航线有北大西洋航线、亚欧航线（苏伊士运河航线）、好望角航线、北太平洋航线、巴拿马运河航线、南太平洋航线、南大西洋航线等。全球的集装箱运输干线也主要分布在这些航线上。

·海上避碰规则

根据1972年《国际海上避碰规则公约》（修正案），海上航行船舶必须遵循下列规定（本文仅摘录“船舶在任何能见度情况下的行动规则”，其他情况参阅修正案全文）。

第十二条

帆船

1. 两艘帆船相互驶近致有构成碰撞危险时，其中一船应按下列规定给他船让路：

(1) 两船在不同舷受风时，左舷受风的船应给他船让路；

(2) 两船在同舷受风时，上风船应给下风船让路；

(3) 如左舷受风的船看到在上风的船而不能断定究竟该船是左舷受风还是右舷受风，则应给该船让路。

2. 就本条规定而言，船舶的受风舷侧应认为是主帆被吹向的一舷的对面舷侧；对于方帆船，则应认为是最大纵帆被吹向的一舷的对面舷侧。

第十三条

追越

1. 不论第二章第一节和第二节的各条规定如何，任何船舶在追越任何他船时，均应给被追越船让路。

2. 一船正从他船正横后大于22.5度的某一方向赶上他船时，即该船对其所追越的船所处的位置，在夜间只能看见被追越船的尾灯而不能看见它的任一舷灯时，应认为是在追越中。

3. 当一船对其是否在追越他船有任何怀疑时，该船应假定是在追越，并应采取相应行动。

4. 随后两船间方位的任何改变，都不应把追越船作为本规则条款含义中所指的交叉相遇船，或者免除其让开被追越船的责任，直到最后驶过让清为止。

第十四条

对遇局面

1. 当两艘机动船在相反的或接近相反的航向上相遇致有构成碰撞危险时，各应向右转向，从而各从他船的左舷驶过。

2. 当一船看见他船在正前方或接近正前方，在夜间能看见他船的前后桅灯成一直线或接近一直线和（或）两盏舷灯；在白天能看到他船的上述相应形态时，则应认为存在这样的局面。

3. 当一船对是否存在这样的局面有任何怀疑时，该船应假定确实存在这种局面，并应采取相应的行动。

第十五条

交叉相遇局面

当两艘机动船交叉相遇致有碰撞危险时，有他船在本船右舷的船舶应给他船让路，如当时环境许可，还应避免横越他船的前方。

第十六条

让路船的行动

须给他船让路的船舶，应尽可能及早地采取大幅度的行动，宽裕地让请他船。

第十七条

直航船的行动

1.（1）两船中的一船应给另一船让路时，另一船应保持航向和航速；

（2）然而，当保持航向和航速的船一经发觉规定的让路船显然没有遵照本规则各条款规定采取适当行动时，该船即可立即独自采取操纵行动，以避免碰撞。

2. 当规定保持航向和航速的船舶，发觉本船无论由于何种原因逼近到单凭让路船的行动不能避免碰撞时，也应采取最有助于避碰的行动。

3. 在交叉相遇局面下，机动部按照本条1款（2）项采取行动以避免与另一艘机动船碰撞时，如当时环境许可，不应对在本船左舷的船采取向左转向。

4. 本条并不解除让路船的让路义务。

三、内河航道的等级和船舶避碰规则

中国是世界上江河最多的国家之一，流域面积在100平方千米以上的河流有5万余条。其中流域面积超过1000平方千米的河流有1500多条，所以发展内河航运具有很多优越条件。到2021年底，我国内河航道的通航里程达12.8万千米，基本形成了长三角、津冀、粤港澳等世界级港口群。

· 内河航道的等级

根据《内河通航标准》（GB 50139—2014）规定，我国内河航道按可通行船舶吨位分为7级，如表17-1所示。

表17-1 航道等级划分

航道等级	Ⅰ	Ⅱ	Ⅲ	Ⅳ	Ⅴ	Ⅵ	Ⅶ
船舶吨级/吨	3000	2000	1000	500	300	100	50

·船舶避碰规则

根据《中华人民共和国内河避碰规则》（1991年4月28日交通部令第30号公布，根据2003年9月2日交海发〔2003〕357号文修正）第九条，内河船舶航行必须遵循下列规定：

① 船舶在航行中要保持高度警惕，当对来船动态不明产生怀疑，或者声号不统一时，应当立即减速、停车，必要时倒车，防止碰撞。

② 采取任何防止碰撞的行动，应当明确、有效、及早进行，并运用良好驾驶技术，直至驶过让清为止。

③ 在任何情况下，在长江干线航行的客渡船都必须避让顺航道或河道行驶的船舶。

④ 船舶在避让过程中，让路船应当主动避让被让路船；被让路船也应当注意让路船的行动，并按当时情况采取行动协助避让。

⑤ 两机动船相遇，双方避让意图经声号统一后，避让行动不得改变。

四、灯塔——归航者的指路人

灯塔是港口、海岸或河道用灯光来指引船只前进方向的建筑物，常用来标志通往港口的航道以及危险的海岸、险要的沙洲或暗礁。

现代灯塔在塔顶有透镜系统，将光芒射向海面照明，射程一般可达30海里左右。塔身一般设在地势较高处，用石块、砖和水泥等建筑材料构筑。

·诞生源于皇家喜船的悲惨教训

灯塔的来历已经有两千多年。公元前280年，一艘埃及的皇家喜船，在驶入亚历山大港时，触礁沉没了，船上的皇亲国戚及从欧洲娶来的新娘，全部葬身鱼腹。这一悲剧，震惊了埃及朝野上下。埃及国王托勒密二世，下令在较大港口的入口处，修建导航灯塔。约在公元前

图 17-11　古埃及的法罗斯灯塔

280年至公元前247年间，古埃及在法罗斯岛东端建造了世界上第一座灯塔——法罗斯灯塔（图17-11），整座灯塔的面积约930平方米，为进入亚历山大港的船只指引方向。塔楼有三层，灯楼上面，矗立着8米高的太阳神赫利俄斯站立姿态的青铜雕像。塔基14米高，在塔基正中拔起的下层塔身有71米高，上端四角各有一尊“波赛东之子吹海螺”的青铜铸像，朝向四个不同的方向，用以表示风向和方位。是世界著名的七大奇观之一，后来各国争相效仿。可惜法罗斯灯塔在14世纪的一次大地震中损毁。

· 中国第一座灯塔是世界级文化遗产

图 17-12　中国第一座灯塔——泖塔

中国第一座灯塔，是唐代乾符年间（874—879年）僧如海在泖河中建筑的泖塔（图17-12）。当年流经现上海青浦区朱家角镇的泖河水域广袤，来往船只白天都以泖塔为标志，夜间以其塔顶的悬灯指示航道，所以，它不同于其他灯塔，既是佛塔又是航标灯塔。1997年，泖塔被国际航标协会宣布为“世界航标遗产”，并列入世界历史文物灯塔名册。该塔为五层方形，砖木结构楼阁式，塔基边长8.63米，塔身总高28.2米。

作为国际贸易口岸和中转枢纽的青岛港，小青岛上的灯塔也闻名于世（图17-13）。它建于1904年，塔身高约18米，射程15海里。整个灯塔形状呈底宽上收的宝塔状，有基座，登6级石阶至一层，塔门北向，花岗石券门。基座及二层均为八角形，花岗条石砌筑。第三层为圆柱形，上有钢板尖顶，用铆钉连接。塔内有30级石制螺旋楼梯。它和相邻的栈桥，都是游客们的热门打卡景点。

图17-13 远眺小青岛上的灯塔

五、航标——航道卫士

航标是指为帮助船舶安全、经济和便利航行而设置的视觉航标、音响航标、无线电航标的总称，故有“航道卫士”之称。航标可以分为水上航标和陆上航标两类。水上航标主要有浮标、灯船、浮灯塔等，通常锚定在指定位置；陆上航标主要有灯塔、指示牌、航路牌、警示牌等。按设置地域分，有内河航标和海区航标两种。

图17-14 航标

航标（图17-14）的作用是辅助航行，提醒船只在航行中要注意安全，帮助船只确定航行方向，提高航行效率。

在专用航标的设置中，它们的颜色、形状、灯光等都有特定的含义。红色的航标代表右舷标志，而绿色的航标代表左舷标志。三角形航标代表警告，圆形航标代表禁止或限制，方形航标代表信息，X形航标表示专用。

六、国际航海信号

国际航海信号，是指各国船舶间为了沟通联络，按照国际协议统一使用的信号。这是各国船舶通信联络必须遵守的基本文件。其内容包括以下几方面。

·船舶通信信号

① 视觉通信，指用肉眼（或借助望远镜）接收信号的一种通信方式，包括灯光通信、手旗或手臂通信、旗号通信、烟火通信、形体通信和音响通信等。

② 无线电通信，指利用电波在空中传播的方式将书面消息编成电码并远距离传递的通信方式。

③ 数字通信，指把原始的消息转化成简单的数字形式再进行传送的通信方式。

④ 卫星通信，指利用人造卫星作为中继站来转发无线电波，在两个或多个地面站之间所进行的通信。它具有通信距离远、覆盖面积大、通信容量大、机动灵活性强、传播稳定可靠、通信质量高和易于多址连接等优点。

·视觉通信

① 灯光通信，是指灯光通信器材以各种不同长短的闪光表示各种符号进行通信的方式。

② 手旗通信，是指用两面手旗以各种不同角度、部位表示字母和符号进行通信的方式。

③ 旗号通信，是指以各种不同式样和颜色的挂旗表示字母、数字和某种特定意义进行通信的方式。

④ 烟火通信，是指用燃烧发光或发烟进行通信联络的方式。

⑤ 形体通信，指以球形、锥形、圆柱形、信号旗等表示特殊意

义的信号进行通信的方式。

· 声号通信

是用汽笛、传声筒、扩音器和炮声等音响器材来表示预定的信号和进行通信的方式。

· 避碰信号

① 号灯和号型：《国际海上避碰规则公约》规定了不同种类的船舶，在各种动态时必须显示的号灯和号型，它是驾驶人员进行识别和确定来船种类、动态及其与本船相对位置的依据。

② 声响和灯光信号：《国际海上避碰规则公约》规定了船舶在互见中和能见度不良情况下，应施放的各种声响和灯光信号，以表示船舶的动态和种类，警告或提醒来船注意。

③ 港口信号：按《中华人民共和国沿海港口信号》规定，包括船舶信号、传帮带检疫信号、泊位信号、工程船信号、交通注意信号、风情信号——强风信号、机动船声号——动向和各特定信号8个部分。

④ 国际信号旗：按《国际信号规则》使用，一套共40面，其中26面字母旗（字母R在单字母信号中没有意义），10面数字旗，3面代字旗与1面回答旗。

· SOS信号

船舶在浩瀚的大洋中航行，酷似一叶小舟。由于浓雾、风暴、冰山、暗礁、机器失灵、与其他船只相撞等等，往往会发生意外。鉴于那时海难事件频繁发生，往往不能及时发出求救信号和最快组织施救，因而会造成很大的人员伤亡和财产损失。国际电信联盟会议于1908年确定，将SOS作为国际通用海难求救的信号。这三个字母组合没有任何实际意义，只是因为它的电码“...---...”（在莫尔斯码中，S的代码是三个圆点，O的代码是三条短线）在电报中是发报方最容易发出，接报方最容易辨识的电码。

利用声响或光线发出求救信号的方法为：三短、三长、三短。一收到遇难信号，附近船只便会急速驶往出事地点，搭救遇难者。

1903年第一届国际无线电报会议在柏林召开，有八个海洋大国参加了会议。考虑到航海业的迅速发展和海上事故的日益增多，会议提出要确定专门的船舶遇难无线电信号。

1906年，第二届国际无线电会议又在柏林召开。几经讨论，会议决定用一种更清楚、更准确的信号“SOS”表示。同时，废除了以前曾经使用过的信号。但因受到习惯势力的影响，“SOS”并没有马上被广泛使用。

1909年8月，美国轮船“阿拉普豪伊号”因尾轴破裂，无法航行，就向邻近海岸和过往船只拍发了“SOS”信号。这是第一次使用这个信号；1912年4月“泰坦尼克号”发生沉船事件，发报员一开始仍然发出过时求救信号“CQD”，其他船只和救助组织不明白船上发生了什么，所以没有及时组织施救。直到整个船只都快沉入大海时，发报员才发出了“SOS”，可为时已晚，错过了最佳时间段。经过了这些惨烈的教训之后，“SOS”才得到广泛使用。

第十八章　航海航运史上的伟大壮举

微信扫码
· AI交通专家
· AI科普课堂

近代以来，随着以蒸汽机、内燃机为代表的工业革命的兴起，传统风帆船由于其操纵烦琐、动力较小等缺点逐渐被淘汰。

可就是在今天看来不显眼的帆船，却干过一番惊天动地的大事业。

一、郑和船队七下西洋

我国从南宋开始，将今南海以西海洋及沿海各地称为“西洋”。

郑和（1371或1375—1433或1435），云南昆阳（今昆明市晋宁区）人，明成祖朱棣的内宫太监，也是我国伟大的航海家。他自幼聪颖好学，年轻时入宫侍奉燕王朱棣，有智谋，知兵习战。后跟随朱棣多次征战，累建战功，被提拔为四品“内官监”太监，赐姓郑名和。从永乐初年起，按照明成祖朱棣的安排从事航海事业。

明永乐三年（1405年），郑和与副使王景弘统率水手、军卒、医官、买办等27800余人，乘“宝船62艘，从苏州刘家港出发，开始下西洋。他们前后用了28年时间，经东南亚、印度洋远航亚非地区，七下西洋，航海足迹遍及亚、非30多个国家和地区，最远到达红海和非洲东海岸。这是中国古代规模最大、船只和海员最多、时间最久的海上航行，体现了我国明朝强大的国力。

郑和是中国第一个横渡印度洋到达非洲东岸的人，他首次下西洋（1405年）比哥伦布横渡大西洋发现美洲大陆早87年，比葡萄牙人达·伽马绕航好望角到达印度早92年，比葡萄牙人麦哲伦绕航全球早114年，总航程近10万千米，相当于绕地球三圈还多。

郑和在继承前人航海经验的基础上，以多年船队的远航实践为依据，精心绘制了一幅完备适用、能独立指导航海的《郑和航海图》。这是十五世纪以前，中国关于亚非两洲最为详尽的地理图集，不仅是研究郑和下西洋和中西交通史的重要图集，也是研究明初时期亚非航路及东南亚、印度洋沿岸地理的极为难得的珍贵史料。

二、哥伦布发现新大陆

航海家哥伦布（1451—1506），生于意大利最大商港和重要工业中心热那亚，公元1476年移居葡萄牙，曾向葡王建议向西航行，以探索通往东方印度和中国的海上航路，未被采纳。1485年移民西班牙。

1492年8月3日，奉西班牙统治者伊莎贝拉与斐迪南之命，率领“圣马利亚号”“平特号”“宁雅号”3艘帆船，船员约90名，从巴罗斯港出航，横渡大西洋，经过两个月的航行，于10月12日到达了美洲巴哈马群岛的华特林岛。哥伦布给这个岛起了个基督教的名称：“圣萨尔瓦多”，意思是“救世主”。以后又于1493年、1498年、1502年三次西航，抵牙买加、波多黎各诸岛及中美、南美洲大陆沿岸地带。哥伦布直到临死前还误认为他西航所到达之处为亚洲的印度。直到15世纪末、16世纪初，意大利人亚美利哥·维斯普奇考察南美洲海岸，断定那不是亚洲而是“新大陆”。后来即以亚美利哥的名字“America”称这块大陆为亚美利加洲，简称美洲。

哥伦布发现美洲新大陆，是15世纪西欧航海家开辟新航路中最重要的航海活动，为后来欧洲人口持续不断地向美洲迁移开辟了新航路，促进了欧洲和美洲之间的文化、经济和科技交流，对世界的发展产生了深远的影响。

三、麦哲伦的环球旅行

麦哲伦（1480—1521）是葡萄牙人，出生于一个没落的贵族家庭。10岁时他的父亲将他送进王宫服役，担任王后的侍童。16岁时进入葡萄牙国家航海事务厅，因而获悉航海事务的各项工作，信奉地圆学说。1505年，他参加了海外远征队，开始了远洋探险的生涯。

33岁时，麦哲伦回到了家乡葡萄牙。他向葡萄牙国王曼努埃尔申请组织船队去探险，进行一次环球航行。因国王没有答应，于是1517年他离开了祖国来到了西班牙。1519年9月20日（比郑和下西洋晚114年），在国王的资助下，他率领一支由5艘帆船共200多人组成的探险队，从西班牙塞维利亚港起航，经过大西洋到达南美洲火地岛（因当地原住民喜欢夜里点燃篝火而得名），穿过后来用他名字命名的麦哲伦海峡，用了100多天的时间进入太平洋（由于这100多天的航行中，一直没有遭遇到狂风大浪，麦哲伦就给这个水域起了个吉祥的名字）。在菲律宾时，因参与当地头目的内讧，不幸被人打死。加之原先有逃跑的、死亡的，最后只剩下一艘"维多利亚号"船。后来，他的伙伴们乘这艘船，经过印度洋，取道南非驶向西班牙，终于在1522年9月6日回到塞维利亚港，历时3年整完成了环球航行的夙愿。此次麦哲伦出发时率领的200多名船员，只有18名欧洲船员等少数人幸存，包括麦哲伦本人在内的200多名探险者不是遇难就是失踪。不过此行用实践证明了地球的确是圆的，不管是从西往东，还是从东往西，都可以环绕我们这个星球一周回到原地。因此事件意义重大，他被世界公认为第一个环球航行的人，在人类历史上，立下了永远不可磨灭的伟大功勋。

四、"挑战者号"的环球海洋考察

1872年12月7日至1876年5月26日，由英国爱丁堡大学博物学家汤姆孙任科学调查队队长，内厄斯任船长，带领6名科学家，乘坐"挑战者号"帆船（图18-1），进行了世界上第一次环球海洋考察，历时约3年5个月，航程达68890海里，成为近代海洋科学研究的开端。

图18-1 “挑战者号”

“挑战者号”船，是一艘由军舰改装的木制调查船，长68米，排水量2306吨，依靠风帆和蒸汽机的动力推进。船上配备有当时最先进的调查仪器、设备和实验室，对除北冰洋以外的世界各大洋都进行了调查。调查内容包括海洋生物学、海洋地质学和地理学、海洋化学、海洋物理学等。在362个站位上进行了水文观测，在492个站位上做了深度测量，在133个站位进行了深水拖网。采集到大量的海洋底栖生物、海洋浮游生物和深海鱼类标本以及水样和沉积物样品，是一次有系统、有目标的近代海洋科学考察。

“挑战者号”的丰硕成果远不止如此。例如，经过颠倒温度表的测量，了解到海洋深层水温的分布规律；根据海水分析结果，得到世界各海域海水化学成分恒定的重要结论；新发现715个新属及4717种海洋生物（其中甲壳类约1000种）；发现大量深海动物，证明生物在深海可以生存，能够承受巨大水压；绘制了等深线图；首次在大西洋加那利群岛、太平洋塔希提岛和夏威夷群岛附近深海底采到了锰结核，并发现了深海软泥和红黏土。

为了总结这次环球海洋考察的成果，英国于1880年7月2日成立了“挑战者号出版委员会”，由汤姆孙负责，邀请世界各国著名科学家对调查中所获得的样品和资料进行分析、研究。德国海洋生物学家E.H.哈克尔对这次考察采集到的生物标本进行了10年研究，写成3卷有关放射虫类的论文；海洋地质学家J.默里认真分析考察所取得的12000个底质样品，写成深海沉积学的经典论著；经76位科学家长达23年的整理分析和悉心研究，整理编辑的海洋学巨著《H.M.S.挑战者号航行科学成果报告》共50卷2.95万页，于1895年出版。

【知识链接】我国环球海洋考察

图18-2 “向阳红01”科考船

为贯彻落实海洋强国战略，我国首次环球海洋综合科学考察的“向阳红01”科考船（图18-2），于2017年8月28日从青岛起航，执行我国首次环球海洋综合科学考察任务，跨越印度洋、南大西洋、整个太平洋，历时263天，行程38600海里（71000余千米），2018年5月18日返回青岛。此外，截至2024年6月中国对南极的考察已经进行了40次，对北冰洋的考察进行了13次，成果丰硕。

五、开凿京杭运河

中国京杭大运河，是世界上开凿最早、规模最大的运河，是中国古代劳动人民在中国东部平原上创造的一项伟大的水利工程，也是世界上最长的运河。

大运河始建于公元前486年，包括隋唐大运河、京杭大运河和浙东大运河三部分，其中京杭大运河段长约1800千米，开凿至今已有2500余年历史。大运河对中国南北地区之间的经济、文化发展与交流，特别是对沿线地区工农业经济的发展和城镇的兴起均起到了推动作用。

大运河北起北京，南到杭州，经天津、河北、山东、江苏、浙江等省市，贯通海河、黄河、淮河、长江、钱塘江五大水系，通过浙东运河直抵东海，是中国东部沟通内河、联系海港的南北水运交通干线，且兼有灌溉、防洪、排涝之利，更对历代的政治、经济、军事和文化发展、对外交流等方面都起到了重要作用。

第十九章　未来的水上、水下交通

微信扫码
· AI交通专家
· AI科普课堂

随着新能源技术的不断发展，未来的水上运输将更加注重环境和节能，太阳能、风能等可再生能源将逐渐应用于船舶，以减少能源消耗和污染排放。数字化技术广泛应用于水上运输领域，提高了运输效率和质量，船舶将实现远程监控和管理，通过数字化手段优化航行路线和运营成本。随着船舶技术的不断发展，未来的水上运输将更加注重智能化，船舶将配备各种传感器和设备，实时监测船舶状态，提高航行安全性。

一、利用新能源的船

地球上的人口越来越多，对资源的需求不断增长。开发新能源、利用海洋资源已成为全人类的共识。这是全球的大事，交通也不能例外。

·太阳能载人潜艇

因为水会吸收掉大部分入射的阳光，所以水下利用太阳能是非常困难的。到目前为止，水下的电子系统和传感器平台必须依赖岸上电源、电池或太阳能发电供电。此前，瑞士的研究人员曾成功研制出世界上第一艘太阳能载人潜艇（由一艘普通潜艇改造而成），艇长20米，载客量为20～30人，乘客可通过舷窗欣赏水下景色。这艘潜艇重达80吨，可在10分钟内下潜200米。

不过，美国海军实验室曾经宣布，其研发的水下太阳能电池能够在水深9米的地方发电，为电子传感器供电，从而使真正的水下太阳能潜艇成为现实。初步试验结果显示，水下太阳能电池在大约9.1米深的地方可收获每平方米7瓦的太阳能电力。

·超大型风帆油轮

古代风帆船曾经大行其道，后来被动力船所替代。不过由于地球上的不可再生资源逐渐减少，且对环境保护的需求日益增加，人们的目光越来越多地转向开发和利用绿色能源。如2022年大连造船集团为招商轮船建造交付的“新伊敦”轮，是全球首艘双翼动力风帆超大型油轮（图19-1），总长333米，型宽60米，型深30米，设计吃水20.5米，载重量30万吨，于2022年9月24日下水。该轮安装了两

图19-1 “新伊敦”风帆超大型油轮

对新一代大型硬质翼形风帆，升起高度接近40米，单翼总表面积达1200平方米。帆叶结构采用了碳纤维复合材料，轻质、高强、高耐海洋环境，可以通过一个按钮升起或降下，完全由计算机控制的智能系统不断调整船帆的角度，以最大限度地利用现有风力，有效减少燃料消耗和二氧化碳排放，经济和环保效益巨大。

二、超导电磁船

超导是指某些物质在特定低温度条件下，电阻变为零，并呈现出完全抗磁性（即内部磁感应强度为零）的现象。首先提出用电磁铁推进船（图19-2）设想的是美国的W·赖斯博士。其原理是这样的：沿船身装有许多超导线圈，当用冷却剂把线圈冷却到其临界温度以下时，线圈导磁体进入超导状态。此时通入电流，由于零电阻效应，可以维持极大电流而不损耗，从而在线圈周围空间（包括海水）产生强大磁场；船的两侧装有电极板，当发电机给两个电极板施加电压时，极板之间的海水中便会产生电流；磁场与电流相互作用，产生电磁力，使海水后退，从而推动船前进。如果使电流流动的方向相反，船就可以后退了。

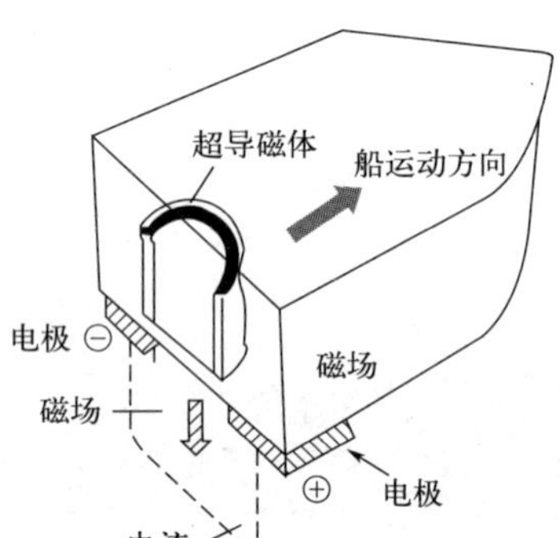

图19-2　电磁铁推进船原理

这种超导电磁船不用螺旋桨或喷射式推进器，无振动、无噪声、无污染、航速高、造价低，有很高的科技含量。

日本船舶与海洋工程财团人员，1985年开始研究超导船，“山门1号”试验船于1992年6月在神户港完成航行试验。船长30米，宽10.4米，深2.5米，用铝合金材料制成，最大航速约为8节（14.8千米／时），定员10人。

我国第一艘超导电磁推进船HEMS-1（图19-3），船体用玻璃钢制成，总长3.2米，型宽0.85米，型深0. 95米，排水量约1吨，航速约为1.2节。1999年11月通过了中国科学院组织的重要科技成果鉴定。

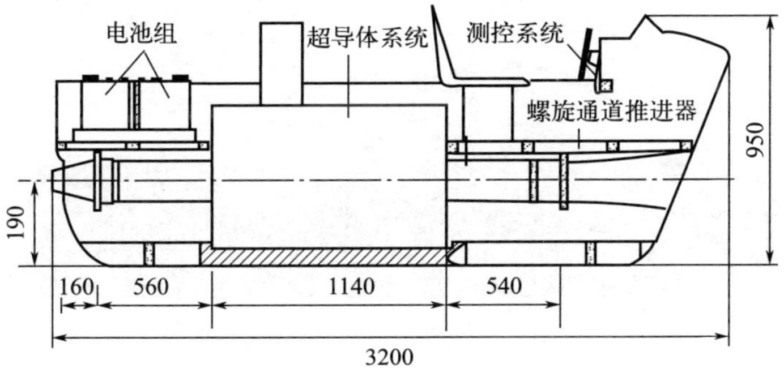

图19-3　我国超导电磁推进船HEMS-1

三、引领未来的核动力船

核动力船是以核能为推进动力的船，其工作原理是利用核反应堆产生的巨大热能加热蒸汽或惰性气体，驱动汽轮机工作以推进船舶。优点是可长期持续航行而不需经常添加燃料，缺点是造价昂贵、管理复杂。现在世界上的核动力船成功范例不少，下面只介绍其中一些有代表性的船只。

·俄罗斯的核动力破冰船群

每年的12月3日是俄罗斯的“核动力破冰船日”，这是全世界其他任何国家所没有的特殊节日。

“列宁号”是世界上第一艘核动力破冰船（图19-4），于1956年开工，1957年下水，排水量1.9万吨，长度134米，宽度27.6米，高度16.1米，速度达18节。船上备有1050个船舱，可载员243人。它主要担负的任务是北极航线上的破冰和引导运输船只，服役期30年，共行驶654400海里，其中破冰里程达560600海里，引导过3741艘货船的航行。1989年正式退役。

图19-4 “列宁号”核动力破冰船

后来，这个国家又相继出现了“北极号”“西伯利亚号”和“50年胜利号”破冰船，而且其第5艘和第6艘22220型核动力破冰船正在由波罗的海造船厂建造中（截至2024年6月）。

为纪念第二次世界大战结束50周年，俄罗斯于20世纪90年代开始筹划并建造“50年胜利号”核动力破冰船（图19-5）。那是当时世界上最大的核动力破冰船。该船于2006年下水试航，2007年正式交付使用。其船长160米，宽30米，航速为18节时最大破冰厚度2.8米。船上装有两个核反应堆，装有最新的卫星导航和数字式自动控制系统。

图19-5 “50年胜利号”核动力破冰船

22220型破冰船比“50年胜利号”更胜一筹，长173.3米，宽34米，排水量3.35万吨，装备两个RITM-200核反应堆，每一个具有175兆瓦的热容量，可以破除3米厚冰层，建成后将成为世界上动力最强大的破冰船。

·“萨凡纳号”核动力商船

“萨凡纳”是世界第一艘核动力商船，全长187米，宽23.8米，总吨位13599吨，航速21节，属客货两用船，原设计可搭乘60名乘客及14040吨货物。在一次装上32个燃料棒的情况下，续航力为30万海里。1965—1971年间，“萨凡纳号”一直在美国出口国际航线上运行，由于船舱设计小，只能装货8500吨，作为货轮来说不合算，每年的航运成本也比柴油动力货船高200万美元，故1972年退出运营。

·“奥托·哈恩号”核动力矿石运输船

德国于1960年开始研制核动力商船，1963年在HDW公司开工建造龙骨，1968年完工，船名为“奥托·哈恩号”，属核动力矿石运输船。

“奥托·哈恩号”总长172米，宽23.4米，排水量25790吨，总吨数14040吨，搭载的核反应堆功率为38兆瓦，航速15.8节，船员63名，还可搭乘35名研究人员。

四、大数据时代的智能船舶

在大数据时代背景下，船舶智能化已经成为船舶制造与航运领域发展的必然趋势。

智能船舶是指利用传感器、通信、物联网、互联网等技术手段，自动感知和获得船舶自身、海洋环境、物流、港口等方面的信息和数据，并基于计算机技术、自动控制技术和大数据处理分析技术，在船舶航行、管理、维护保养、货物运输等方面实现智能化运行的船舶。这种船舶更加安全、更加环保、更加经济和更加可靠。

2020年4月，韩国现代重工在SK航运旗下的一艘25万吨散货船上安装了HiNAS现代智能导航辅助系统，通过基于人工智能的图像分析算法自动识别船舶周围的来船，并通过增强现实技术来进行碰撞预警。

2017年12月5日，中国船舶工业集团自主研发的首艘智能船舶“大智号”正式交付并投入使用。这是第一艘按照中国船级社智能船舶规范建造的智能船舶，获得了CCS智能船符号认证。

此后，中船集团和中船重工又相继建造了一系列具备智能航行功能的不同船型船舶，包括：40万吨级智能超大型矿砂船“明远号”和“明卓号”、13500TEU智能集装箱船中远海运“荷花号”、超大型智能油轮“凯征号”等。

2023年9月14日，我国自主研发的智能航行300TEU集装箱商船“智飞号”（图19-6），在青岛女岛海区海试成功。这是我国自主研发的，具有智能航行能力、面向商业运营的运输货船，也是目前在建的全球吨位较大的智能航行船舶。该船总长117.15米，型宽17.32米，型深9.9米，排水量约8000吨，设计航速为12节，续航力4500海里。

图19-6　300TEU集装箱商船“智飞号”

“智飞号”集装箱商船，具有我国完全自主研发的自主航行系统，并首次在同一船舶上实现直流化、智能化两大技术跨越，具有人工驾驶、远程遥控驾驶和无人自主航行三种驾驶模式，能够实现航行环境智能感知认知、自主循迹、航线自主规划、智能避碰、自动靠离泊和远程遥控驾驶。通过5G、卫星通信等多网多模通信系统，可以与港口、航运、海事、航保等岸基生产、服务、调度控制、监管等机构、设施实现协同。

此外，“智飞号”还配备船舶航行辅助系统，以便在人工驾驶模式下为驾驶员提供航行信息、环境认知、避碰决策、安全预警等全方位的辅助支持。

微信扫码
· AI交通专家
· AI科普课堂

空中篇

越飞越高的机器

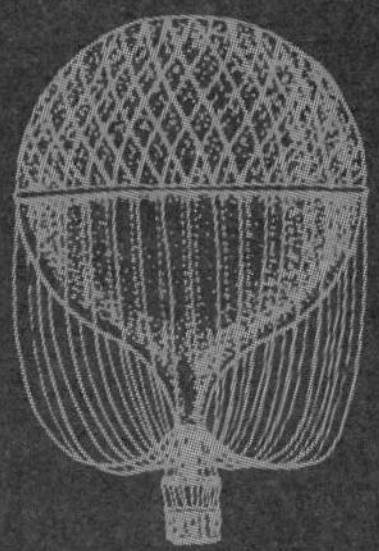

民航客机在万米高空巡航时，乘客可清晰俯瞰城市轮廓与山川脉络；航天员在高空卡门线附近可通过广角镜头观测到地球弧线，在400千米国际空间站轨道上可见地球全貌，而地球同步卫星在3.6万千米高空能完整监测地球动态；登陆火星的“好奇号”探测器回望时，地球仅是宇宙中一点微光……

现代航空航天的这些成就，在古代都是不可想象的。然而我们的先民虽未萌发系统宇宙探索理念，但目睹群鸟翱翔仍心生向往，人类对突破地心引力的尝试从未停歇。从中国古代的竹蜻蜓、风筝，到近代蒙哥尔费气球、吉法尔飞艇，再到凯利滑翔机，历代发明家前赴后继。经过数千年技术积淀，莱特兄弟于1903年12月17日驾驶“飞行者1号”完成首次持续动力飞行，将梦想变为现实。这条追梦之路充满跌宕：从莱特兄弟的12秒首飞，到“阿波罗11号”登月；从冯·布劳恩的V-2火箭，到SpaceX的可回收火箭，每个里程碑都凝结着人类对天空的永恒向往。

第二十章　飞天梦想和实践者

微信扫码
· AI交通专家
· AI科普课堂

一、神话故事为证

约在战国初年到汉代初年成书的古籍《山海经》里，提到了商汤时代“羽人”制作的飞车（图20-1左），只要扳动机关就能升到高空。它的座位前有一根木棍，有风相助时如虎添翼；飞车前面还有一块圆形木板，可像船上的舵一样控制转向。

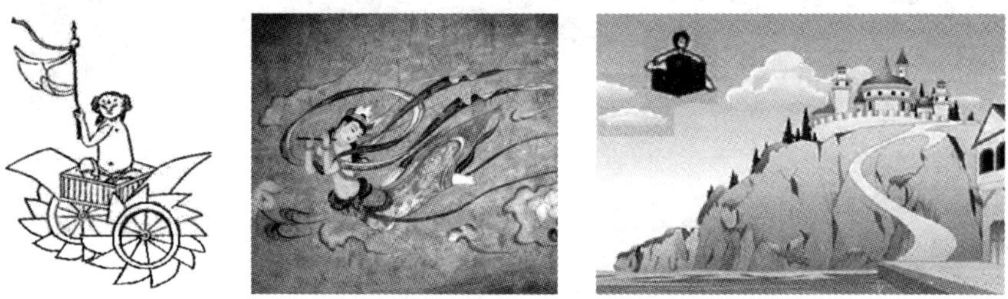

图20-1　神话故事中的“羽人”“飞天”和童话中的会飞的盒子

类似这样的神话传说还有很多，如敦煌壁画里“飞天”的形象（图20-1中），《安徒生童话》中会飞的盒子（图20-1右），《西游记》中西王母出行乘四驾凤车，波斯神话中考卡斯国王的飞天梦等，都表现出人类想要借助翅膀翱翔太空的美好梦想。

二、竹蜻蜓和木鸢

中国人是飞行梦想的最早的践行者之一，两千多年前，就从对大自然中蜻蜓飞翔的观察中受到启示，制成了会飞的竹蜻蜓（图20-2），用双手一搓，然后手一松，竹蜻蜓就会飞上天空，旋转一会儿后才会落下来。这种中国古老的玩具，世世代代一直令儿童爱不释手。18世纪传到欧洲后，英国人乔治·凯利对其着了迷，在仿制和改造的基础上，于1796年悟出螺旋桨的工作原理，使西方设计师产生了研制直升机的灵感。发明世界上第一架飞机的莱特兄弟，小时候就玩过这种玩具，并产生了发明飞机的梦想。

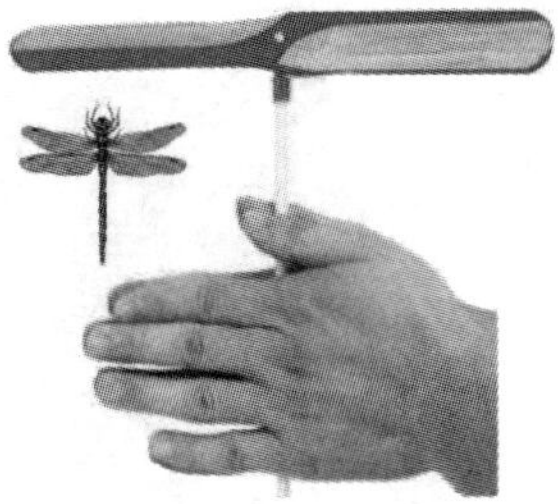

图20-2 竹蜻蜓

相传在2300多年前的春秋战国时代，我国古代思想家、科学家墨子，为研究飞行制造过木鸢(老鹰，图20-3)。这是人类风筝的最早起源。韩非在《外储说左上》书中载："墨子为木鸢，三年而成"，不过由于缺乏经验和科学依据，"一日而败"。后来墨子说："吾不如为车輗(ní，连接大车车杠与车衡的一个部件)者巧也。"墨子此举虽败犹荣，因为他成就了世界上最早风筝的雏形。

图20-3 墨子和他制造的木鸢

三、鲁班制风筝

后来鲁班用竹子替代木材，制成了风筝（图20-4）；到了隋唐初期，随着造纸术的进步，人们开始用纸来裱糊风筝（图20-5），这种风筝重量轻，可以飞得更高。唐代晚期，有人在风筝上加上了琴弦，风一吹，就发出像古筝那样的声音，故名风筝。

图20-4　鲁班的竹子风筝

图20-5　用纸裱糊的风筝

公元5世纪左右，中国风筝开始向世界各地流传，先是传到朝鲜、日本，后来又传到马来西亚等东南亚国家；13世纪时，意大利的探险旅行家马可·波罗自中国返回欧洲后，便将风筝制作技术传到当地（比中国大约晚了1200年），成为后来欧洲滑翔机的前身，奠定了人类航空梦想的第一步。

据传，1825年，英国有位叫乔治·波柯克的中学教员，为满足小女儿玛萨翱翔蓝天的愿望，制作了一只风筝，然后把她绑在风筝上放飞，上升到90多米的高度，不久安全落地。

英国科学史家李约瑟在《中国科学技术史》一书中，汇编了从公元1世纪到18世纪先后传到欧洲的中国的发明26项，其中第13项就是风筝，这是他对这项技术的肯定。

图20-6　美国航空航天博物馆的大厅中的中国风筝

美国航空航天博物馆的大厅里，至今还挂着一只中国的风筝（图20-6），这是它的第一批收藏品之一。两千多年前中国人发明的风筝，虽然不能载人到天空飞翔，但把它称为飞机的鼻祖却名副其实。

【知识链接】风筝的用途

由于风筝能飞得很高，又有一定的载重能力，除了用于娱乐、锻炼身体之外，还可以作为测量距离、传递信息、跨越天险的神奇工具。

① 富兰克林利用风筝，证明了雷电与闪光是空中放电的现象，据此发明了避雷针。

② 英国曾利用风筝监视敌方潜水艇的动向。

③ 第一次世界大战中，美国信号兵部队的柯克·布斯中尉，放出巨大的风筝，载人进行低空侦察（图20-7）。德国和法国军队在前线也使用过这种方法。第二次世界大战中，美军曾用特技风筝做活动靶，训练打靶。

④ 在现代，风筝除了用于娱乐、强身之外，还用来发展经济。“风筝搭台，经济唱戏”，从1984年起，潍坊每年都举办国际风筝节，每年销售风筝3000多万只，收入4亿多元；并利用节庆机会招商引资，取得境内外合资项目百余个，从而被评为国际节庆协会（IFEA）中国最具国际影响力十大节庆活动之一。后来在武汉、阳江等地也陆续开始举办风筝节，并取得了很好的成效。

图20-7 用风筝载人进行低空侦察

四、试图用风筝和火箭上天的中国人

明朝有位名叫陶成道的万户，帮当时的吴王朱重八（朱元璋）造火药。有一天，他异想天开地设想借助土火箭的推力和风筝的升力飞上天空。他在椅子的背后绑上47支土火箭，左右手各握住一个大风筝的把手，命仆人点燃火箭，成为人类第一位飞天的真正实践者（图20-8）。典故“万户飞天”就是指的这个故事。尽管这次试验酿成悲剧的结果可想而知，但他这种敢于挑战的精神激励着无数后来者，为创造新的极限而努力。所以为了纪念他，美国天文学家称他为“世界上试图利用火箭实现飞行的第一人”。20世纪70年代，国际天文学联合会以“万户”命名了月球上的一座环形山。

图20-8　陶成道借助土火箭和风筝飞天

五、达·芬奇的扑翼机终于上天

人类一直梦想能像蝴蝶和鸟儿那样，扇动翅膀在天空中飞来飞去。然而，几千年后，人类研制出各种类型的飞机、直升机，却唯独未能研制出扇动翅膀就能飞行的“扑翼飞机”。

扑翼飞机的设计灵感来源于自然界中鸟类的飞行模式，通过机翼的主动运动产生升力和推力。1485年，意大利的科学家达·芬奇（1452—1519）研究过鸟的飞行，他用仿生原理设计了一种扑翼飞机，幻想用它来载人飞行（图20-9）。但由于其扑翼与鸟类的翅膀在结构和力度上悬殊，同时也受限于当时的科学水平，终究未能成功。尽管如此，大家仍然认为他是人类飞行的先驱者之一。

图20-9 达·芬奇和他的扑翼飞机草图

达·芬奇是世界上最伟大的科学家之一。他除了研究过扑翼飞机之外，还研究过战争机械、水力机械、工作机械、舞台机械、乐器和其他机械等好几个类别，所以他是个受世人爱戴的科学家。不仅如此，他还是世界上最著名的画家之一，他创作的《蒙娜丽莎》是一幅肖像画，他的作品《最后的晚餐》是一幅世界著名的宗教画，单单这两幅誉满全球的画作，便可使他名垂青史。

自从1485年达·芬奇画过扑翼飞行器草图后，扑翼飞行器的设计和试验一直在断断续续地进行。1894年，德国人利林塔尔就制作过扑翼飞行器，但是未能成功。直到1942年，即达·芬奇画出扑翼飞行器草图后的第457年，他的这个梦想才第一次变成了现实：德国人施密德自制的扑翼飞机，成功飞行900米，飞行高度20米左右。

1955年，法国人卢梭也开始研究扑翼飞机，并一直持续到2006年。当年4月20日，他进行了第212次试飞，成功飞行64米。可不幸的是，他在第213次飞行时，遇到了大风，飞行器的机翼折断，导致他摔伤瘫痪，再也无法继续试验。

尽管如此，人类研究扑翼飞机的脚步却从未停止，反而更加热衷。2004年，美国五角大楼的陆军研究局和海军研究局都表示支持扑翼飞机的研究，并将其列入资助名单中。他们认为，扑翼飞机可以像昆虫和鸟类那样，低速飞行、盘旋、急转弯甚至倒飞，因此会比在阿富汗战争、伊拉克战争中使用的无人侦察机的固定式机翼更具优势。另外，美国宇航局(NASA)对此也非常感兴趣，因为他们可以将这种技术用于行星探索，甚至还就此课题在美国弗吉尼亚州汉普顿兰利研究中心举行过专门的会议。

2010年8月，加拿大一名航空与航天工程学专业的博士生里克特，研制出全球首架由人力驱动、通过扑动机翼实现连续飞行的航空器——一款名叫“雪鸟”的扑翼飞机，并试飞成功，获得19.3秒内飞行138米，平均时速为25.7千米的好成绩。该机由碳纤维复合材料、轻木和椴木制成，翼展长达32米，重量仅42.6千克。飞机由飞行员蹬踩踏板提供动力，通过机上的滑轮和绳索带动机翼上下扑棱，产生向上向前的动力，创造了靠人力飞行的世界纪录。为了制造它，该团队花了4年时间，耗费20万美元。

随着科技的不断进步，不久前又出现了仿生智能扑翼鸟。在2020年10月北京世界机器人大会上，汉王科技在展会现场正式发布“Go Go Bird 1000”仿生智能扑翼鸟（图20-10）信息，其身长46厘米、翼展60厘米，而重量只有138克，飞行姿态灵活、轻巧，接近大自然中的真实鸟类。

图20-10 “Go Go Bird 1000”仿生智能扑翼鸟

这种扑翼鸟利用传感器来感知飞行姿态，通过调整飞行姿态实现直线飞行、盘旋飞行、“8”字飞行等高难度动作，它可在指定高度上飞行，通过无级调节尾舵，实现无级转向，飞行更灵活。据悉，后续的该产品系列，还会增加GPS导航与视频拍摄、回传等功能，让仿生扑翼飞行器在诸多行业领域的应用增加更多的可能性。虽然它现在还只是个玩具，但是相信随着时间的推移，有可能成为一种可实用的飞机。

2022年，我国西北工业大学自主研制的“云鹄号”扑翼无人机（图20-11）上天，平稳飞行了154分钟后安全落地，并成功申请了仿生扑翼无人机的吉尼斯世界飞行时长纪录。“云鹄号”空载起飞重量仅为1千克，翼展1.82米，采用高效仿生驱动系统和微型飞行控制导航系统，可手抛起飞、滑翔降落。

图20-11 “云鹄号”扑翼无人机

【知识链接】世界最早飞越英吉利海峡的人力飞机

1978年，英国皇家航空学会宣布了新的克莱默奖项，欲以10万英镑奖给第一架飞越英吉利海峡的人力飞机的研制者。

重奖之下必有勇夫！26岁的美国自行车运动员布莱恩·艾伦应战。1979年6月12日清晨5时51分，他驾驶一架人力飞机“蝉翼信天翁号”（图20-12），从英国南部小镇福克斯通起飞，经过2小时49分钟，于8时40分成功降落在法国格里内角的海滩上。

图20-12 “蝉翼信天翁号”人力飞机

“蝉翼信天翁号”人力飞机项目，由杜邦公司发起，美国人力-太阳能动力飞机设计家保罗·麦卡克莱迪设计，采用碳纤维管、西印度轻木、透明聚酯薄膜和凯夫拉纤维制造。该机机翼翼展长30米左右，没有尾翼，重量约31公斤。飞机的动力来源于飞行员，通过脚踏机构带动塑料链条和机翼后面的塑料螺旋桨转动。它用这种方式，以离海面1.8～2.5米的平均高度，飞行了35千米，成为第一个驾驶人力飞机飞越英吉利海峡的人。这架“蝉翼信天翁”飞机，现陈列在美国华盛顿特区的史密森尼博物院国家航空航天博物馆。

第二十一章 气球和飞艇

微信扫码
• AI交通专家
• AI科普课堂

与做任何事情一样，飞天也不能一蹴而就，不管前方的路多么艰难崎岖、多么遥远，只要走的方向正确并不断前进，就比站在原地更接近目标。气球的出现便是人类飞天迈出的第一步。

一、热气球

“世上无难事，只怕有心人。”这句话从一个侧面说明了只要在生活中处处留意，搞发明并不是件多么困难的事。1772年的冬天，法国里昂一位造纸商的儿子蒙哥尔费兄弟坐在壁炉前烤火，一股浓烟向炉顶冲上去。哥哥看着看着，心里突然产生了一个有趣的念头：要是做个口袋，把烟气装进去，不就可以让口袋飞起来吗？于是兄弟俩找来绸子，缝成一个口袋，再把烟气装进去，口袋真的升起来了，一直升到天花板……这就是人类最早制造的热气球。

11年后的1783年，蒙哥尔费兄弟制作了一个很大的热气球，容积有2200立方米（大约相当于六七十个货车车厢的空间），表面用金色蓝底装饰着波旁王朝的徽章和黄道十二宫图案。9月19日，他们在气球下方吊了一只用柳条编的笼子，并在笼内装了一只公鸡、一只鸭子和一只山羊，在巴黎的凡尔赛宫前作了表演（图21-1）。气球一直上升到约500米的高空，8分钟后降落在距起飞点3千米的农田里，三只动物平安无恙。10月15日，一位名叫罗齐埃的人，自告奋勇报名要求替代一名犯人乘坐气球升空，上升到26米高的空中，并用添加燃料向气球内充热气的办法，在空中逗留了大约4分半钟，做了人类第一次飞行。一个多月以后，他又同另一位乘客达尔朗德一起做了一次自由飞行，他们在空中飞了大约25分钟，横贯了整个巴黎，在全法国引起不小的轰动，完成了历史上最早的热气球载人飞行。

图21-1　蒙哥尔费兄弟俩制作的热气球

【知识链接】中国最早的热气球

1886年秋天，法国新盛公司的总经理德维尼来到保定直隶总督府。他向李鸿章介绍了他们公司生产的热气球，他介绍了热气球在军事上的用途，打动了李鸿章，使其决定从法商处购进热气球。

1887年1月14日，中国斥资12000两白银订购的两只热气球，从法国马赛港起运，经过直布罗陀海峡、地中海、苏伊士运河、印度洋、马六甲海峡、台湾海峡的漫漫航程，终于抵达天津。

1887年10月3日，几经周折后热气球试飞，在直隶总督兼北洋大臣李鸿章以及中法官员、武备学堂师生和天津百姓的注视下，挂着黄龙旗的热气球缓缓升空。据报载，第一次升空高度大约为200米；降落后，他们还邀请观看的中法官员、武备学堂教习一同体验了乘坐热气球的新鲜与刺激。

在法方技术人员调试热气球的时间里，武备学堂的学员们在老师的带领下，也试制成功了自己的热气球，并在天津进行了多次试飞，均取得了成功。后来的北洋水师提督丁汝昌还亲自试乘热气球升空。

【知识链接】热气球达到的最高高度是多少

2012年10月15日，43岁的奥地利著名极限运动员鲍姆加特纳，在美国新墨西哥州上空，乘坐全球最大的氦气球，花了两个半小时升上3.9万米高空。他从携带的太空舱上跳下，经过自由落体运动后于几千英尺高度处打开降落伞并成功着陆，当时创造了人类搭乘气球抵达的最高高度（该纪录已于2014年被打破）和人类自由落体最高时速(1173千米)两项世界纪录。

【知识链接】历史上乘气球飞得最远的纪录是多少

（1）越洋飞行：1978年8月29日，美国人本·阿布鲁佐、马克斯·安德森和拉里·纽曼三人，乘坐“双鹰号”氦气球，在空中飞行了138小时零6分钟，行程约5000英里（约8047千米），首次成功飞越了大西洋。

（2）环球飞行：2002年6月19日，史蒂夫·福塞特独自驾驶“自由精神号”洛奇尔热气球从澳大利亚诺瑟姆出发，历时13天8小时（共320小时33分钟），于7月2日成功返回澳大利亚上空，完成了单次单人、不间断的热气球环球飞行，全程约20626英里（约33195千米）。

二、氢气球和氦气球

随着时代的发展，制造气球的技术也在逐渐进步。1766年，英国科学家卡文迪什发现了氢气，这是当时已知的最轻的气体（也是目前为止已知最轻的气体），制造起来也比较容易。14年后，法国化学家布拉克把氢气充入猪的膀胱中，制成了世界上第一个氢气球。

氢气的发现为轻于空气的飞行器带来了可能。1783年8月，法国物理学家查理，用涂有橡胶的丝绸制成直径为4米的氢气球，并升上了天空。此后，氢气球技术发展迅速。同年12月1日，查理和他的朋友乘坐一个直径8.6米的氢气球从巴黎起飞，在两小时内飞行了45千米，完成了氢气球的首次载人飞行。

氢气虽然轻，可是制取成本较高且易燃易爆，是否能用其他气体代替氢气呢？1821年，英国伦敦的一位气球飞行家查尔斯，首次将比空气轻的煤气充入圆柱形气球内，飞行试验取得成功。后来在1850年，另一位先驱乔治·凯利甚至进行了一次惊人的表演：他骑在马背上，用一个氢气球连人带马一起吊离了地面。

1895年后，英国化学家拉姆齐和特拉弗斯，首次成功分离出一种同样很轻且不可燃的气体，即在元素周期表里排行老二的氦。虽然氦气很难提取，工业上产量极低，价格昂贵，但是安全，非常适合了填充气球和飞艇之类的漂浮物。

【知识链接】气球对大气层科学研究的贡献

气球不仅可用于旅游观光，对大气层科学研究也很有价值。1874年，法国的“天顶号”气球升至7000米高空时，乘员感到呼吸困难；上升到8000米高空时乘员全身无力，失去知觉。1927年，美国的莫拉斯乘“西班牙号”气球上升到11000米高度不幸身亡。1933年9月30日，苏联首次进行同温层飞行科学探险活动。巨大的“苏联一号”同温层气球搭载三位科学家顺利升空，考察宇宙射线、大气层的导电性，并证实了不同高度上的空气成分是相同的，创下了飞行高度海拔18950米的新世界纪录，并安全返回地面。1935年，美国的“探险者2号”平流层气球上升到22066米，记录了各个方向的射线强度、金属原子被宇宙射线轰击产生的“爆能”和镭α射线型宇宙射线的痕迹、太阳光谱等科学数据。20世纪30年代以来，用气球作为动力的无线电探空仪、无线电经纬仪和测风雷达等，对高空气象探测也起到很大的作用。

三、人力飞艇

气球在发明之后就成了人类探索天空的早期工具。不过，由于它没有动力，也难以控制飞行方向，所以必须进一步改进，设法为其增加推进和操纵功能，才能更好地为人类服务。

1784年，法国罗伯特兄弟制造了一个长15.6米、最大直径9.6米的大型气球，充入氢气后可产生1000多千克力的升力。后来几经改进，他们在气囊下方安装了吊舱，并设置了放气阀门和手摇的橹桨试图控制方向与推进。这艘被称作飞艇的飞行器，是人类为征服天空迈出的重要一步。

四、软式飞艇

18世纪末，人类的飞行探索已经从风筝、气球等发展到无动力滑翔机的阶段，但始终未能取得突破性进展。直到1765年，英国的科学家瓦特成功地改进了效率很低的蒸汽机，并先后将其应用到飞艇和飞机上，才为人类实现飞天梦想创造出最必要的条件。

人力驱动飞艇是一件十分辛苦的事，瓦特发明了蒸汽机之后，法国人吉法尔于1852年，把一台蒸汽机和螺旋桨安装在44米长的雪茄形飞艇下方的吊舱里，制造出世界上第一艘以蒸汽为动力的软式飞艇（图21-2）。这艘飞艇从巴黎马戏场起飞，用3小时左右飞了27千米，最高时速达到了10千米，最终在特拉普斯着陆，实现了人类第一次有动力载人可操纵飞行。从此，真正的飞艇问世，气球升格为空中机动大船。这种飞艇的外壳用胶棉或亚麻布制成，内部没有结构框架或龙骨支撑，只靠着填充气体的压力与容器的强度来维持其形状，人们称之为软式飞艇。

图21-2 以蒸汽为动力的软式飞艇

五、齐柏林与硬式飞艇

由于软式飞艇的体积不可能做得很大，后来人们便在气囊里面布置了坚固的铝质骨架，发展成了硬式飞艇，其体积和能承受的气体压力更大。当时的硬式飞艇有多种类型，其中最著名的要算是德国的齐柏林飞艇。

齐柏林早年曾任德国骑兵军官和陆军武官。1863年4月，他在部队任职期间，被德国政府派往美国拜访林肯总统和美国空军，接触到了载人气球部队，并升空观察过战场，从而对浮空器产生了浓厚的兴趣。但不久后，刚晋升为中将的齐柏林，因故退出现役，便在风景秀丽的康斯坦斯湖畔成立了“飞艇飞行联合股份有限公司”，研发制造硬式飞艇。

1897年，齐柏林终于筹足了资金，便以软式飞艇为蓝本，开工制造飞艇1号LZ-1（图21-3，LZ是德文飞艇和齐柏林名字的首字母），设计艇长128米，直径达11.7米。铝质骨架用金属丝加固，里面被分隔成10多个隔舱。每个隔舱中有一个装满氢气的空心气囊。下方吊舱内装有两台16马力的发动机，于1900年完工。经过3次试验，取得了最大飞行时速34千米、最长飞行时间80分钟等成果，证明了齐柏林飞艇设计的合理性。

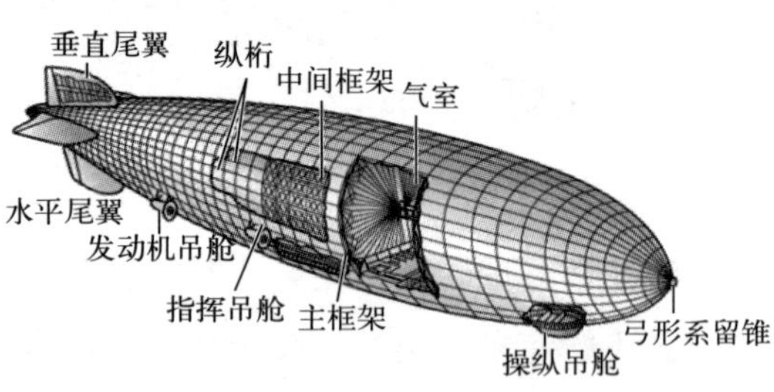

图21-3　齐柏林的飞艇1号及其结构

第一艘飞艇取得成功之后，齐柏林又制造了多种型号的飞艇，都沿用了LZ-1飞艇的结构设计。一般齐柏林飞艇下方有前后两个吊舱，前面的吊舱是指挥舱，安置飞艇驾驶员和仪器设备，后面的吊舱则是动力舱，安置发动机和燃料。

这时德国军方认识到了飞艇的潜力，总参谋部宣布拨款制造一艘更大的飞艇，并表示如果能够持续飞行24小时，将会购买两艘飞艇。

1909年，齐柏林创办了世界上第一家航空公司——德国飞艇运输公司。到第一次世界大战爆发前，该公司用飞艇在1588趟航班中运送旅客34028人，而且创造了商业运营期间无一人伤亡的安全奇迹。其中的“兴登堡号”飞艇（以德国前总统保罗·冯·兴登堡名字命名，是当时世界上最大的飞行器），全长245米，直径41.18米，气包容积达到20万立方米；飞艇上的设施豪华，除了有卧铺客房以外，还有餐厅、休息室、观景长廊，甚至有写作和阅览室，酷似现代的海上游轮，远比其他早期航空器舒适。

在第一次世界大战期间，飞机还不能携带重型炸弹，而这则是齐柏林飞艇的拿手好戏，所以飞艇成了德国的战略轰炸武器。在战争初期，英法两国对它的夜间空袭束手无策，飞艇成了战场上的一种强大威慑。于是，德军不仅用自己军队的飞艇，还征用了民间的齐柏林飞艇。齐柏林飞艇在第一次世界大战中因此声名远扬。

可是后来，英国的白金汉姆发明了一种填充白磷的特种燃烧子弹，这种子弹射入气囊后可以立即引燃泄漏的氢气，使飞艇迅速燃烧坠毁。从此以后，飞艇缓慢、庞大且易燃的弱点暴露无遗，才在战场上逐渐失去了优势。

【知识链接】首次环球飞行的飞艇

我们知道，1519年9月—1522年9月，葡萄牙人麦哲伦曾驾船作过首次航海环球旅行；1924年3月17日—1924年9月28日，美国的马丁少校团队曾经首次驾机完成环球飞行。那么飞艇有没有作过环球旅行呢？答案是肯定的。

1929年8月8日清晨，“齐柏林伯爵号”飞艇载着16名乘客和37名机组人员，从美国新泽西州莱克赫斯特出发，经过21天7小时26分的飞行，于8月29日返回原地，航程31500千米，结束了一次具有历史意义的环球航行，创造了飞艇环球航行的新纪录。它在途中只停留3站：第一站是德国腓特烈港，然后经过西伯利亚飞往日本，在东京着陆，再向西飞越太平洋到达洛杉矶，最后在上午8时47分，在莱克赫斯特着陆。此壮举比民航飞机的环球飞行早了12年。

六、毁灭性的打击

德国建造的硬式飞艇有过光辉的业绩。

1929年8月8日至8月29日，德国的“齐柏林伯爵号”飞艇环球飞行成功，历时21天7小时26分钟，航程31500千米。

1931年“兴登堡号”LZ-129飞艇开始建造，1936年3月升空，成了当时世界上最大的飞行器，专为跨越大西洋而建。

1937年5月6日，“兴登堡号”飞艇执行它的第63次航行任务，从德国法兰克福起飞前往美国新泽西州。不幸的是，在那次即将降落时天公不作美，不但伴有大风，而且雷电交加，现场环境对着陆十分不利。因为途中遇大风延误了一些时间，加之一部分乘客将要出席英国国王乔治六世的加冕典礼，艇长无奈下令放下降落绳准备降落。可是意外发生了，降落绳引发了飞艇金属架上的静电，在飞艇即将到达地面的一瞬间，迅速激起了一连串的火花并点燃了外泄的氢气，导致“兴登堡号”被火焰吞没（图21-4），致使乘客和

图21-4 “兴登堡号”飞艇失事

乘务人员多人遇难。此后，充填氢气的客运飞艇不仅安全性受到广大民众质疑，还葬送了齐柏林飞艇的航运生涯。

七、美国的飞艇“空中航母”

20世纪30年代，美国计划打造一个飞行平台，作用类似于航母舰队的观察哨。可惜受到空中加油技术的限制，飞机航程有限。设计师正为飞机如何才能飞得更远头疼不已时，突然从“齐柏林”飞艇身上受到启发，认为飞艇完全可以发展为一款空中航母，必要时能搭载飞机作战。就这样，美国设计师以“齐柏林”飞艇为原型，研发出了“阿克伦”级飞艇（图21-5）。

“阿克伦”级飞艇与德国“齐柏林”飞艇相比，整体性能有过之而无不及。它有足够坚固的铝合金骨架。发动机螺旋桨布置在艇身外部，为了能够调整飞艇方向，其角度可以任意调整。最为重要的是，“阿克伦”级飞艇内部还有机库，可容纳5架轻型战机，必要时可将战机投出并回收（图21-6）。少将莫菲特说：“据我所知，这是有史以来最好的飞艇。”

图21-5 “阿克伦”级飞艇

图21-6 “阿克伦”级飞艇可投出并回收轻型战机

八、持续发展的现代飞艇

现代飞艇不仅可用于观光旅游，还可以用于军事目的，如构建空中指挥作战平台，替代无人机或人造卫星提供成本低廉的情报监控数据，从而节省一笔可观的费用，因此为世界各国所重视。

图21-7 “圆梦号”飞艇

2015年10月13日，我国首个太阳能军民通用新型临近空间飞艇“圆梦号”（图21-7），在内蒙古锡林浩特成功放飞，停留在距离地面20千米左右的平流层。这是全球首次具备持续动力、可控飞行、重复使用能力的临近空间飞艇的成功飞行。“圆梦号”是一艘巨大的银色飞艇，全长75米，容积为18000立方米，填充氦气，靠太阳能提供动力。它的升空预示着飞艇的魅力重现蓝天，现代新技术的发展使飞艇获得了新生。

2016年8月17日，英国放飞了一艘当今世界上最大的飞艇Airlander10（图21-8），其身长92米，宽44米，高26米，载重量达1万千克。它的体积比空客A380还大（A380全机长73米，高24米，翼展79.8米，全机空重8840千克），内部填充了3.68万立方米的氦气（足以填满15个标准游泳池）。据悉它最多能够在空中手动连续航行5天，无人自动连续航行两周，非常适合紧急救援、空中监管、旅行载客和物资运输等应用场景。

无独有偶，2021年下半年，中国特种飞机研究所的AS700载人飞艇（图21-9）也进行了首飞，它最多可载乘客9人，最大航程700千米，最大航时10小时。未来，AS700载人飞艇将在旅游观光、物理勘探、海洋监测、货物运输、应急救援等方面有广泛的应用，预计

图21-8 Airlander10飞艇

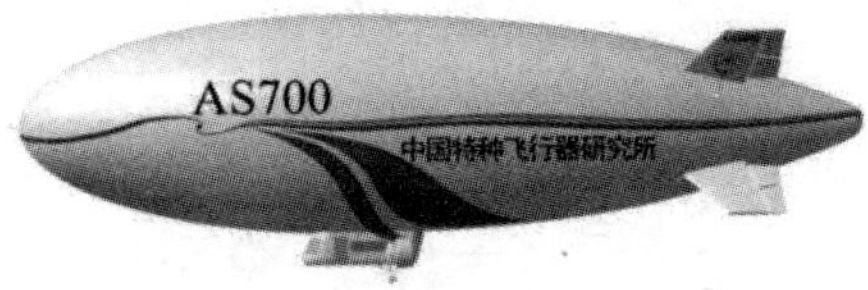

图21-9 AS700载人飞艇

未来十年内市场需求量可达近百艘。

为验证太阳能飞艇的可行性，法国计划在2026年，启动一个长度为151米、填充5万立方米氦气的太阳能硬壳飞艇环球飞行计划，白天用飞艇的上半部的4800平方米的太阳能电池板供电，而在夜间使用氢燃料电池。该项目飞行全程约4万千米，平均飞行高度约为6千米，全程飞行时间为20 ～ 30天。

第二十二章　成功的前奏曲

微信扫码
• AI交通专家
• AI科普课堂

13世纪时，意大利的探险旅行家马可 · 波罗自中国返回欧洲后，便将风筝制作技术带到当地（比中国大约晚了1200年），成为后来欧洲滑翔机的前身，为实现人类航空梦想奠定了基础。

一、滑翔机的诞生

1801年，英国的滑翔机先驱乔治 · 凯利（1773—1857）爵士，研究了风筝和鸟的飞行原理，于1805年试制了世界上第一架滑翔机，但并未成功。“前车之覆，后车之鉴”，后来，他对飞行原理、空气升

图22-1 凯利制作的滑翔机

力及机翼的角度、机身的形状、方向舵、升降舵、起落架等，都进行了科学的研究和试验，并于1809年重新设计了一架有垂直尾翼的滑翔机（图22-1），机身前端还有金属配重。据1852年9月25日美国《机械师杂志》介绍，1849年，已是76岁的凯利制作了一架大型滑翔机，两次把一名10岁的男孩子带上天空。4年后，他的马车夫迟伟操纵滑翔机，不用拖曳装置在空中飞行了约500米远。

时光在不断流逝。70年后，23岁的德国工程师奥托·利林塔尔，也开始研究鸟类飞行和滑翔机，1889年曾写过《鸟类飞行——航空的基础》一书。他用竹和藤作为骨架，用布作蒙皮，制造了一架滑翔机。7米长的弧形机翼很像蝙蝠展开的双翼，人的头部和双肩可以从机翼中间进入（图22-2），整机重量约20千克。1891年首次进行试验时，他把自己吊在滑翔机的翅膀上，从15米高的山岗上跳起，结果飞行了300米并成功降落，荣获了“德国滑翔机之王”的美誉，闻名于世。其后5年间，利林塔尔共制作了12种单翼滑翔机和6种双翼滑翔机，先后进行了2000多次飞行试验。1893年还在滑翔机上安装过垂直尾翼和水平尾翼，用以保证飞行的稳定性。1894年，他驾机再次从50米高的山坡上跳下，飞了1000米并成功降落。可不幸的是，1896年8月9日，他在操纵滑翔机试飞时，偶遇一股强劲气流，滑翔机失速栽向地面摔毁了，利林塔尔也受了致命的重伤，并于第二天死亡。弥留之际，他对弟弟古斯塔夫说：“总是要有人牺牲的。”为了纪念这位飞行先驱，柏林最主要的机场“泰格尔奥托·利林塔尔机场”，就是以他的名字命名的。

图22-2 利林塔尔和他的单翼滑翔机

二、前仆后继的研究者

要完成一项前无古人的开创性事业，必然需要义无反顾、一往无前的精神。利林塔尔牺牲后，他的弟子——英国人皮尔彻，为了完成老师生前未竟的事业，经过刻苦钻研，终于制成了一架带4马力气冷双缸发动机的滑翔机“鹰”。为了安全起见，他在滑翔机上安装了车轮，且成功地飞越山谷，滑翔了250米的距离。然而不幸的是，后来他在试飞这架滑翔机时，由于尾翼故障坠落发生事故，于1899年去世。

与此同时，利林塔尔的另一位弟子赫林，也一直在研究试验滑翔机。他曾应美国滑翔机研究家夏纽特的邀请，到美国参与滑翔机的合作研究，并在密歇根湖畔进行了飞行试验。经过多次改进，制成了有水平尾翼和垂直尾翼的上下复翼滑翔机，成了后来飞机的原型。

那是个人才辈出的时代。就在夏纽特和赫林制成滑翔机的同时，飞机的发明者——美国莱特兄弟研究制成了翼长5.5米的复翼滑翔机。受到这些先驱作品的启发，莱特兄弟开始质疑现有的飞行理论，并密切关注其他航空爱好者的进展，如在这方面取得了重大进展的塞缪尔·兰利和奥克塔夫·沙努特。

1899年，莱特兄弟为了追求他们的梦想，制作了几个滑翔机模型，进行风洞试验并加深了他们对升力、阻力和操纵面的理解。这些早期的试验帮助他们提高了对空气动力学的认识，并为后来大规模的滑翔机试验奠定了基础。

1900年，他们参考同行的经验又做了一架滑翔机。为了找一个气流稳定、视野开阔的地方试飞，便写信询问美国气象局，得到的答复是可以去东海岸北卡罗来纳州的基蒂霍克海滩。

虽然那里距他们家乡俄亥俄州代顿有千里之遥，但是试验的条件很理想：既有高大的沙丘可供起飞，又有强风可以助飞，广阔的沙滩可供软着陆，地处偏远还有利于试飞保密。因此他们决定去那里进行第一架滑翔机的升降、偏航和滚转试验。通过无数次的试飞，兄弟俩收集了宝贵的数据并完善了他们的滑翔机设计，为他们后来的成功打下了坚实的基础。

当时，在美国还有一位热心研究滑翔机的专家，名叫蒙哥马利。他和夏纽特、赫林一样，也制造了带水平尾翼和垂直尾翼的滑翔机，但主翼不是上下排列的复翼，而是一前一后排列。1905年，蒙哥马利将这架滑翔机用气球带到高空，然后从1000米的高空开始滑翔，结果成功地安全降落。由于这种试验的危险性很高，后来他不幸在1911年的一次坠机事故中，献出了宝贵的生命。

“鹰击长空，鱼翔浅底，万类霜天竞自由。”我们无法知道，为了人类的升天梦想，为了今天的航空伟业，到底有多少先驱为航空事业献出了宝贵的生命；但是我们知道，他们取得的辉煌成就和留下的宝贵财富，将永远激励着有梦想的航空人！

【知识链接】滑翔机没有动力为什么能飞

飞机要能飞起来，必须满足两个条件：机翼产生的升力大于或等于飞机的重力，拉力（或推力）等于或大于飞机所受的总阻力。可要想让它能飞得稳，还必须满足三个方向的力矩平衡条件。那么，滑翔机上没有发动机，可以依靠什么力量升空呢？

从前的滑翔机因为条件限制，一般沿用从高坡上向下滑行，或者靠人的腿力滑跑起飞，再借用风力滑翔。现代的滑翔机则是靠弹射或拖曳的方式起飞。前者是把滑翔机置于弹射器上，由蓄能机构产生弹力；后者是像放风筝那样，将滑翔机系在绞车、汽车或飞机上，拖曳达到适当速度和高度后，再让其自由翱翔。滑翔机起飞以后，则要靠上升气流的力量来维持飞行，由驾驶员操作保持平衡。

美国新近研发出一款无动力滑翔机Perlan Ⅱ（图22-3），由两名飞行员驾驶，其处女航便创下了1525米（5000英尺）高度的纪录，并在后续飞行中不断刷新纪录，最终于2018年创下了76124英尺（约23200米）的滑翔机绝对高度世界纪录。在高速下滑或强气流中，其飞行速度可以很快。其设计目标是最终突破90000英尺（约27430米）的高度，以进行更高层次的大气探索。它还配备有专门的研究设备，用于探索气候变化和高层大气的一些问题。

图22-3 无动力滑翔机Perlan Ⅱ

第二十三章 梦想终于成为现实

微信扫码
• AI交通专家
• AI科普课堂

一、莱特兄弟的航空情结

大家都知道，美国莱特兄弟在滑翔机的制作和空气动力学的研究方面，有着很高的造诣，并且在此基础上发明了世界上第一架飞机，可他们对飞机的情结却源自一件小事，年近古稀的奥维尔曾经说："我们的飞行梦想起源于一个会旋转的玩具……"

原来，哥哥威尔伯·莱特（1867.4.16—1912.5.30）和弟弟奥维尔·莱特（1871.8.19—1948.1.30）（图23-1）的爸爸是一位牧师，那年圣诞节，他从欧洲给他们带回一份圣诞礼物——用中国传入的竹蜻蜓技术制成的玩具。只要扭紧橡皮筋，然后一松手，玩具就会像风车一样转起来飞到空中。11岁的哥哥和7岁的弟弟兴奋得直蹦高。"啊，真是太有趣了，它能像鸟一样在空中飞！"弟弟对哥哥说，"如果把它做得大一点，我们也能坐在上面飞起来呢！""是啊，以后我们一起发明一个可以坐人飞上天的玩具。"哥哥对弟弟说。

图23-1　莱特兄弟

从那以后，莱特兄弟对飞行产生了浓厚的兴趣，在心中萌发了航空梦想，相信除了鸟儿、蝴蝶等飞行动物外，人工制造的东西也能飞上天。

莱特兄弟俩长大后，开了一个自行车铺，销售、修理各种自行车，从中学到了许多机械制作技能，为后来制作滑翔机打下了坚实的基础。

二、莱特兄弟开创人类航空的新纪元

1900年至1902年间，莱特兄弟先后进行过1000多次滑翔机飞行。历尽千辛万苦之后，终于在1903年制造出第一架依靠自身动力可以载人飞行的飞机“飞行者1号”。

“飞行者1号”的机翼翼展12.3米，剖面略呈弧形。机体主要由布、木材和钢管制成，连同驾驶员在内的总重量约为360千克。空气动力外形为“鸭式”（两个升降舵在前，一个方向舵在后）。横向操纵靠两侧向上下相反方向扭转的翼尖来保证。所用发动机为水冷4缸活塞式发动机，功率12马力（8.9千瓦），由链条带动螺旋桨。

1903年12月17日凌晨，天气寒冷，北卡罗来纳州的基蒂霍克岛涛声依旧，由于封锁消息，只有5个人前来观看“飞行者1号”的试飞。“飞行者1号”静静地躺在基尔德夫沙丘附近的海滩上蓄势待发。10点半左右开始，莱特兄弟4次轮流驾驶它飞行。第一次由弟弟奥维尔试飞，他爬上飞机飞行了12秒，摇摇晃晃地飞行了36米才落地。在后来的3次飞行中，最好的一次飞行成绩是哥哥威尔伯创造的：59秒，260米（图23-2）！这个数字看上去平凡，可对于莱特兄弟而言，却是他们多年心血的结晶，喜悦的心情可想而知。

图23-2 “飞行者1号”试飞中

这个平地惊雷一响，标志着人类几千年的飞行梦想终于实现了。莱特兄弟制造的飞行器进行的首次持续、有动力的、可操纵飞行，为人类的航空事业揭开了崭新的一页。

这个过程中还有一个有趣的故事，那就是最初决定的试飞日期是

12月12日。但是由于天气不好，只得推迟两天。12月14日那天，由于“飞行者1号”的驾驶位上只容得下一个人，他们兄弟两人谁能先享受这史无前例的驾驶飞机的快乐呢？他们各说各理争执不下，最后只好用抛硬币的方法随机决定：谁抛的硬币正面朝上，就由谁先飞。结果哥哥威尔伯如愿以偿，取得先飞权。由于他在起飞时把机头稍抬高了一点，造成飞机失速，飞机掉到沙滩上受损而失败。经过三天修理后，才于12月17日进行第二次试飞并取得成功。

后来，莱特兄弟俩于1904年和1905年分别造出了“飞行者2号”和“飞行者3号”（图23-3），并先后进行了160次飞行。此时，驾驶员已经可以坐着工作，视野更加开阔，不必再那么平趴着受罪了。1905年10月5日，哥哥威尔伯驾驶的“飞行者3号”持续飞行了38分钟，航程达39千米，再次证实了它的可靠性。

图23-3　飞行者3号

从现代人的眼光来看，“飞行者1号”的水平并不怎么高：没有专门的机身，驾驶员要承受气流的冲击，而且只能平趴着驾驶，遇到强风还可能要摔机，还没有起落架。可是它是个新事物，总会有不尽完美之处；况且它比空气重、有动力、有机翼、可操纵，已经符合了飞机的必要条件，因此不愧是圆了人类飞行梦想的伟大发明。

1905年，莱特兄弟俩创办了“莱特飞机公司”，制造了世界上第一架实用的飞机，性能更上一层楼，能转弯、倾斜、做圆圈飞行和8

字飞行，连续航行时间也更长。他们因此于1909年获得“美国国会荣誉奖”。1932年，美国政府在基蒂霍克海滩上竖立了一座高高的花岗岩飞行纪念碑，用以纪念1903年12月17日莱特兄弟在这里进行的具有划时代意义的飞行试验。

【知识链接】车牌上的航空发源地之争

一百多年来，人们还会时常想起莱特兄弟这两位飞机的发明者，相距千里之遥的美国俄亥俄州和北卡罗来纳州两地，每年的12月17日都有各种纪念莱特兄弟的活动。

因为名人故里涉及经济和区域的发展，所以争论向来十分激烈。与此类似，中国有诸葛亮出生地的河南南阳、湖北襄阳和山东临沂三地之争；朱元璋出生地的安徽凤阳、嘉山和江苏盱眙三地之争；李白出生地的四川江油、甘肃天水、山东任城三地之争；等等。同样，鉴于飞机的发明是件非同小可的事，谁都想借此宣传自身。所以在航空发源地的说法上，1982年，北卡罗来纳州首次在车牌上印了“First in Flight”（第一次飞行）的字样；2003年，俄亥俄州也将“Birthplace of Aviation”（航空诞生地）的字样印在车牌上（图23-4）。

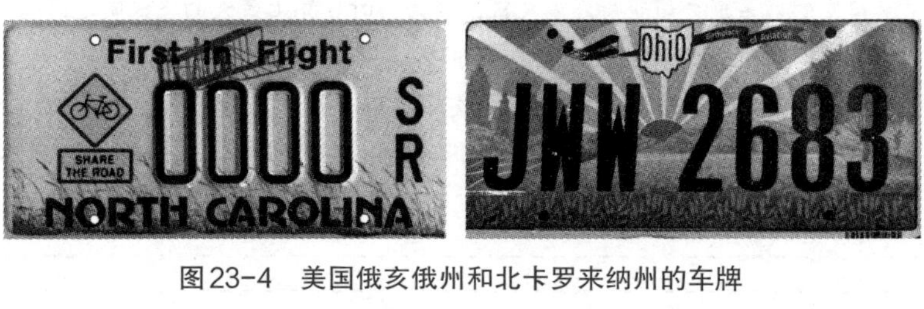

图23-4 美国俄亥俄州和北卡罗来纳州的车牌

争了几十年，谁也没有争出个眉目，直到近些年来，这两个州才搁置了这个有关称号的争执，而是开始一同筹划庆祝1903年12月17日首飞周年纪念日。

【知识链接】莱特兄弟的后半生

莱特兄弟虽然先后推出了"飞行者"1号、2号、3号，但飞机的基本形态没有大的变化，也没有新的技术进步；加之由于与他人产生了发明权纠纷，持续的专利诉讼，导致哥哥威尔伯的体力和精神不佳，甚至一度拒绝进入厂房和实验室。1912年4月，竟逝于一场伤寒，终年45岁。

弟弟奥维尔为哥哥的早逝伤心欲绝，继续等待着法院对专利诉讼的判决。直到1914年1月，美国法院作出划时代的判决，裁定莱特兄弟胜诉，称此后在美国本土生产的每架飞机，都要向专利持有人奥维尔支付20%的专利费。奥维尔因哥哥的离世，迁怒于另一飞机研制者寇蒂斯，即使他支付专利费也不能使用该专利。寇蒂斯因此无法销售自己日渐成熟且性能明显优于莱特的产品，濒临破产。莱特公司也因飞机性能落后，从1915年开始，没有卖出一架飞机，造成两败俱伤的局面。

1914年7月第一次世界大战爆发，飞机的需求量激增。到1918年，德国一共生产出了5万架飞机，航空技术与产业发展突飞猛进。但在美国，由于专利费太高，致使技术停滞不前，产业发展缓慢。1917年美国参战后，为改变这一状况，政府不得不出面干预，为国内的航空发明建立了一个专利许可联盟，强行将专利费从20%降到1%（另一说为每架飞机付专利费200美元），并强令向寇蒂斯公司开放专利使用。于是寇蒂斯成为了最后的胜利者，早已蓄势待发的寇蒂斯公司获得发展良机，成为当时世界上最大的飞机制造商。

第一次世界大战后，弟弟奥维尔身心俱疲，遂退出航空界。莱特公司也在1929年与寇蒂斯公司合并，成立"寇蒂斯－莱特公司"。奥维尔一直平淡地活到他77岁的1948年。他们的后半生太可惜了，一直未能对人类航空事业作出任何新贡献。

【知识链接】飞机的发明权之争

20世纪初，滑翔机和动力机械已经成熟，螺旋桨技术也已在飞艇时代取得不小进展，于是许多飞行家开始将动力机械装到滑翔机上，研究动力飞行。事实上那个时代，正是所谓的“瓜熟蒂落”、人才辈出的时代，莱特兄弟成功地发明了飞机，可另外还有一些人距离成功只差一步之遥。因此，后来的飞机发明权之争也就成了自然而然的事。

飞机到底是谁发明的？现在国际上主流说法认为是美国的莱特兄弟。因为他们于1903年12月17日成功试飞了世界上第一架飞机。但是那时相当长的一段时间里，无论在美国国内还是国际上都有过不小的争论。

首先在美国国内。莱特发明飞机之前，利林塔尔的朋友皮尔彻，就制成了带发动机的滑翔机，如果他不在1899年的试验中去世，说不定这个桂冠会戴在他的头上。另外，与莱特兄弟几乎同时试验飞机的，还有另一位科学家兰利。他于莱特成功之前的第9天，也试飞了自己的载人动力飞机“航空站号”，但因在飞行了几秒钟之后机尾折断而中止。莱特兄弟飞机成功上天后，前面提到的与莱特有积怨的另一位飞行家寇蒂斯，曾对“航空站号”进行改装，并取得试飞成功（图23-5）。于是他宣称，第一架飞机的发明者是兰利而不是莱特。

图23-5 兰利制造的飞机“航空站号”

早在1896年，兰利就造过蒸汽飞机模型，所以1901年，美国政府曾出资5万美元，作为他研究飞机的费用。由于兰利是当时美国地位显赫的史密森研究院院长，因此当时该院就利用在美国科学界的地位，宣布“航空站号”飞机是最早成功的飞机，兰利是飞机的发明人。

为了争夺飞机的发明权，莱特兄弟不得不诉诸法律。他们不仅与本国的寇蒂斯，甚至还与德国的怀特海德和法国的法曼，都有过官司纠纷（史称“三杰反目”），并为此浪费了太多的时间和精力。

由于莱特兄弟中的哥哥威尔伯已经于1912年去世，所以在发明权诉讼中，后来只能由弟弟奥维尔去据理力争，维护自己的发明权。然而他的抗争势单力薄，努力无济于事。但是他毕竟是这些先驱中最优秀的代表，无论是在理论上还是在实践中都技压群雄：既造出了符合要求的发动机和螺旋桨，又将自己制造的动力相似飞机模型，放到自制的“风洞”中去模拟飞行，并且他一生中申请了很多专利，有力地保护了自己的劳动成果。直到1914年1月，美国法院作出最终判决，裁定莱特兄弟胜诉，才使莱特兄弟实至名归。

即使如此，美国著名空气动力学家惠特科姆还在1915年，向官方提交报告，力证兰利是飞机发明人；而美国国家博物馆又采纳了这个说法，在展出兰利飞机时予以说明，影响广泛。

幸好英国科学界有人出面说了公道话，并向奥维尔提出将“飞行者1号”运到英国展览，美国媒体也帮助奥维尔。1928年3月23日，英国国王乔治五世为展览会开幕式剪彩。直至1942年，迫于舆论压力，后任的史密森研究院院长阿布德才发表声明，更正了数十年的观点，并向莱特道歉，国内的争论才得以平息。

再说国际上，早在莱特成功之前的1882年，俄国的莫扎伊斯基，曾经制造过一架机翼像平板似的蒸汽发动机飞机；1886年到1890年，法国的阿代尔先后造过4架蒸汽发动机飞机；1893年，英国的马克西姆也造过一架大型蒸汽飞机。但是，这些飞机都因动力不佳或其他原因而未能成功飞行。因此虽然俄国、法国和英国，都声称它们造过最早的飞机，但均未得到世界公认。

另一位航空先驱是德裔美国人怀特海德，1901年8月14日，他设计制造的飞机在劳德西普马诺驾驶下，也成功地飞行了1.5英里。1902年1月17日，他又在布里奇波特成功地进行了第二次试飞，飞行距离约7英里。他比莱特兄弟早两年造出一架飞机并成功试飞。但或许是因为他没有申请过专利，或者是当时媒体对他的事迹宣传得不到位，总之也没有得到社会的公认（近代还有人复制了他的飞机，经试飞后发现性能良好）。

除此之外，世界上还存在几种其他的“飞机发明说”。

（1）巴西的阿尔贝托·桑托－杜蒙

杜蒙1891年师从当地有名的热气球专家让·夏勃罗教授学习飞行技术，1898—1901年间，他先后制造出六艘飞艇。其中前五艘出于不同原因在试飞时损坏，第六艘飞艇于1901年10月完成了环绕巴黎埃菲尔铁塔的飞行，飞行时间达29分钟以上。

1906年，杜蒙制成了一架有前翼的盒形双翼风筝式飞机。因他曾用自己的第14号飞艇悬吊这架飞机进行试验，就给它定名“14-bis”。杜蒙驾驶它曾在法国巴黎比加特里广场先后进行了多次试飞，其中11月12日的试飞突破滞空时间20秒、飞行约220米的纪录，轰动了欧洲。

尽管这是莱特之后的事，但在2016年里约奥运会开幕式上，“14-bis”的复制版航空器，在马拉卡纳体育馆腾空而起、绕场飞行。通过全息投影技术，穿过多个里约地标性景观：高耸的基督山、迷人的科帕卡巴纳海滩……巴西人用这种方式向自己的航空先驱致敬，也向世界宣告飞机的真正发明者为巴西人阿尔贝托·桑托－杜蒙。

（2）俄罗斯的亚历山大·费奥多罗维奇·莫扎伊斯基

莫扎伊斯基是一名沙俄海军上校，1856年开始研制重于空气的固定翼飞行器。1876年，他研制了单翼飞行器模型，成功地进行了飞行表演，1881年获得了俄国“空中飞行器”首项发明专利。同年，开始研制蒸汽动力、可控制（具备尾翼、升降舵和方向舵）的平板机翼飞机（图23-7），于1882年首飞。虽然他的飞机设计最早，也符合现代飞机的基本特征，被俄国人尊称为“飞机之父”，但是几次试飞均未成功。

图23-6 杜蒙制成的盒形双翼风筝式飞机“14-bis”

图23-7 俄罗斯的平板机翼飞机

三、东方莱特冯如

我国起初在航空史上也未曾落后。20世纪头十年间，当欧美各国的飞机研制如火如荼时，出现了一位了不起的人物，他就是我国航空工业史上第一个飞机设计家、飞行家，也是第一个飞机制造企业家、第一个革命军飞机长——冯如。

冯如（1883—1912）少年时随表亲前往美国钻研机械工艺技术，受1903年莱特兄弟发明“飞行者1号”的影响，立志从事飞机制造。1906年，他以“壮国体，挽利权”为宗旨，由华侨筹资，于1907年在奥克兰开始设计飞机，并于1909年制成一架试验性飞机。同年9月21日，他驾驶自制的“冯如1号”，在奥克兰附近试飞，飞行距离超过莱特兄弟首次试飞的成绩，圆了中国人的千年航空梦。

“冯如1号”试飞当天，孙中山先生还亲自到场观看，见证了中国第一架飞机的成功试飞，赞扬冯如爱国图强的精神，并高兴地说：“爱国救国，大有人在！”

1910年，冯如又制成了一架双翼飞机（图23-8），并在奥克兰举行的国际比赛中，以时速105千米，高度213米，航程32千米的成绩荣获冠军。

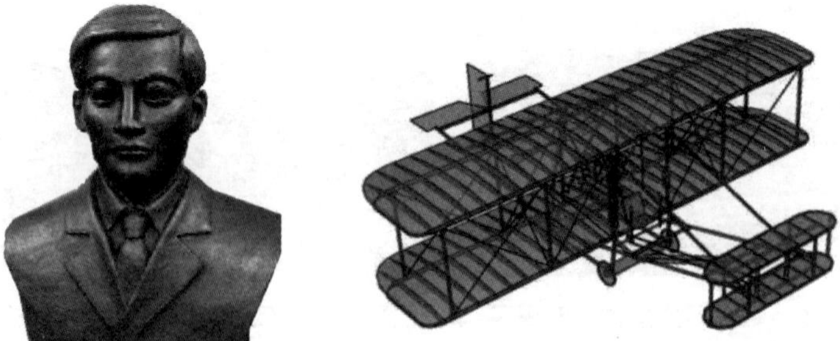

图23-8　冯如和他的双翼飞机

当时，世界上已经有800多架飞机，但中国的土地上却还一架都没有。受孙中山先生的鼓励，1911年2月，他毅然带领助手，携带自制的2架飞机以及制造装备，踏上了归国的航程，立志要在中国自己的土地上创建航空伟业。

不久，辛亥革命爆发，冯如加入革命军，被任命为广东革命军首任飞机长。他在广州燕塘建立了中国第一个飞机制造厂——广东飞行器公司，仅用3个月的时间，就带领助手制成了一架性能与“冯如2号”相仿的飞机。这是在国内制成的第一架飞机，也是中国人自行设计、制造的第一架飞机，它的问世揭开了中国航空工业史的第一页。

不幸的是，1912年8月25日，冯如在广州燕塘的飞行表演中因飞机失事而牺牲。他的爱国和进取精神，永远激励着中国航空人。2009年，在中国航空百年暨空军建军60周年之际，中国空军追授他“中国航空之父”称号。

如今，中国科技馆中摆放的，承载着民族航空梦想与荣光的1∶4“冯如1号”复原模型，与同展厅的“鲲鹏”“翼龙”等当代战机模型交相辉映，昭示着110年中国航空工业的沧桑巨变。

【知识链接】中国第一架军用飞机“乐士文”

1923年6月，广东航空局局长兼修理厂厂长杨仙逸，组织工程技术人员与聘请的2名美国工程师，一起在广州大沙头设计制造了一架双座双翼军用飞机。7月，孙中山及夫人宋庆龄，参加在广州大沙头机场举行的试飞典礼。为支持和激励中国人自行设计和制造飞机，宋庆龄亲自登机，与试飞员在广州上空飞行了两圈。孙中山接受在场群众提议，以宋庆龄在美国读书时的英文名音译“乐士文”为该机命名（图23-9），并与孙中山在机前合影留念。后该机曾参加攻打惠州粤系军阀陈炯明部队战斗，1921年10月底，陈炯明派奸细深夜潜入大沙头飞机库纵火而焚毁。

图23-9 “乐士文”飞机

后来该飞机制造厂又生产了“乐士文2号”“乐士文3号”飞机共60多架，是当时中国最有成效的飞机制造厂。

四、什么是飞机

飞机和电脑、电视一起，曾被世界组织评为20世纪最伟大的三项发明之一，公认由美国人莱特兄弟发明。可是，并非能飞行的装置都可以称为飞机，它是有严格定义的。那么什么叫飞机？根据国际航空联合会的定义，飞机是指具有一具或多具发动机的动力装置产生前进的推力或拉力，由机身的固定机翼产生升力，在大气层内飞行的重于空气的航空器。所以飞艇、滑翔机、直升机等都不属于飞机范畴。

近代飞机一般由壳体（机身、机翼、尾翼和蒙皮）、起落架、发动机、燃油系统、操纵系统和机载设备组成（图23-10）。它们的作用分别是：

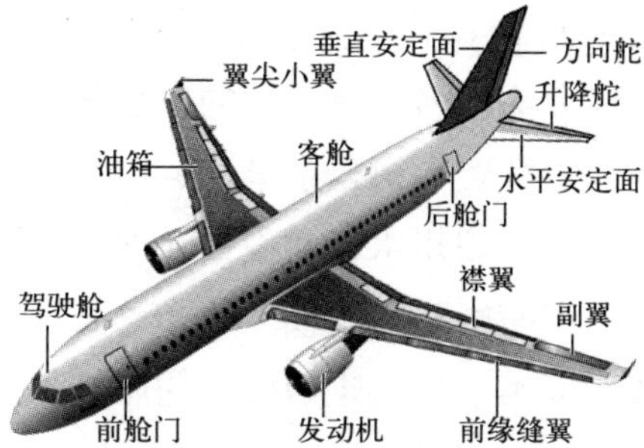

图23-10 飞机的结构

机身：用于装载和传力，同时连接机翼、尾翼、发动机和起落架；此外，还要安置空勤组人员和旅客，装载燃油、武器、各种仪器设备和货物等。

机翼：产生升力，连接襟翼、副翼、前缘缝翼和外挂件，有的还要安置油箱等。

蒙皮：保持外形并传递气动力。

尾翼、舵面（升降舵、方向舵、副翼、扰流片）：稳定和操纵飞机。

起落架：起降滑跑、地面支撑。

发动机：产生拉力或推力。

燃油系统：在不同的飞行状态下，满足发动机的供油需要。

操纵系统：按照飞行员或预先设置的指令，准确安全地操纵飞机。

机载设备（飞行仪表、通信、导航和生命保障等）：给飞机指明航向，并保证驾驶员正常工作。

五、商业飞行中“吃螃蟹”的两个第一

前面说过，莱特兄弟发明的“飞行者1号”成功后，虽然后来又研制了“飞行者2号”和“飞行者3号”，但都没有什么太大的新意。究其原因，很重要的一个方面是他们要和“宿敌”寇蒂斯争夺专利

权，所以自然而然地在飞机的推广应用和运营方面没有取得什么成就。

不过，一位有商业头脑名为范斯勒的先生却向这个方向迈出了第一步，他和另外三人筹募资金组建了第一家航空公司，计划提供横跨美国佛罗里达州坦帕湾（该州水域面积最大的河口）的首个定期航班服务，成了第一个“吃螃蟹”的老板。他通过公开拍卖的方式来出售历史上第一张机票，而第一个“吃螃蟹”的旅客，竟是时任美国佛罗里达州圣彼得堡市市长的亚伯拉罕·费尔，他为这次长达23分钟的飞行支付了400美元费用（大约相当于现在的一万多美元），成就了1914年1月1日的第一趟定期商用航班。

当时，从圣彼得堡到坦帕，乘汽车需22小时，乘火车需12小时，而乘飞机只需23分钟，航空运输的独特优越性在这里表现得淋漓尽致。如今，在圣彼得堡国际机场，还竖立一块牌子，上面刻着“定期民用航空的诞生地”。

图23-11　木制14型螺旋桨水上飞机

你一定没有听说过吧？一架商用飞机，只载一名旅客。不过你不用怀疑，虽然很多人都没有听说过，但却是曾经真实发生过的事，只有那破天荒的一次，也是最后一次。因为这架飞机的驾驶员托尼·杰纳斯，驾驶的是一架木质结构的14型螺旋桨水上飞机，驾驶舱内只能容得下两个人（图23-11）。

水上飞机？是的。虽然现在这种飞机不大多见，可是当时却闻名遐迩。因为那时的陆上飞机，机场少而且条件差，数量要远少于水上飞机。而水上飞机得天独厚，它几乎不需要飞机场，只要有江面、湖面或者较为平静的海面就可以进行起飞降落。

俗话说：“良好的开端等于成功的一半。”从那以后，往返圣彼得斯堡市和坦帕市之间的水上飞机，就换上了大一点的飞机，每天飞行两班，单程票价5美元，并持续运营了4个月，开启了商业飞机航班的先河。谁也不会料到，当年埋下的种子，在百年后已经成长为参天大树。根据国际航空运输协会的数据，在疫情前的2019年，全球航空客运航班总数就已超过3800万架次，总客运量高达45亿人次，货运量约为6100万吨。如今的航空业规模已远超当初的想象。

六、螺旋桨飞机时代

螺旋桨飞机时代通常被认为从1903年起，到20世纪40年代末至50年代初喷气式飞机逐步普及为止（尽管螺旋桨飞机到现在还仍然存在）。这个阶段所有的飞机，都采用螺旋桨发动机作为动力装置。

· 螺旋桨

螺旋桨飞机按布局分为拉进式和推进式两种基本类型。此外，在一些飞机上会同时采用这两种布局（图23-12）。前者的螺旋桨装在发动机前面，效率比较高，可布置在机身头部或机翼短舱前面（高速气流还可增加机翼升力）；后者螺旋桨装在发动机之后，“推”着飞机前进。在少数大型飞机和水上飞机上，发动机多至8～12台，将发动机前后串置在短舱上，形成拉进和推进的混合式。

图23-12 螺旋桨飞机的布局形式

螺旋桨飞机上桨叶数目，根据发动机的功率而定，有2叶、3叶和4叶的，也有5叶、6叶的。

从工作效率上来讲，桨叶数越少越

好。但随着发动机功率的增加，显然需要加大桨叶直径，或者增加桨叶宽度，但是这样会增加前起落架的高度或者造成桨叶材料、变距机构设计上的困难，所以增加桨叶数量就是必然的了。

· 起落架

起落架的布置形式，有前三点式（图23-13下）和后三点式（图23-13上）两种。

后三点式的两个主起落架在前，飞机重心在主起落架稍后，尾轮在机身后部。这种形式的起落架，飞机在地面滑跑时机翼具有较大的迎角，因此获得的升力较大，从而可以减小起飞和着陆时的滑跑距离；同时结构简单，适合于低速飞机，在20世纪40年代以前得到广泛应用。

后来由于飞机速度的提高，这种形式的起落架暴露出越来越多的缺点，就逐渐改成了前三点式。它的前轮在机身前部，两个主起落架在机身中部，飞机重心在主起落架稍前。

图23-13　固定式和收放式起落架

另外，还有一种所谓的自行车式起落架。这种形式的起落架，机身上有前后两个主起落架。为保持飞机起飞降落过程中的左右平衡，机翼靠外侧各有一个辅助轮。这种形式不多见，主要用于一些机身庞大或结构特殊的飞机。

1930年后，由于飞机速度的提高，为了减少阻力，起落架也由裸露的固定式改为加装整流罩，最后改进为收放式，置于机身或机翼内（图23-13）。

起落架的结构形式，早先固定式的

起落架都采用构架式（图23-14左）；后来的收放式起落架又可分成支柱式（图23-14中）和摇臂式（图23-14右）两种。

图23-14　起落架的结构形式

·动力装置

螺旋桨飞机的发动机，有活塞式和涡桨式两种。活塞式发动机的经济性较好，耗油率低，但产生的功率不大，适用于中低速（通常低于500千米/时）飞行，第二次世界大战以前的飞机发动机都是这种形式。当飞机速度进一步提高（例如超过700～800千米/时），由于螺旋桨本身的效率限制，就需要采用涡轮风扇或涡轮喷气发动机。

活塞式发动机依靠活塞在气缸内的反复往复动作驱动曲轴带动螺旋桨转动（图23-15左）。

涡桨式发动机（图23-15右）抽进空气后在燃烧室内喷入燃料并点火，产生的高温气体排出时驱动涡轮带动螺旋桨转动，同时，喷出的气体也产生部分推力。

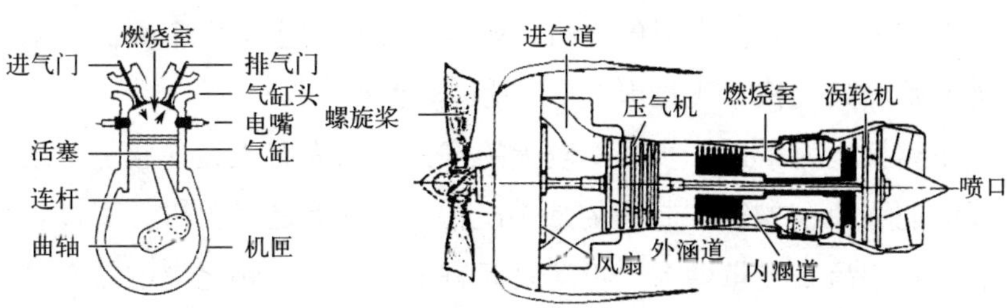

图23-15　活塞式发动机和涡桨式发动机

世界上第一款以涡轮螺旋桨发动机为动力装置的民航客机，是1950年7月29日投入伦敦—巴黎航线的英国的“子爵号”客机；世界上最大的涡轮螺旋桨飞机是1967年开始交付使用的苏联安-22，它装了4台各15000马力的HK-12MA涡桨发动机。

此外，还有利用发动机本身产生的高速气体推进的喷气式发动机。

·机翼形式

根据螺旋桨飞机机翼的数量，可以将飞机分为单翼机（图23-16左）、双翼机（图23-16中）和多翼机（图23-16右）。

图23-16　机翼的形式

单翼机：为了减少飞机的阻力，提供更好的飞行性能，现在无论是军用飞机还是民航客机，基本上都是单翼机，只有少数低速飞机仍然采用双机翼结构，而多翼机则已经淘汰。对于单翼机，我们还可以根据机翼相对于机身的安装部位分类为上单翼、中单翼和下单翼。

双翼机：在飞机刚刚出现的头二十几年中，双翼机独占鳌头。为了获得较大的升力，当时的飞机大多数都设计为上下两个翼面，莱特兄弟的第一架飞机“飞行者1号”就是双翼机。

多翼机：为了进一步获得较大的升力，后来有人设计了三个或更多翼面的飞机，如德国制造的战斗机福克Dr.I就是三翼机。不过它的缺点尤其明显：重量增大、机翼之间有干扰，还影响尾翼的效率，等等，后来这种形式被淘汰。

· 座舱和蒙皮

螺旋桨飞机的座舱，一开始都是开敞式的；飞行者1号、2号、3号甚至还没有座舱。随着速度的逐步提高，为了保证驾驶员的正常工作和减少飞机的阻力，逐渐改成了封闭式；由于大气压力是随高度升高而降低的，在4000米以上高度，人体就需要辅助供氧；为了在更高高度舒适安全地飞行，就要采用增压恒温的封闭气泡式增压座舱，使舱内空气温度、湿度、压力和空气清洁度等符合人的生理需求。

随着飞机的完善和性能的提高，结构材料也在不断变化。第一次世界大战时飞机蒙皮主要采用亚麻布或棉布，后来改进为铝合金蒙皮，从而提高了强度，降低了阻力。

· 飞机数量和性能

战争给人类带来了深重的灾难，但也在一定程度上推动了飞机的发展。1914年第一次世界大战爆发时飞机的保有量，交战国双方大约总共有1500架飞机，可到了1918年结束时，已增到约8000架。4年中交战双方估计总共生产了18.2万架。不但出现了不同军事任务的机种，飞机的飞行性能也有显著的提高：飞行时速由80～115千米提高到180～220千米；升限提高到8000米；航程增大到440千米。另外，飞机的结构和动力装置都有较大的改进。飞机的研究、设计、制造和驾驶也有了明确的分工，许多国家建立了专门的航空科学技术研究机构和航空工业生产单位。

在第二次世界大战中，飞机性能迅速提高，参战飞机数量大、种类多。空军已成为重要的军种，飞机生产量达到高峰。美、英等盟国生产了约40万架，全世界共生产了约100万架。

由于涡桨发动机低速性能好，机场适应性强、维护成本低、可靠性高，适于中速长距离飞行，有高燃料效率与低运营成本，所以在中型运输机、巡逻机、反潜机和灭火机等特种飞机中得到广泛应用。现在还在运营的安-22飞机，是世界上最大的涡轮螺旋桨飞机，最大商载可达80吨；我国的新舟60支线涡桨客机已投入使用，外销多个国家，新一代涡桨支线飞机新舟700也在批量生产中。

【知识链接】螺旋桨飞机中最有代表性的型号DC-3

DC-3是美国道格拉斯公司研制的一种固定翼螺旋桨驱动的客机，亦可用作运输机，对航空业和第二次世界大战有很大影响。1936年6月美国航空公司依靠DC-3，首次开办纽约和芝加哥之间的不着陆航运业务。到了1938年，DC-3就成为美国所有大航空公司的主力飞机。该机1935年面世，1946年停产，其间共生产了约10600架，是航空史上最具代表性的运输机之一。

DC-3（图23-17）机长19.7米，翼展29米，机高5.16米，最大航程3400千米，巡航速度331千米/时，装配有2台895千瓦的引擎。

DC-3有许多种不同的型号，最著名的是军用运输机C-47，除了运载旅客和货物等基本任务之外，它还可作为救护机、空中指挥所、飞行火炮平台、灭火机、农业喷洒机，甚至轰炸机。1948年6月，DC-3在著名的柏林危机紧急航运行动中，起到了关键性的作用，为柏林渡过难关作出了不可磨灭的贡献。

图23-17　DC-3螺旋桨飞机

【知识链接】最大的螺旋桨飞机是什么型号

安–22（图23–18，绰号“雄鸡”）是苏联研制的远程重型军用运输机，世界上最大的涡轮螺旋桨飞机，主要用于运载重型军事装备。它可载重80吨飞行5000千米，货舱容积639立方米，是当时苏联唯一能运送重量为37.5吨的T–62坦克的飞机，亦可用来运载地空导弹、火箭发射车、导弹运输车、汽车等。

图23–18 安–22飞机和它的巨型货舱

安–22的翼展64.40米，机长57.92米，机高12.53米，货舱（不含驾驶舱）长33.00米，截面宽4.40米、高4.40米，空重114吨，最大起飞重量250吨，最大平飞速度740千米/时，最大巡航速度680千米/时。

安–22飞机配4台涡桨发动机，每台安装一组同轴反转螺旋桨，具有极佳的简易跑道起降能力。

安–22飞机一共生产了85架，已于2004年从俄罗斯空军正式退役。

第二十四章 更高更快更强

微信扫码
• AI交通专家
• AI科普课堂

飞机发明以后，成为现代文明不可缺少的运载工具，人类旅行在途中的时间大大缩短了。以环球旅行一周为例，16世纪葡萄牙麦哲伦率领的一支船队，足足用了3年时间；19世纪末，一个法国人乘火车环球旅行一周，用了43天的时间；飞机发明以后，人类环球旅行所用的时间就更短了：1949年，一架B-50型轰炸机（经过4次空中加油），用了94个小时；1979年，英国人普斯贝特驾驶超音速战斗机，只用14个小时零6分钟。

一、喷气式飞机时代

20世纪30年代以前，飞机的速度一直徘徊在700千米/时左右，达到螺旋桨飞机速度的极限。“山重水复疑无路，柳暗花明又一村。”后来喷气式发动机的出现，给世界航空工业带来了一场革命。1937年4月，英国航空工程师惠特尔（1976年移居美国）研制的第一台喷气式发动机W-1诞生；1939年春，德国机械工程师奥海因（1947年移居美国）研制的HeS-3B喷气式发动机问世。惠特尔和奥海因两人既不认识又无联系，还分别生活在两个国家，却几乎同时取得了相同的成果。这只能说明喷气式发动机的出现，是大势所趋，时势造英雄！1991年，他们两人共同获得了美国工程院的查尔斯·德拉普奖（有人誉它为“技术诺贝尔”奖）。

虽然喷气式发动机问世的时间，英国比德国要早，但是德国在喷气式飞机的实用化上领先一步，其“He-178”于1939年首飞，英国的格洛斯特E·28/39于1941年首飞，而其首款喷气式战斗机“流星”投入实战的时间则更晚。

图24-1 “亨克尔He-178”战斗机

（1）世界上第一架喷气式战斗机

世界上第一架喷气式战斗机，是德国生产的“亨克尔He-178”（图24-1），1939年8月27日飞上蓝天，向人们宣告了喷气式飞机时代的来临。这架“He-178”采用硬壳铝制机身，长度7.48米；木质上单梯形机翼，翼展7.20米，机翼面积9.1平方米；单垂尾，高度2.10米，水平尾翼位于后机身下方；机身内装有一台HeS-3B涡轮喷气发动机，推力为4.4千牛，飞行速度达到700千米/时。空重1620千克，最大起飞重量1998千克。

（2）世界上第一架喷气式客机

世界上第一架喷气式客机是英国德·哈维兰“彗星”（图24-2），采用后掠式机翼，速度可达785千米/时。机身用铝制蒙皮制造，采用密封式机舱，在万米的高空飞行时，平稳性和舒适性兼备。“彗星”I型客机于1952年5月正式投入航线运营，翼展25米，长度34米，高度9米，起飞总重只有50吨，载客36人，最大航程6074千米；安装4台喷气式发动机，每台推力约22千牛。它与法国“快帆”、美国波音707和苏联图-104（绰号“骆驼”）客机一起被列为第一代喷气式客机，其中以波音707最为成功，1958年到1994年间，一共生产了1010架。

图24-2 英国德·哈维兰“彗星”客机

【知识链接】为什么飞机窗口是圆的

早期飞机的旅客窗口都设计成矩形，世界上第一架喷气式客机“彗星号”也是如此。然而，由于飞机飞得越来越高，外界空气的压力越来越小，为了让乘客舒适，飞机内部必须要进行密封加压，从而引发一些问题。

1954年1月10日，英国一架航班编号为781的“彗星号”客机从罗马飞往伦敦，不幸中途坠毁，停飞两个月且追究原因未果。复飞后的一个多月，惊人相似的空难再次上演，仍然查不出个所以然。无奈之下只得用整机进行水池模拟疲劳试验，结果不到一个月（仅相当于经历了3000个起降周期），机身蒙皮出现了一条两米长的裂纹，顺着舷窗向外扩展，而裂纹最初产生的部位正是舷窗处！于是，工程师们才意识到，导致事故的罪魁祸首是矩形窗口产生的应力集中现象，而重复性的加压、减压造成的金属疲劳又加剧了这种情况的发生。从那以后，所有的飞机都开始采用圆形的窗户。

【知识链接】波音喷气式客机型号7×7的来历

第二次世界大战后，波音公司总裁威廉·艾伦，决定将公司业务从军用飞机扩展到民用飞机、导弹、航天飞机等新领域，所以预先对产品进行了编号：300、400代表传统飞机产品，500代表涡轮发动机产品，600代表火箭、导弹产品，700代表喷气式客运飞机。

1954年7月15日，正是波音公司成立38周年的日子，其机翼后掠角为45度的验证机367–80在当天首飞成功。因为cos45°=0.707，然后飞机的注册号便成了No.0707。于是，公司的销售部门灵机一动，也把飞机的生产型号叫作波音707。

由于“7”这个数字，在美国是幸运数字，而两个7更能吸引人的眼球，所以波音高层就同意以707作为第一架喷气式客机的型号，并继续以727、737、747、757、767、777、787命名后续机型。那么为什么没有717？不得而知。不过在20世纪90年代中后期，它收购了麦道，终于把MD–95改名为波音717。究竟是为了填空，还是早有此远见？不得而知。

不过，波音7×7的推出次序，并不是按照飞机的大小、速度快慢或航程长短，而是由市场需求决定的（当然波音717例外）。例如，波音787推出时间很晚，但是长度只有波音747的四分之三左右，可搭载的乘客只有波音747的二分之一左右（仅比波音707多一点），而他们的航程却相当。

二、螺旋桨-喷气混合动力飞机

现在的汽车有所谓的混合动力，即既装有汽油发动机，也装有电机驱动装置。同样，在喷气式飞机出现以后，人们对它的性能或多或少还存有疑虑，或者对飞机性能提出特定要求。所以就出现了一种以螺旋桨-喷气为混合动力的飞机，下面我们说说其中的三款。

① 1942年12月，美国海军提出设计要求：先依靠螺旋桨发动机从航母上起飞，然后在空中打开喷气式发动机，以便使飞行速度大大提高，待到要降落在航母上时关闭喷气式发动机，用螺旋桨发动机低速降落。于是FR-1应运而生（图24-3），并于1944年首次飞行。

② 1944年5月，苏联也着手研制一种螺旋桨-喷气混合动力的战斗机I-250（图24-4）。该机的喷气式发动机布置在机尾（显然这种飞机驾驶员的视野不好），1945年2月完成首架原型机的生产。与众不同的是，它的喷气发动机不能单独提供动力，只有在必要时才与活塞螺

图24-3 美国FR-1

图24-4 苏联I-250

旋桨发动机同时工作，届时最高飞行速度可达825千米/时。

③ 1945年10月，英国对一架“兰开斯特城”运输机VH742（图24-5）进行改装，将外侧两台“灰背隼”V-12活塞发动机，换成了两台“尼恩”涡喷发动机，同时对燃油系统进行改造，使其既可以为内侧两台活塞发动机输送航空汽油，也可以为新的涡喷发动机输送航空煤油。

图24-5　改装后的“兰开斯特城”运输机

该机于1946年8月14日首飞成功后，在9月19日又载着记者和空军官员，进行了三架次的混合动力客运飞行。同年11月23日，这架飞机在除起飞和降落外的其他飞行中，关闭了两台“灰背隼”螺旋桨发动机，成为首次以纯喷气动力飞行的从伦敦到巴黎的客运飞机。

三、飞机提速的三道坎

提高喷气式飞机飞行速度的过程中，要遇到三个难关，人们称它为“三道坎”，那就是声障、热障和黑障。

·声障

穿越声障是现代航空史上最大的挑战之一。所谓声障，是当飞机飞行速度接近声速时，它周围的空气流动状态会发生变化，出现形成极大阻力的激波和其他效应，使机身抖动、失控，甚至解体（图24-6）。因此人们曾以为声障是飞机速度不可逾越的障碍，称它为一堵“无形的墙”。

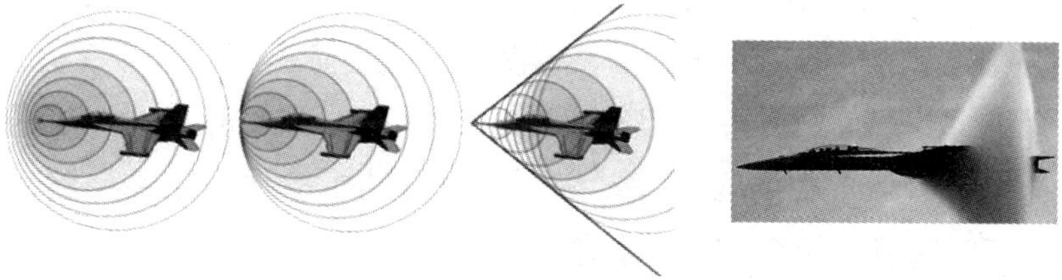

图24-6 声障现象

在学术上描述飞机的速度时，往往用它的相对速度，即飞机的速度与当地声速的比值“马赫数”*Ma*（马赫是奥地利物理学家）表示。这是因为声音的传播受大气环境因素(密度、温度等)的影响。高度越高，空气越稀薄，温度越低，声音的传播速度越慢。声障的范围是在Ma=0.8 ～ 1.2之间，这一阶段称为跨声速；比其小的数值范围称为亚声速，比其大的数值范围称为超声速。

要使飞机跨越声障，仅仅在亚声速机身上安装更大功率的发动机还远远不够，必须在外形（机翼要有后掠角）、材料和强度上下功夫。这是因为超声速飞机在跨越声障时，不仅要克服数倍于亚声速飞机的阻力，而且要求更加流线的机体外形。所以，机翼附近的机身截面要稍小，机翼表面的材料要更耐高温，如使用诸如钛合金和某些复合材料。

人们在突破声障的探索过程中，曾经付出过沉重的代价。美国为此专门设计了试验机“X-1”（图24-7，初名“XS-1”），巨额的经济账不说，英国、法国和苏联的飞行员都曾经为此献出过宝贵的生命。

不过，美国的飞行员耶格尔是幸运的，他曾9次驾驶“X-1”试验机飞行，并最终达到马赫数1.015（实际速度1078千米/时），为此作出过贡献。

他驾驶的飞机是“X-1”，一共生产了4架，分别有着不同的用途。其特点是外表高度的流线型，驾驶舱几乎不凸出机身，飞行员要从机身侧面的舱门进入飞机，它也没有弹射座椅。

“X-1”起飞时挂在空投载机“B-29”上（图24-8），到一定高度空投后，再用自带的火箭发动机（当时发动机的功率还不足够大），推力可以调节（大约6.86千牛为一档）。

突破了声障，就实现了超声速飞行。1947年10月14日，耶格尔在“X-1”的第50次试飞中冲刺成功，终于把马赫数提高到了1.015。“X-1”总共试验飞行了147次，最大飞行速度达到2.2马赫，最大飞行高度27450米。

图24-7　音障试验机“X-1”

图24-8　起飞时挂在空投载机“B-29”上

·热障

让飞机飞得更快，是航空人的不懈追求。航天飞机的速度如果达到2.5马赫，空气与机体的摩擦会产生高温，机翼和机身头部等某些部位，温度可能会达到300摄氏度，局部温度甚至可达2000摄氏度以上，普通的铝合金会变软甚至熔化，从而丧失其功能。这就是所谓的“热障”。

美国在突破热障的过程中，使用过“X-2”（仅生产了两架），其中一架于1953年毁于试飞中，另一架于1956年9月的试飞中，达到过马赫数3.2（实际速度3380千米/时）的成绩，只是在返回过程中，操纵系统发生故障，最终机毁人亡。

后来，美国于1958年开始生产了3架“X-15”试验机（图24-9），由北美航空公司研制。它造型独特，飞机长度15米，机翼呈梯形，翼展6.86米，高度4米，尾部的垂尾尺寸很大。该机空重6.81吨，加满油后起飞重量为15.34吨，外表涂以黑漆。1963年8月22日，曾飞到了107.9千米的高度；1967年10月3日创造了飞行马赫数6.72的纪录。

图24-9　热障X-15试验机

该机的挂载母机是赫赫有名的“B-52”，装有一台单腔可调液体推进剂火箭发动机。飞机采用铬镍铁合金做蒙皮，可承受650 ～ 700℃的高温，机舱上涂有可耐1648℃高温的物质。不过它的缺点也很明显，那就是它的重量太大，为此不得已在内部采用重量更轻、强度更高的钛合金。除此以外，还采取了一些隔热措施并使用冷却系统。

·黑障

宇宙飞船的返回舱，当其以很高的速度进入大气层返回地球时，在一定的高度范围会因出现强烈激波，使其表面材料与周围氧气发生反应而呈燃烧状态，形成一个高达几千摄氏度的高温区，使得返回舱

图 24-10　经黑障后的宇宙飞船返回舱

表面材料的分子分解和电离，形成等离子区，吸收和反射电磁波，造成无线电通信和地面观测的短时衰减或中断。这种现象被称为黑障。我们在照片上看到神舟号飞船返回舱的表面发黑，就是高温引起材料表面烧蚀所致（图24-10）。

虽然黑障对于飞机而言还不是现在式，但是随着不久后高超声速飞机的出现，它也将面临这一问题，而且它不像飞船返回舱只是短时间的问题，所以后果更为严重。除了通信与观测问题之外，导航是更大的问题。鉴于此，科学家们正在研究解决问题的方法。

“办法总比困难多”。对于导航问题，可以采用天文导航、惯性导航等自主导航方式，以降低对外部导航信息的依赖；对于通信问题，可以通过提高信号频率、功率以及将天线安装在等离子鞘薄弱位置等，减弱其影响。同时探索通过外形设计和喷洒某种材料来消除或减弱等离子鞘。

四、可变形和自我修复的飞机

现在，一些发达国家都在研究飞机的变形（美国的“B-1B”和苏联的“图-160”轰炸机的机翼已经实现变后掠机翼），就像鸟类和其他一些飞行生物，能在飞行中改变其身体结构，调整其空气动力学轮廓，以适应不断变化的飞行条件那样。按照美军的计划，可变形和自我修复的第六代战斗机，将在2025年完成竞标定型，2030年实现首飞，2035年正式列装。

另外，人和其他高等动物的皮肤，能感知温度和压力的变化，受损伤以后也能自我修复。科学家正在研究把微型传感器、光纤和压电材料，植入飞机的蒙皮或骨架中，在感受到外界环境变化时，做出相应的反应。据美国杂志报道，他们已经将F/A-18“大黄蜂”的垂尾，改进成为机载通信天线和合成孔径雷达，从而实现超材料智能蒙皮的共形设计。原歼-20的总师杨伟在接受央视采访时，也谈到中国第六代战机应该基于智能蒙皮，即机身可自动修复并带有传感器。其次六代机应该可以根据飞行高度和空间进行变形，能够突破传统的空间进行跨大气层作战，既能像普通飞机一样机场起降，又能像空天飞机一样进行太空或者亚轨道轰炸作战，即传说中的高达战机。当然这样的战机肯定要配备组合可变循环发动机，能够实现空天一体作战。

第二十五章　庞大的飞机家族

微信扫码
• AI交通专家
• AI科普课堂

一、空中高铁——客运飞机

乘坐飞机旅行是一件十分惬意的事，不仅省时快捷，而且舒适、安全，又不会受到沿线地面各种天然或人为障碍的限制。所以选择这种方式出行的人越来越多。

飞机自始发站起飞，按规定日期和航线（可经中间站）飞至终点站，把不同地区的人群密切联系起来，成为现代文明不可或缺的交通工具，故有“空中高铁”之称。

第一次世界大战后，交战各国军用飞机闲置很多，又有大批飞行员退役。所以德国就利用这些条件，在1919年2月建立了国内航线。同年8月25日，英国也建立了国际定期空中客运航线，法、德、瑞士等国紧随其后，不久就形成了航空运输网。不过当时，多数飞机的座位不超过12个，且还是单发动机；飞行速度不到200千米/时，飞行高度也很低。有的座舱的玻璃窗户，甚至能像现在汽车上的那样能随意开关，旁边贴了注意事项："禁止向窗外扔东西"。

1933年2月8日，具有全金属半单体结构、可收放起落架、自动导航，机翼及水平尾翼上有除冰装置的波音247横空出世，巡航速度提高到304千米/时，航程1200千米，最高飞行高度7620米。此后，飞机的发展进入了快车道。

1933年7月1日，美国道格拉斯公司研制的DC-1首航；1934年DC-2投入使用，这是当时世界上最先进的客机。1935年12月17日，DC-3原型机试飞，同年9月，开辟了横越美国本土的航线。该机首次在飞机上设置了厨房和床位。由于性能优越，DC-3及其军用版C-47一共生产了约10600架。它有许多种不同的型号，最著名的是军用运输机C-47。

根据ch-aviation的统计，截至2023年4月份，全球客货飞机的总数是32844架。其中美国拥有8715架飞机，中国民航有4165架飞机(其中客机3942架，货机223架)。估计未来20年之内，世界民航市场都依旧是美中两国高居一、二的态势。在美中之后，才是俄罗斯、德国、英国和加拿大等。

现在民航飞机的品牌，主要有欧洲的空客（如A320系列、A330、A350等）和美国的波音（如737系列、777、787等）。中国的中国商飞（如ARJ21、C919）和俄罗斯的伊尔库特（如MC-21）等也在奋起直追。

世界上最大的民航客机是空客A380（图25-1）。它的机长72.75米，翼展79.75米，高24.09米，最大起飞重量575吨，载客量为555人（最多可达853人），航程1万多千米，因此有"巨无霸"之称。不过，正是它的设计载客量过多，空座率较高，致使航空公司经济效益欠佳，2021年，最后一架A380交付，总产量定格在251架。由于其巨大的研发成本和相对小众的市场，项目未能实现预期的经济回报。

图25-1　空客A380

空客A380这种超大型远程宽体客机的黯然离场，客观上有一些因素，但是主观上是过于追求高大上的技术，远离了市场需求。所以，进一步提高飞机设计的灵活性，为航空公司提供更多的客舱结构选择，可能是设计师今后要努力的方向。

中国自行研制、具有自主知识产权的喷气式中程干线客机C919，也是世界知名品牌中的一员，其内容将在后面（第314页）“【知识链接】我国自行设计的四款客机是什么型号”中作介绍。

【知识链接】民航喷气式客机分为哪五代?

由于客机的性能在不断地提高，人们将喷气式客机划分为五代。其划分标准不是飞行速度，而是航程、机体类型和经济性等。

第一代喷气式客机是20世纪50年代投入使用的，其主要特征是采用涡轮喷气式发动机、后掠翼，巡航速度和客运量大、效率高。包括英国德·哈维兰“彗星”、法国“快帆”、美国波音707和苏联图－104（绰号“骆驼”)，其中以波音707最为成功，1958年到1994年间，一共生产了1010架。

第二代客机是20世纪60年代出现的、主要针对中短程航线设计的、安装了耗油率低的涡轮风扇发动机的客机，代表机种有DC-9（绰号“夜莺”）、三叉戟、波音727和图-154（绰号“轻率”）等。

波音737就是主要针对中短程航线设计的飞机，也是民航界史上最畅销的客机，自1967年起已生产超过10000架，并仍有超过5000架的订单等待交付。吉尼斯世界纪录已认可波音737飞机是民用航空史上产量最多的大型民用飞机。

第三代喷气式客机，是针对世界客运量的飞速增长而研制的宽体客机。其翼展比窄体客机增加不多，而载重量、载客量、载油量和航程却有明显提高。机身直径可达5.5～6.6米（是第二代以前所谓“窄体”客机的1.5倍）；起飞重量最大可达300吨以上，载客量可达400～600人。代表机型包括美国的波音747，还有道格拉斯DC-10、洛克希德公司L-1011以及欧洲空客A300和苏联的伊尔-86等。

第四代喷气式客机的研制始于20世纪70年代，属于半宽体客机，80年代投入使用，着重强调降低运营成本，提高经济性，使用大量复合材料及多电技术。这一代客机的载客量一般是200人左右，主要用于中短程航线。安装的发动机台数普遍为两台。为此，普遍采用了更先进的高涵道比涡扇发动机。在气动设计上，采用了新的“超临界”翼型，机翼带有翼梢小翼；采用先进的电传操纵系统等。主要机型有波音757、波音767、欧洲的A310、A320和苏联的伊尔-96、图-204等；中国的C919也属于第四代喷气式客机。

第五代喷气式客机在设计上增加了载客量并提高了适应性，力图降低油耗，提高经济性。20世纪90年代投入使用，主要型号有美国的波音777、欧洲的A330、A340等。

【知识链接】我国自行设计的四款客机是什么型号

我国自行设计的四款客机是新舟60、ARJ21、运10和C919。

（1）新舟60螺旋桨客机

新舟60飞机（图25-2）是西安飞机工业有限责任公司，在运-7短/中程运输机的基础上研制、生产的50～60座级双涡轮螺旋桨发动机支线客机。2000年3月首飞，6月定型并正式命名。该机乘员62人；机长24.71米，翼展29.2米，机高8.853米；空重13700千克；配置加拿大普惠公司PW-127J自由涡轮式低油耗发动机；最大起飞重量21800千克。2017年3月9日，西飞公司与中国科学院共同研制的遥感型飞机在西安阎良机场成功首飞。截至2019年11月，已累计向国内外客户交付109架，分布在4大洲19个国家。

图25-2　新舟60螺旋桨客机

（2）喷气式客机运10

运10（图25-3）是我国自行设计制造的第一架四发远程喷气式涡扇客机，1980年9月26日试飞成功，是中国第一架完全自主设计并组装的新型涡扇支线飞机。该机可载客100～120人，最大起飞重量110吨，巡航速度850～900千米/时，最大实用航程7000千米，实用升限高达12000米。

图25-3　国产喷气式客机运10

从1980年10月至1984年6月，运10先后进行适航性试飞，7次成功飞抵西藏拉萨，开创了国产商用飞机飞越世界屋脊的先例，证明该机性能良好，但最终因经费不足等原因而中止。

（3）喷气式ARJ21

ARJ21（图25-4）是中国商用飞机有限责任公司自主研制的21世纪新一代支线双发喷气式客机，载客78～90座，飞行最大高度11900米，最大航程3700千米，巡航速度0.78马赫，有基本型、加长型、货运型和公务机等系列型号。

ARJ21项目2002年4月经国务院批准立项，2005年正式开始设计，2008年11月28日在上海大场机场首次试飞，后来完成了特殊气象环境下的试飞，经受住暴风雪、大侧风等各种恶劣气象环境的考验，沿途共经停10个国家的18个机场，顺利完成总计3万千米的航程试飞。

截至2024年底，中国商飞公司已向多家航空公司交付162架ARJ21飞机，先后开通航线645条，通航158个城市，运送旅客超2000万人次。

“ARJ21”的寓意是，“A”表示新一代，“R”表示支线，“J”表示喷气式，“21”表示21世纪，即表示21世纪中国第一代支线喷气客机。2024年11月12日，ARJ21飞机增加商业名称C909。

图25-4　国产喷气式ARJ21“翔凤号”

（4）大型客机C919

C919（图25-5）是继运10之后，2008年5月11日开始自主设计研制的一种国产大型客机，该机由中国商用飞机有限责任公司立项开始设计，被中央定义为“国家的意志，人民的意志”。该机翼展35.8米，高度是11.95米，身长38.9米（机身比空客320还宽5cm左右），空机重量45.7吨、可载客158至192人，标准航程为4075千米，飞行高度在10000米以上。

图25-5 国产首型干线大客机C919

十年磨一剑。2015年11月2日C919总装完成出厂（图25-6）。2017年5月5日，C919首飞取得圆满成功，标志着我国进入了少数几个拥有研制大型客机能力国家的行列。几代航空人近半个世纪的接力，终于将中国人自己的大飞机高高托起。这不仅是商飞人的骄傲，更是全体中国人的骄傲。

C919已于2023年5月28日从上海虹桥机场飞往北京首都机场，开启这一机型全球首次商业载客飞行。2024年2月18日，在新加坡航空展的飞行预演，标志着它已经跨出了国门。截至2025年5月，国内东航、南航、国航等航空公司的订单量已达405架，累计获得全球30多家客户订单近1500架。

图25-6 C919总装完成出厂的盛况

【知识链接】中国首型国产大飞机“C919”的寓意

“C919”中的“C”是China的首字母，也是中国商用飞机有限责任公司英文缩写“COMAC”的首字母，象征着中国制造；同时也寓意，我们要与欧洲的空客(首字母A)和美国的波音(首字母B)一道，在国际大型客机制造业中形成ABC三足鼎立的格局，展现中国自主创新和技术发展的决心。第一个数字“9”的寓意是天长地久，祝愿中国的航空事业长久发展；其后数字“19”代表的是我国首型大型客机最大载客量为190座。

【知识链接】世界上飞得最快的客机

目前世界上大型民航飞机的飞行速度为800～1000千米/时，在高亚声速范围之内，如果想飞得更快的话就必须突破声障，其结构、外形、蒙皮材料等都要随之改变而增加很大成本。

世界上最快的民航飞机是“协和号”（图25-7），1976年正式投入运营，飞行速度能够达到两倍声速以上，成为当时世界上唯一的超声速客机。

图25-7 “协和号”民航飞机

“协和号”重约175吨，载客100人。在16000米～18000米的高空，可以两倍声速飞行，从伦敦到纽约只需要三个多小时。

当初“协和号”主要用于执行从伦敦希思罗机场和巴黎夏尔·戴高乐国际机场，往返于纽约肯尼迪国际机场的跨大西洋定期航线。飞机能够在15000米的高空以2.02倍声速巡航，从巴黎飞到纽约只需约3小时20分钟，比普通民航客机节省超过一半时间，所以虽然票价昂贵但仍然深受商务旅客的欢迎。1996年2月7日，“协和号”飞机从伦敦飞抵纽约仅耗时2小时52分钟59秒，创下了航班飞行的最快纪录。由于其飞行速度超过地球自转的线速度，所以如果你乘坐“协和号”向西飞行，可以追赶太阳，领略“日不落”的奇景。且因为伦敦、纽约时差四个小时，所以搭乘“协和号”的旅客最喜欢说：“我还没出发就已经到了。”不过因为成本高、噪声过大等原因，该机型已经于2003年退役。

相信在不久的将来，比协和客机性能更好、速度更快的飞机将会问世，美国已经在研究载客人数为200～300，速度为4～6倍的高超声速客机。

二、空中快车——运输机

飞机的飞行速度快、机动性能好，几乎可以飞越各种天然障碍，到达其他运输方式难以到达的地方，适合运输运距远、贵重、急需、时间紧的货物等。

大型运输机可以执行远距离、大运量的运输任务，苏联研制的安-22、伊尔-76、安-124、安-225，美国研制的C-5、C-17，以及我国研制的运-20，均是最大起飞重量等于或超过200吨的战略运输机。

截至2025年，目前全球一共装备了4199架运输机，其中美国953架，占了将近四分之一，其余100多个国家和地区共装备了3246架。

曾经世界上最大的运输机是安-225（绰号“梦幻”），它的机长

84米，机高18米，翼展88.4米，起飞距离3500米，最大起飞重量为640吨，最大运载量为250吨，巡航速度为800到850千米/时，飞行高度为19000米，最大航程为15000千米。

安-124运输机同样是战略空运的核心力量，它机身（上下双层舱型）长68.96米、宽6.4米、高21.08米，翼展73.3米，机翼面积628平方米；空重175吨，最大起飞重量405吨，最大飞行速度865千米/时，最大航程5400千米，1982年12月首飞。得到国际航空联合会承认的各种世界飞行纪录有20多项。

安-124运输机可谓“大肚能容”，可以运输卫星、轮船、飞机、直升机、火车头、汽艇等（图25-8）。2024年1月上旬，我国探月工程四期嫦娥六号任务探测器，就曾经搭乘它和运-20飞机，抵达海南美兰国际机场。

图25-8　运输机安-124

当然，其他物资也可通过它运输，如2020年3月23日，就从中国一次性就运走了2550万个口罩，它运送过的最贵重的物品是把阿联酋50多吨黄金空运到瑞士；此外，还采取长途低空飞行方式为澳大利亚运送过长颈鹿。

三、出海蛟龙——水上飞机

水上飞机与陆上飞机相比，不需要占用大面积土地即可在水面上起飞和降落，且地面辅助设备相对简单。何况我们生活的地球表面，水的面积要占七成，而陆地面积只有三成。

20世纪20～30年代，陆上飞机还不是很先进，不仅机场数量有限，而且机场跑道状况不佳，无法满足大型飞机起降；而水上飞机在燃油补给、降落地点选择等各方面更灵活，鹤立鸡群，优势凸显，所以各国都积极研发水上飞机，并风靡一时。甚至不断有人用现成的陆上飞机加装浮筒，使之变成水上飞机。世界上赫赫有名的波音飞机制造公司，就是从生产水上飞机“蓝凫”起家的；我国的江南造船厂的前身江南机器制造总局，和福建马尾造船厂，都是我国最早的水上飞机工厂。1924年开启的环球飞机旅行也是用的水上飞机“世界巡航号”。

世界上第一架能够依靠自身的动力实现水上起飞、降落并进行可控飞行的飞机，是法国人亨利·法布尔设计的。1909年，他制造了第一架浮筒式样机，机上有3个（一前二后）浮筒和3台安扎尼发动机，共同带动一副螺旋桨，但未能飞起来。同年下半年制造的第二架样机，其机翼、机身和尾翼都是木制的，也没有独立的驾驶舱；机长8.5米，重量104千克。1910年3月28日在马赛附近的海面上试飞成功，时速达到89千米，飞行距离为6千米。于是，世界上第一架浮筒式水上飞机诞生了！因此，亨利·法布尔被人们称为“水上飞机之父”，2010年，法国政府为纪念他还发行了特种邮票（图25-9）。

图25-9　法国政府发行的特种邮票

【知识链接】水上飞机开启的环球之旅

1924年4月6日，美国陆军航空队，驾驶4架由飞机设计家道格拉斯设计的双翼机“世界巡航号”水上飞机（图25-10，还有“西雅图号”“芝加哥号”“波士顿号”和“新奥尔良号”等），从西雅图一个湖面起飞，经过日本、中国上海、泰国、缅甸、印度、波斯、小亚细亚、巴尔干半岛和法国，同年9月28日返回。历时175天，行程42400千米。由于其中的两架飞机中途发生故障，幸存的“芝加哥号”和“新奥尔良号”水上飞机第一次环球飞行获得成功，被人们称为“空中的麦哲伦”。这也是最早的飞机环游世界成功之旅。

图25-10　作环球飞行的“世界巡航号”水上飞机

【知识链接】世界上最大最重的水上飞机

1929年7月12日首飞成功的德国道尼尔公司的重型多用途Do-X水上飞机（图25-11），机身有三层甲板，其翼展48米，长度40.1米，机高10.1米，总重量52吨。它居然用了12台发动机（6台带动螺旋桨产生拉力，6台带动螺旋桨产生推力）。这在飞机发展史上绝无仅有。该机载客169

图25-11　重型多用途Do-X水上飞机

人，创造了当时世界上载客人数最多的纪录。后在1943年11月在第二次世界大战中被英国轰炸机炸毁。

这种拉进式和推进式螺旋桨并举的飞机实属少见，比较有名的还有法国H470水上搜索轰炸运输机和荷兰的福克D-23。

· 中国的第一架水上飞机

1909年，法国人亨利·法布尔制造出了世界上第一架浮筒式水上飞机。1919年，中国的设计师巴玉藻和王助等，也制造了我国的第一架双翼水上教练机，这就是闻名遐迩的“甲型1号”。现在福州马尾的中国船政文化博物馆广场上，陈列着由马尾造船厂按接近1：1比例建造的“甲型1号”模型（图25-12）。

图25-12 “甲型1号”模型

“甲型1号”是一架木质机身、功率100马力的双翼水上教练机，乘员2人，高3.88米，长9.32米，翼展13.70米，最大时速126千米，机身自重836公斤，载重1063公斤，装油量114升，飞行高度3690米，可续航3小时，航距340千米，能携带4枚手投炸弹。这在当时是了不起的成就。为了表示政界的支持，孙中山先生的侍从武官、航空局局长杨仙逸曾亲临关注飞机的制造与试验。

· 我国自行研发的两种近代水上飞机

我国近代自行研发的水上飞机有两个型号，都是单船身螺旋桨式。

图25-13　我国自行研制的水上飞机——“SH-5”

其一是“SH-5”（图25-13），于1970年完成总体设计，最大起飞重量45吨，最大平飞速度556千米/时，最大航程4900千米。1976年4月在湖北荆门漳河水库成功完成首飞；主要用于执行搜救任务和运送各类物资，也可用来灭火。

其二是AG600（绰号“鲲龙”），于2012年10月开始制造，2016年1月竣工，主要用途是大型灭火和水上救援，属水陆两栖飞机。它的身材与A320相差不多，是我国大飞机三剑客之一。最大起飞重量可达53.5吨，最大平飞速度460千米/时，最大救援半径1600千米，抗浪高2米，为我国自主研制的世界上最大的在研在产水陆两栖飞机。这是继运-20实现交付列装、C919实现首飞之后，国产大飞机领域取得的又一个重大突破，填补了我国大型水陆两栖飞机的研制空白。2025年4月20日，中国民航局给AG600颁发了型号合格证，该机型于6月11日正式获准批量生产。

【知识链接】母子式水上飞机

20世纪30年代，由于加油机还没有出现，英国一家名为肖特兄弟宇航的公司，研发了一款用于远途运输的水上飞机。它将大小两架在当时性能非常优异的水上飞机“叠”到一起（图25-14）。母机携带了大量燃料，主要负责前半段的运输，到达指定位置后将上方的子机投出，母机返航。而子机依靠自己的动力继续前进至目的地。

第二次世界大战时期，这种类型的母子飞机，曾被用于战争，侦察敌情或者为轰炸机护航等。

这种设计思想在当时很先进也很疯狂，是人类飞机发展史上的一个亮点。陆上飞机也有母子机的例子，如苏联的TB-1轰炸机，它最多可携带五架子机，机翼上方两个，机翼下方两个，机身下方还有一个（图25-15）。在没有加油机的时代，用此法来加大航程，大概也不失为上策吧！

图25-14　母子式水上飞机

图25-15　母子式陆上飞机

【知识链接】唯一实用的喷气式水上飞机

为了防止机身产生的水喷溅到发动机内，水上飞机一般都采用螺旋桨发动机并将其固定在上单翼上，而喷气式水上飞机很少。俄罗斯的别-200ES水上飞机（图25-16，绰号“牵牛星”）则独树一帜。它是1989年研制的双发涡扇多用途水陆两用飞机，2002年开始批量生产，主要用于消防，同时也用于反潜巡逻、海上搜救和客货运输。

图25-16　别-200ES水上飞机

·昙花一现的“大力神”水上飞机

图25-17　H-4“大力神”水上飞机

第二次世界大战期间，欧洲、亚洲和太平洋、大西洋等地战火纷飞，需要源源不断地向战区运送兵员、武器、弹药和其他物资，为了完成跨大洋运输，研制水上飞机就迫在眉睫，于是休斯H-4运输机（图25-17，绰号“大力神”）应运而生。

按照设计的要求，H-4的翼展长达97.51米，机长66.65米，有8台活塞式发动机，巡航速度为407千米/时，航程4800千米，配机组人员3名，重量193吨，可搭载750名全副武装的士兵。而且还可一次运送2台M4“谢尔曼”坦克。与战争时期那些运兵船相比，速度要快得多。可由于休斯执迷于所谓的“完美”，加上用木材打造大飞机确实难度较大，结果一直拖到战后才完工并首飞。

H-4“大力神”的体型比安-225、空客A380、波音747小不了多少，但由于战时金属材料缺乏，几乎完全用白桦制作。

当然，由于当时的条件限制，这架飞机的性能不是很好。1947年在美国加利福尼亚州，距离为914米的测试中，它仅飞到了21.3米的高度，这也成了它仅有的飞行。

这架重型运输机，是世界上迄今为止制造的体型最大的固定翼水上飞机，现保存在美国俄勒冈州麦克明维尔的常青（Evergreen）航空与航天博物馆。

四、各显其能——专用飞机

专用飞机是用来执行专门任务的飞机。它们各显其能、各司其职。

其品种有空中救援机、飞行表演机、灭火机、农用机、空中转播机等。

・空中救援机——空中ICU

即使在和平环境中，需要救援的情况也层出不穷，如水灾、火灾、地震和车祸等等，而在战争环境下更是不言而喻。届时时间就是生命，空中救援机的到来，会给灾难绝境中的人们带来莫大的希望。为此，不少国家都有专业的空中救援机构，必不可少的设备便是飞机，被人们称为“空中ICU”。

由加拿大庞巴迪公司生产的双涡轮里尔60型中远程空中救护机（图25-18），经过专业医疗改装，配备了完整的机载重症监护（ICU）设备，能够为危重病患在中远程转运途中提供持续的生命支持和高级救护。

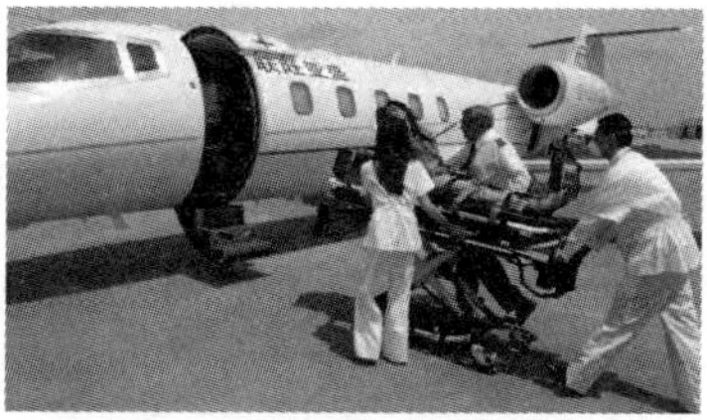

图25-18 加拿大空中救护机

现在我国投入救援运营的飞机还有不少，如AC311A直升机、运9医疗救护机等。

・森林灭火机——空中消防车

灭火飞机可在空中扑灭火势，通常用于森林大火等大面积火灾。飞机喷的灭火剂可以是机载超细干粉高效灭火剂，也可以是水。

世界上有三大著名灭火飞机，其中之一是由波音747改装而成的“超级灭火机”944号（图25-19），它是目前世界上载重最大的灭火机之一，其一次能携带约74吨水或阻燃剂，曾在全球多地执行过灭火任务，注一

图25-19 森林灭火机

次水只需37分钟，出场费高达3万美元/时。第二架是JRM“火星号”消防飞机，它是一种4发重型水上飞机，全机长35.7米，翼展61米，最高航程7964千米，一次可携带27吨水。此外，还有由DC-10改装成的“空中水箱”灭火机，它可以装阻燃剂4.5万升，工作时可以生成一条长1000米宽90米的阻燃带。

前面提到的中国自主研发生产的AG600（蛟龙-600），是大型灭火和水上救援水陆两栖飞机。我国为满足森林灭火和水上救援的迫切需要，首次研制了该大型特种用途民用飞机，它是国家应急救援体系建设急需的重大航空装备，最大载水量约16吨。

·农用机——农民好帮手

农用机（图25-20）是指经过改装或专门设计，主要用于农业和林业的多用途飞机。可用于播种、施肥、除虫和增雨等作业。由于它的使用季节性强，所以往往兼作他用以提高经济效益，如用来载客或运输。

第二次世界大战以后，大量轻型飞机被改装为农用飞机。20世纪50年代以后出现了专门设计的农用飞机，其中著名的有美国的“空中拖拉机”、格鲁曼“农猫”、塞斯纳“农用马车”，澳大利亚的“空中卡车”PL-12，苏联的“安-2”，以及中国的运-5、农-5A等机型。

图25-20　农用飞机

·试验机——性能探索者

在飞行器设计领域，未知的技术障碍与难题比比皆是、层出不穷，即使是通过风洞、模拟器和计算机也不能完全解决问题。于是，世界上第一架以突破音障为目标研制的火箭动力试验机贝尔X-1（图25-21）在美国军方的资助下问世。它于1946年完成首飞，并在1947年10月14日由查克·耶格尔驾驶，在水平飞行中速度达到了1.06马赫，首次成功突破音障。

世界上最著名的试验机是美国的X-37B试验机（图25-22），一共生产了两架。2020年5月17日，它进行了继2010年、2011年、2012年、2015年和2017年之后的第6次太空之行，在太空中创纪录地飞行878天才返回地球。它的轨道速度可达28000千米/时（约22.8马赫，以海平面声速计算），是当之无愧的速度最快的试验机之一。

图25-21 贝尔X-1试验机

图25-22 X-37B试验机

X-37B是美国波音公司研制的无人且可重复使用的太空飞机，机长大约8.9米，高2.9米，翼展4.6米。发射时的重量为4990千克。该机由火箭发射进入太空，是第一架既能在地球卫星轨道上飞行，又能进入大气层（机身下部有耐高温隔热瓦，吸收返回大气层时的热量）的航空器，同时结束任务后还能自动返回地面。

·表演机——身怀绝技

第一次世界大战后，美国廉价出售停飞的作战飞机，寇蒂斯公司的JN-4“珍妮”，新的每架750美元，旧的只要20美元。那些失业的飞行员，就买了飞机到城乡各地做特技飞行表演。他们身怀绝技，可以在低空做各种翻滚、筋斗、转弯等动作，飞行轨迹组成各种规则的图案。这种飞机多数为轻型活塞式飞机或轻型喷气式飞机。图25-23是美国杂技团在“2015郑州航展”上表演的“机翼行走”，图25-24是中国八一表演队的飞行表演。

图25-23 美国杂技团的飞行表演

图25-24 中国八一表演队的飞行表演

现代表演飞机各国都有，如国产歼-10“猛龙”（图25-25）、美国“雷鸟”（图25-26）、俄罗斯“勇士”（图25-27）和英国“红箭”（图25-28）等。

图25-25 国产歼-10“猛龙”

图25-26 美国“雷鸟”

图25-27 俄罗斯“勇士”

图25-28 英国“红箭”

【知识链接】特技飞行表演的创始人是谁

美国是飞机的发明人——莱特兄弟的诞生地，也是当代的航空航天强国，可是早先在飞机制造领域却很落后。1914年，俄国就拥有了1500多架飞机，德国和法国也都造出了1000多架，但是美国才只有23架军用飞机。为了引起国会的重视，当时享有“世界特技飞行第一人”光环的林肯·比奇想出一个绝招，驾驶了一架飞机，直闯总统办公室前做了一次表演，使正在开会的总统威尔逊大吃一惊。经过他的多次鼓动和游说，国会终于同意拨款，大大加强了美国陆军航空兵的建设。84年后的1998年，美国航空界决定将3月15日定为“林肯·比奇日”，以纪念这位特技飞行表演的创始人。

1987年，英国御风特技飞行表演队获得欧洲专业认证，特技飞行表演正式成为航空表演项目。

【知识链接】世界航空之最

（1）世界上最大的客机

前面介绍过，世界上最大的客机是空客公司研制的A380。它的翼展为79.75米，机长72.75米，机高24.09米，相当于8层楼高。最大起飞重量575吨，最大燃油容量31万升。所以有“空中巨无霸”之称。它最高载客量为853人，舒适载客量为555人。A380于2005年1月18日正式诞生，同年4月27日首飞成功。

（2）世界上翼展最大的飞机

世界上翼展最大的飞机是“云杉鹅号”，也是世界上最大的水上飞机，又称H-4“大力神”，翼展达97.54米。机身高度与A380相同，并列世界第一。“云杉鹅”是木制水上飞机，由霍华德·休斯花费4000万美元建造而成。1947年11月2日，它进行了第一次也是最后一次飞行。此后该机再未升空。

（3）世界上连续飞行时间最长的飞机

① 不着陆、不加油连续飞行。1981年，美国伯特·鲁坦绞尽脑汁设计了一架飞机，企图完成不着陆、不加油的环球飞行梦想。外形布局为三机身，无水平翼、鸭式气动布局。中央的机身是乘员座舱和发动机舱，两侧机身和机翼作油箱，两台发动机一前一后，螺旋桨一拉一推。机身用玻璃纤维、碳纤维和凯夫拉等材料制造。安装发动机后重1020千克（无发动机时仅为426千克），机内油箱容量很大，可加油3377千克。这架量身定做的飞机叫“鲁坦旅行者号”（图25-29）。飞行员是迪克·鲁坦和珍妮·耶格尔。

万事俱备，只欠东风。1986年12月14日，他俩从爱德华兹空军基地出发，历时9天3分44秒，驾驶这架“专机”进行了一次环球飞行，总航程为40471千米，打破了1962年由一架美国B-52轰炸机创下的20068千米的飞行距离世界纪录。

② 空中加油不着陆。1958年12月4日下午3时53分，美国人罗伯特·蒂姆和约翰·库克，驾驶一架塞斯纳172型“大庄园号”飞机（图25-30），

图25-29 “鲁坦旅行者号”

图25-30 塞斯纳172型“大庄园号”飞机

从内华达州拉斯维加斯的麦卡兰机场起飞，通过多次空中加油而不着陆飞行，于1959年2月7日下午2时12分又在同一机场着陆，创造了航空史上最长的连续飞行时间纪录——64天22小时19分5秒。

五、太空穿梭——航天飞机

航天飞机，又称为太空穿梭机，是一种有人驾驶，往返于近地轨道和地面间的，可重复使用的运载工具，由轨道飞行器、外挂燃料箱和固体火箭助推器等组成（图25-31）。它既能像运载火箭那样垂直起飞，也能像载人飞船那样在轨道上运行，又能像飞机那样在返回大气层后在机场水平着陆。除了可以运送物资和人员之外，还可以代替运载火箭，把人造卫星等航空器送入太空。

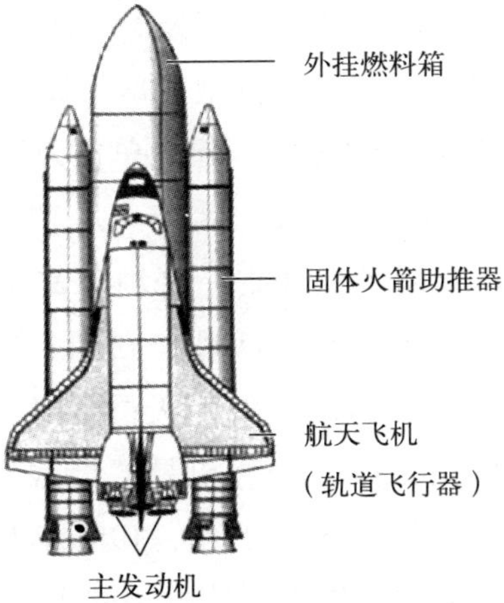

图25-31　航天飞机

1961年4月12日，苏联空军少校加加林乘坐的飞船搭乘火箭起飞，绕地飞行一圈后重返大气层，安全降落到地面，铸就了人类进入太空的丰碑。

航天飞机的飞行过程大致分为上升、轨道飞行、返回三个阶段。

起飞命令下达后，航天飞机在固态/液态助推火箭的推动下垂直上升，达到一定速度后助推火箭脱离，甩掉外挂燃料箱，直至进入预定轨道，完成上升。进入轨道后，航天飞机的主发动机熄火，由两台小型火箭发动机控制飞行。到达预定地点后，航天飞机开始工作。航天飞机完成任务后，便开始重新启动发动机减速，脱离空间轨道，进入返回轨道，向着地球飞行。启动姿态发动机，不断修正姿态；进入大气层后，进入返航飞行航线，航天飞机速度开始放慢，滑翔飘飞，并像普通滑翔机一样对准跑道滑翔着陆。

虽然世界上许多国家陆续进行过航天飞机的开发，但到目前为止，只有美国、苏联和中国实际成功发射并回收过这种交通工具。

著名的航天飞机，有美国的“哥伦比亚号”“挑战者号”“发现号”“亚特兰蒂斯号”和“奋进号”以及苏联的“暴风雪号”等。

世界首架正式服役的航天飞机是“哥伦比亚号”，总长约56米，翼展约24米，起飞重量约2040吨，起飞总推力达2800吨，最大有效载荷29.5吨，可重复使用100次。1981年4月12日从卡纳维拉尔角肯尼迪航天中心发射。它用了54小时，绕地球36圈，揭开了航天史上新的一页。不幸的是它在2003年1月16日执行的第28次飞行任务，于重返大气层中失事爆炸，机上7名航天员全部罹难。

美国正式使用的第二架航天飞机是“挑战者号”，1983年4月4日正式进行任务首航。同样不幸的是，1986年1月28日，在进行第10次太空任务时，因为右侧固态火箭推进器上面的一个O形环失效，引发一连串的连锁反应。在升空后73秒时，爆炸解体坠毁，机上的7名航天员都在该次事故中丧生。

苏联生产的“暴风雪号”航天飞机，其外形同美国航天飞机相仿，大小与普通大型客机相差无几。头部乘员座舱可乘10人，机长36.37米、高16.35米，翼展23.92米，机身直径5.6米，起飞重量105吨，返回后着陆重量为82吨。它能把30吨货物送上近地轨道，将20吨货物运回地面。设计飞行寿命100次。

1988年11月15日，“暴风雪号”航天飞机从拜科努尔航天中心首次发射升空，47分钟后进入距地面250千米的圆形轨道。它绕地球飞行两圈，在太空遨游3小时后，按预定计划于9时25分安全返航，准确降落在离发射点12千米外的混凝土跑道上，完成了一次无人驾驶的试验飞行。

我国在这一方面取得的成绩也引人注目。据新华社消息，我国2023年12月14日在酒泉卫星发射中心，运用长征2号F运载火箭，成功发射一型可重复使用的试验航天器。试验航天器在轨运行一段时间后，返回国内预定着陆场，其间按计划开展可重复使用技术验证及空间科学实验，为和平利用太空提供技术支撑。这标志着我国在可重复使用天地往返运输技术领域取得了重大突破。

六、飞机的旁系——直升机

正像鲸鱼不是鱼，熊猫不是猫，犀牛不是牛一样，直升机也不是飞机。国际航空联合会（FAI）给飞机下的定义是“具有一具或多具发动机的动力装置产生前进的推力或拉力，由机身的固定机翼产生升力，在大气层内飞行的重于空气的航空器”。所以，飞艇、滑翔机和直升机都不是飞机，且不能称呼直升机为直升飞机。尽管如此，直升机也是一种交通工具，仍要在这里一并介绍。

根据《中国大百科全书》的定义，直升机通常是指一种以动力装置驱动的旋翼作为主要升力和推进力来源，能垂直起落及前后、左右飞行的旋翼航空器。其优点是可以垂直起飞降落，不用大面积机场，有许多其他飞行器难以办到或不可能办到的优势，比如可以悬停、倒退和左右飞行；其缺点是结构复杂，单位功率载重量较小，振动和噪声大，速度低、耗油量较高、航程较短，且价格高昂，所以用途不及飞机广泛。它主要用于观光旅游、火灾救援、海上急救、缉私缉毒、消防、商务运输、医疗救助、通信以及喷洒农药杀虫剂消灭害虫、探测资源等国民经济的各个部门。

· 与飞机的区别

直升机与飞机的区别是：

① 结构不完全相同。共同有的结构是机身、发动机、起落装置和操纵机构等；不同的是直升机有旋翼和尾翼（双旋翼没有尾翼），而飞机有固定机翼。

② 产生升力的装置不同。直升机是靠它上方的螺旋桨旋转产生升力，而飞机靠它的固定机翼产生升力。

③ 起落方式不同。直升机是垂直起落，而绝大部分飞机需要跑道滑跑起飞（仅垂直起落飞机例外）。

④ 飞行方式不同。直升机能够悬停、慢速侧飞、倒飞，而飞机则不能。直升机的转弯用单旋翼产生的反作用力矩控制，而飞机则用副翼控制。

· 前世今生

中国晋朝的先辈人，从蜻蜓的飞翔中受到启示，用一片两端削成左右对称、外高内低厚薄不匀剖面的竹片，中间钻个小孔，然后套到直径比小孔稍大的一根木棍上。双手搓动木棍，松手后竹片便会利用惯性和气压作动力旋转着飞上天空。这就是直升机发展的起源。

可惜，我们只是把竹蜻蜓当成玩具，并没有再往前跨一步。早在热气球发明之前，竹蜻蜓就作为玩具传到欧洲，西方人称它为“中国陀螺”，“英国航空之父”乔治·凯利（1773—1857）曾制造过几个竹蜻蜓，用钟表发条作为动力来驱动旋转，飞行高度曾达27米。

直升机的早期探索源于法国。1907年11月13日，法国发明家保罗·科尔尼研制的飞行器第一次实现了载人动力垂直升空并短暂离地，这是航空史上的一次重要突破。

1939年9月14日，俄裔美国人伊戈尔·西科斯基，亲自驾驶着他自己设计的直升机VS-300（图25-32），轻松地升到2～3米的空中，平稳地悬停了10秒钟之久，然后降落回地面，完成了世界上第一架实用直升机的试飞，在直升机航空史上书写了崭新的一页，开始了现代直升机的进程。他也因此被人们称为“直升机之父”。

图25-32　VS-300直升机

VS-300是一架单旋翼带尾桨式直升机，没有驾驶室，没有蒙皮，桁架式机身，发动机置于驾驶员后方；旋翼直径9.14米，有三片桨叶，尾部装有两片桨叶的尾桨；机长8.53米，高度3.05米，最大飞行速度约80千米/时。

· 结构和形式

直升机的一般结构包括机身、主旋翼、尾桨、尾梁、起落架、发动机和燃油系统、操纵系统等。

按结构形式可分为：

① 带尾桨式单旋翼直升机（图25-33）。它应用最广，占80%以上。

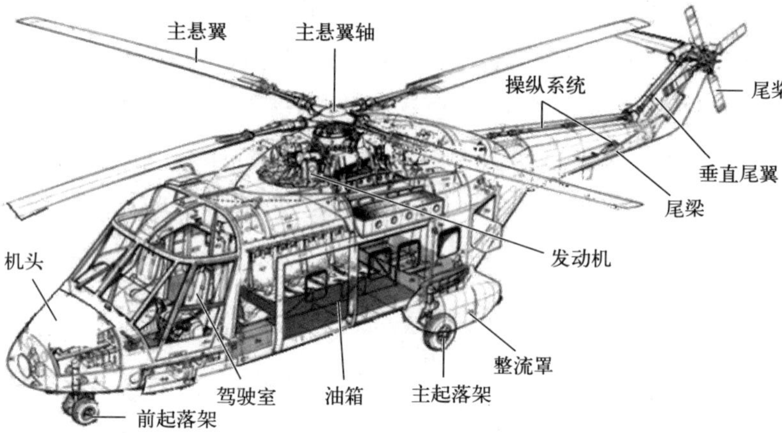

图25-33　带尾桨式单旋翼直升机

图25-34　纵列式旋翼直升机

图25-35　横列式旋翼直升机

图25-36　共轴式旋翼直升机

② 双旋翼直升机（图25-34、图25-35、图25-36）。包括纵列式双旋翼直升机（两副旋翼前后配置，主要用作运输和起重），横列式双旋翼直升机（两副旋翼左右配置）和共轴式双旋翼直升机（两副旋翼装在一根轴上，一上一下配置）。

③ 多旋翼式直升机（图25-37）。德国研究人员开发出一种居然有多达16个旋翼的直升机（图25-38）。

图25-37 多旋翼式直升机

图25-38 16个旋翼的直升机

按重量级别可分为：轻型直升机（总重2 ～ 8吨）；中型直升机（总重8 ～ 15吨）；重型直升机（总重20吨以上）；超重型直升机（总重40吨以上）。

按使用人群可分为：民用直升机和军用直升机。

·带机翼的直升机

我们常见的直升机差不多都没有固定翼，但是也有例外，比如需要增加外挂载荷时。这是许可的，因为其定义是“主要升力来源”是“动力装置驱动的旋翼”，并没有排斥由其他装置产生的升力作为补充。这时加装的固定翼（通常称为短翼）可以在前飞时产生升力，以提升飞行性能，同时其下方也可用于搭载武器或悬挂副油箱，有的设计也兼有增加横向稳定性的作用（图25-39）。如外国的黑鹰、支奴干BV-347和米-6直升机等。

图25-39　几种带机翼的直升机

七、现代航空业的新宠——无人机

无人驾驶飞机简称“无人机”，它是利用无线电遥控设备和自备的程序控制装置操纵的不载人飞机。与载人飞机相比，具有体积小、造价低、使用方便等优点，其发展历史已逾百年。

无人机主要可分为固定翼无人机和旋翼无人机（如四旋翼无人机）两大类。从工作原理上看，固定翼无人机与传统飞机类似，而多旋翼无人机则与直升机有相通之处。当然，还有结合两者特点的垂直起降固定翼（VTOL）等混合布局无人机。

·萌生于两位将军的建议

无人机的起源可以追溯到1914年。当时第一次世界大战刚刚开始，英国的两位将军卡德尔和皮切尔，向英国军事航空学会提出了一项聪明睿智、远见卓识的建议：研制一种不用人驾驶，而用无线电操纵的小型飞机，使它能够飞到某一目标区上空后，投下事先装在其上的炸弹。这一建议得到了该学会理事长戴·亨德森爵士的支持。尽管由于当时科技水平的限制，试验最后以失败告终，但无人机的研究却没有因此而中断。

·一步步走向成功

1917年，美国工程师彼得·库伯和艾尔姆·A.斯皮里发明了自动陀螺仪，将其装配于飞行器上可使飞行器自动保持飞行平衡，但不能自主飞行和回收，因此被称作“空中鱼雷”。此举为无人机的发展奠定了基础。

1927年，英国A.M.洛教授在“堡垒号”军舰上成功试飞了其研制出的“喉”式单翼无人机，引起了广泛关注，为后来无人机的发展提供了重要的技术实践。

1931年，英国成功研制了“费利皇后”无人靶机。

1934年，英国德·哈维兰公司研制出一款发射后能自主回收并重复利用的“蜂后”无人机，成为早期成功实现发射后自主回收并重复使用的无人机之一，是近代无人机发展史上占有重要地位（图25-40）。

图25-40 英国皇家空军人员正在调试无人机

·应用多元化

现在我们抛开它的军事用途，仅简单介绍它在民用领域的应用。

（1）运输

① 在国内，顺丰早已取得了无人机航空运营试点许可证，以实现航空物流网络下支对接；朗星无人机公司还专门为其研发了AT200，最大航程达到2183千米，10立方米的货舱最多可以承载1.5

吨重的货物，巡航时速达313千米。其后，京东也获得民航西北地区管理局授牌“陕西省无人机航空物流多式联运创新试点”。

图25-41　无人机给水灾区送救生圈

在突发自然灾害的情况下，如果有人员被困在救援人员无法到达的地方，无人机便可向被困人员运送生存必需食品、药品、用品和救生圈等（图25-41），以保证救援人员到达之前的安全。

② 美国波音飞机公司，自2018年开始测试无人驾驶客机，探索无人驾驶技术在航空领域的广泛应用；一位航空学专家称，“大部分飞行员的工作早已自动化”。此外，亚马逊Prime Air的副总裁宣布，到21世纪20年代结束的时候，他们将把无人机投递业务扩展到每年向客户交付50亿个包裹。

（2）测绘

图25-42　无人机用于地形测绘

结合航空摄影、遥感技术，无人机能够在高空中捕捉地表的详细图像，并生成高精度的地形图、地图（图25-42），为城市规划、土地管理、环境监测、农业管理、灾害评估等提供了强有力的支持。

这种方法的核心优势不仅在于它的高精度和高效率，而且能够在地形复杂或环境恶劣的区域进行，不仅安全而且快速。

（3）救护

在荷兰，代尔夫特大学已经设计并制造了一架真正的救护无人机。该无人机载重4公斤，飞行速度可以达到100千米/时。它的主要优势是速度快：在12平方千米范围内，救护无人机可以在几分钟内完成起飞并将除颤器送到需要的心脏病人手中（图25-43）。

美国某设计公司甚至设想，生产一种可供一人乘坐的四轴救护无人机，快速将急救专家送到出事地点（图25-44），固定好伤员之后把他送入无人机内，然后送回医院做后续处理。

图25-43 无人机给心脏病人送除颤器

图25-44 运送急救专家的无人机

（4）通信中继

2021年郑州洪灾发生后，翼龙2H应急救灾型无人机（图25-45）迅速完成了移动通信基站、合成孔径雷达、光电吊舱系统调试，以及加油等飞行准备工作，定向恢复了50平方千米的移动公网通信，并协调救援行动和指挥救援队伍。

图25-45 通信中继无人机

（5）农业生产

无人机在农业领域的应用也引起了广泛的关注，如播种、施肥、病虫害防治、植保喷洒和农田测绘、土壤检测和作物健康监测等。

（6）输电线路除冰

2024年初，山西晋城供电公司，利用无人机进行线路覆冰带电清除工作，通过无人机悬吊重物撞击导线，引发导线振动进行脱冰，有效地保障了输电线路安全稳定运行。

此外，无人机在建筑、消防和娱乐等方面也有广泛的用途。

2024年上海进博会上，中国御风未来（一家空中出行创新企业）展出了自主研发的首架2吨级载人电动垂直起降飞行器（eVTOL）M1。该机型翼展15米，机身长度10米、高3米。飞行器采用复合翼构型，使用纯电动力，设计航程250千米，巡航时速200千米，最大载重500公斤，最多可乘坐5人。它的展出预示着无人机的应用将向更宽领域进军。

第二十六章　飞机场和航线

微信扫码
• AI交通专家
• AI科普课堂

一、机场

飞机场（航空站）是飞机起飞、降落和停泊的场所，主要包括飞机跑道、停机坪和航站楼等几部分。飞机跑道供飞机起飞和降落（包括滑行），停机坪是飞机停泊和起飞前滑行的区域，航站楼提供机场工作人员工作和旅客登机条件。截至2024年底，我国机场总数达到263个，定期航线总数达到5334条。

机场中最重要的设施就是跑道。它的参数和相应的设施，决定什么样的飞机可以使用这个机场。一般来说，飞机的重量越大，它所需的跑道就越长、越宽。如世界上最大的运输机安-225，需要3500米的起飞跑道，因此它多次来访中国时，均选择降落在拥有长跑道的机场，如石家庄正定国际机场、天津滨海国际机场等。

通常，民航机场接待飞机的能力（机场等级），由一个数字（1、

2、3、4）和一个拉丁文字母（从A到F）组成的代号表示。数字表示跑道的长度范围（表26-1），字母则表示此机场跑道所能允许的飞机的主轮轮距范围（表26-2）。数字越大，字母越靠后，表示可以起降的飞机越大。

表26-1 飞行区代码的含义

飞行区代码	跑道长度/米	飞行区代码	跑道长度/米
1	$L<800$	3	$1200\leqslant L<1800$
2	$800\leqslant L<1200$	4	$L\geqslant 1800$

表26-2 飞行区代号的含义

飞行区代号	翼展/米	主起落架外轮间距/米	飞行区代号	翼展/米	主起落架外轮间距/米
A	$WS<15$	$T<4.5$	D	$36\leqslant WS<52$	$9\leqslant T<14$
B	$15\leqslant WS<24$	$4.5\leqslant T<6$	E	$52\leqslant WS<65$	$9\leqslant T<14$
C	$24\leqslant WS<36$	$6\leqslant T<9$	F	$65\leqslant WS<80$	$14\leqslant T<16$

世界上历史最悠久的机场，是位于美国亚利桑那州的比斯比-道格拉斯国际机场。1909 年，罗斯福总统宣布它为“美国的第一座国际机场”。

世界上最大的机场，根据划分方法的不同（建筑面积、客流量或单日定期出港航班量等），会得出不同的答案。现按面积大小（千米^2）和2023年客流量多少（万人次）排列，如表26-3、表26-4所示。

表 26-3　按面积大小排列的世界前 10 大机场

单位：平方千米

排名	机场名	国家	面积	排名	机场名	国家	面积
1	法赫德国王国际机场	沙特	780	6	北京大兴国际机场	中国	47
2	丹佛国际机场	美国	135.7	7	乔治布什洲际机场	美国	44.51
3	达拉斯/沃斯堡国际机场	美国	69.63	8	上海浦东国际机场	中国	39.88
4	奥兰多国际机场	美国	53.83	9	开罗国际机场	埃及	36.25
5	华盛顿杜勒斯国际机场	美国	48.56	10	素万那普机场	泰国	32.4

表 26-4　按 2023 年客流量排列的世界前 10 大机场

单位：万人次

排名	机场名	国家	旅客流量	排名	机场名	国家	旅客流量
1	亚特兰大机场	美国	10480	6	丹佛国际机场	美国	7840
2	迪拜国际机场	阿联酋	8680	7	伊斯坦布尔	土耳其	7690
3	东京羽田机场	日本	8200	8	洛杉矶国际机场	美国	7540
4	达拉斯-沃思堡	美国	8170	9	芝加哥奥黑尔	美国	7380
5	伦敦希思罗	英国	7920	10	巴黎夏尔·戴高乐	法国	6680

二、航线

汽车在陆地上需要按照规定的路线行驶，同样飞机在天空中飞行，也要按照特定的线路并符合空中交通管制的要求，在规定航线的宽度和高度上飞行，以维护空中交通秩序和保证飞行安全。通常在航空地图上，标志有起点、检查点、转弯点和终点。

1914年2月16日，世界上第一条空中航线正式开通，起点是美国重要的工商业、国际贸易中心洛杉矶，终点是美国太平洋沿岸的港口城市旧金山。

飞机航线的确定，除了安全因素外，还取决于经济效益和社会效益的大小。一般情况下航线安排以大城市为中心，在大城市之间建立干线航线，同时辅以支线航线，由大城市辐射至周围小城市。

航线按起讫点的归属不同分为国际航线和国内航线。其中国内航线又可分为干线航线和支线航线。干线航线是指连接各省会、直辖市或自治区首府或各省、自治区所属城市之间的航线，如北京—上海航线、上海—南京航线、青岛—深圳航线等。支路航线则是指一个省或自治区之内的各城市之间的航线。

世界上最长的商业航线之一是新加坡航空公司运营的新加坡—纽约（纽瓦克）航线，航程超过15000千米，飞行时间约18个小时；中国国内最长航线是新疆喀什直飞广州的航线，全程飞行时间基本在6.5个小时左右。

国际定期航班运营的前5条长途直飞航线如表26-5所示。

表26-5　国际定期航班运营的前5条长途直飞航线

运营商	区间	距离/千米	飞行时间	机种
新加坡航空公司	新加坡-纽约	15344	18小时30分钟	空客A350-900
卡塔尔航空公司	奥克兰-多哈	14535	17小时50分钟	波音777-200LR
澳洲航空公司	珀斯-伦敦	14499	17小时25分钟	波音787-9
阿联酋航空	杜巴伊-奥克兰	14200	17小时10分钟	空客A380
新加坡航空公司	新加坡-洛杉矶	14114	17小时50分钟	空客A350-900

第二十七章 未来的空中交通

微信扫码
· AI交通专家
· AI科普课堂

在过去的几十年里，空中交通已逐渐成为现代社会中重要的一部分。在科技和经济高度发达、世界人口激增的今天，城市拥堵和交通问题日益严重，交流也显得愈来愈重要。为了应对这些挑战，未来的空中交通系统（无论是交通工具还是动力来源）有望深刻地改变我们的生活方式。

一、绿色能源飞机

石化燃料一直是航空公司的主要消耗能源，减少燃油消耗则是助力"双碳"的一个重要途径。2021年末，我国发布了《"十四五"民航绿色发展专项规划》，提出力争到2025年可持续航空燃料累计消费量达到5万吨的目标。所以，民航业绿色转型要坚持可持续航空燃料商业应用取得突破。其中利用太阳能、氢燃料电池和混合动力是三个主要方向。

· 太阳能飞机

太阳光是太阳内部氢原子发生氢核聚变释放出的巨大核能，取之不尽用之不竭，既安全可再生又绿色环保。太阳能飞机要靠机翼和机身上的电池板，将太阳能转化成电能作为飞机的驱动力。这种飞机一般都比较轻，且机翼面积都比较大。

1615年，法国工程师所罗门·德·考克斯，发明了第一台利用太阳能加热空气使其膨胀做功而抽水的机器。后来，世界上又陆续研制成功多台太阳能动力装置。

1974年，美国飞行员拉里·莫罗驾驶着自己制造的一架重57千克的太阳能飞机“太阳高升号”，在加利福尼亚的费拉博布机场腾空而起，这架飞机的两个机翼上总共装有500个太阳能光电池板。在历时一分钟的飞行中，它在12米的高空持续飞行了800米的距离，成为世界上第一架成功载人飞行的太阳能飞机。

1981年，美国的史蒂夫·普塔塞克驾驶着“太阳挑战者号”，成功飞越了英吉利海峡。而瑞士的“阳光动力2号”则“百尺竿头，更进一步”，由两人轮流驾驶，从2015年3月9日至2016年7月26日（途中有休息、修理设备和等待天气的情况）完成了超4万千米的环球航程。这些事例说明，人类利用太阳能这种清洁能源的可能性，又向前迈进了一大步。

（1）“太阳神号”

世界上最著名的太阳能飞机，莫过于“太阳神号”（图27-1），它由美国国家航天局和美国航空环境公司联合研制，耗资1500万美元，机身长3.6米，用碳纤维合成物制造，机翼很宽，翼展71米，安装了14个螺旋桨，整架飞机的重量为590公斤。

图27-1 “太阳神号”太阳能飞机

“太阳神号”机翼上覆盖了约62000片太阳能电池，在中等阳光强度时，“太阳神号”装备的太阳能电池，可以为飞机提供10千瓦的电能，使飞机能够以33米/秒的速度爬高。中午时分，电池提供的电能达到40千瓦，飞机的动力性能达到最佳状态，能以30～50千米/

时的巡航速度飞行。它携带备用的液氢燃料电池，用于为夜间飞行提供能量，在携带的液氢耗尽之前，它可以在同温层连续飞行两周。

该机曾在1999年前进行了6次电池动力试飞，在2001年创下了无燃料飞行器飞行海拔高度29524米的纪录！

(2)“翱翔者号”

中国第一架太阳能飞机是“翱翔者号”（图27-2），由北京航空航天大学李晓阳博士和赵庸教授在1992年设计制造，具有原创自主知识产权。其机体和机翼采用碳纤维、芳纶纤维和轻木等材料用手工制造。上翼面和水平尾翼装有单晶硅太阳能电池薄片，用一组特制的镍氢电池组储存太阳能电池获得的电能，为低速螺旋桨推进器提供电力。

图27-2 中国“翱翔者号”太阳能飞机

· 氢燃料电池飞机

氢燃料电池的工作原理，是使氢气和氧气进行电化学反应，将其化学能转化成电能。

2008年2月至3月，波音公司在西班牙奥卡尼亚镇，3次成功试飞一架以氢燃料电池为动力源的小型飞机。它由一架双座螺旋桨动力滑翔机改装而成，飞机内安装了质子交换膜燃料电池和锂离子电池。其翼展16.3米，机身长6.5米，重约800千克，可容纳2人。飞机在1000米高空飞行了约20分钟，速度约100千米/时。

2022年3月23日，国家发展改革委发布的《氢能产业发展中长期规划（2021—2035年）》中首次提到，要积极探索燃料电池在航空器领域的应用，推动大型氢能航空器研发。“十四五”期间，国家电网等客户将加大氢燃料电池无人机的示范规模，未来五年国内氢燃料电池无人机保有量有望超3万架。

·混合动力飞机

航空业当今面临的主要挑战是环保和减少对化石燃料的依赖，所以电动和混合动力电动推进技术，已取得突破性进展。

2023年12月5日，空客公司宣布，与达赫集团、赛峰集团联合开发的分布式混合电推进飞机EcoPulse的验证机已成功进行了首次飞行测试。

2024年9月，瑞典混合动力电动飞机制造商Heart Aerospace，推出了其首款全尺寸示范飞机HeartX1并开始在工厂生产。这架飞机的翼展达到了32米，可搭载30名乘客，其电动零排放航程预计可达200千米，混合动力扩展航程则为400千米，标志着Heart Aerospace在混合动力飞机技术商业化方面的突破。

而在纯电动飞机领域，搭载西门子电机的Extra 330LE特技飞行飞机，在2017年也打破了电动飞机飞行的世界纪录。

此外，某个由波音投资的公司也宣布，正在研发一款油电混合动力、搭配人工智能的小型飞机。该飞机有2台电动引擎、最多可载12名乘客。美国宇航局的空中交通技术项目（AATT）也宣布正在研发一种混合动力飞机。

二、空天飞机

空天飞机（航空航天飞机），是一种正在研制中的新型飞机，它集飞行器、太空运载工具及航天器于一身，是可以重复使用的运输系统。它同时安装了飞机发动机和火箭发动机，起飞时不使用火箭助推器，可以像飞行器一样从飞机场跑道上起飞、降落，以超声速在大气层飞行，还可以直接进入太空成为航天器。空天飞机是21世纪世界各国争夺制空权和制天权的关键武器之一。目前，美国、俄罗斯、中国、日本及德国都在研究空天飞机。

1964年，美国宇航局提出建造一种可重复使用的航天运载工具，1977年进行了首次载人进场着陆测试。1981年4月12日，哥伦比亚号航天飞机执行首次轨道飞行任务，标志着人类进入可重复使用航天器的新时代。2010年4月22日晚，美国研制的可重复使用的无人空天飞机X-37B（图27-3），由阿特拉斯5号火箭发射升空，成功进入地球轨道，在太空逗留了224天。到2017年为止，已经先后发射了5次，其中最后一次在太空逗留780天。结束太空之旅后，X-37B以自动驾驶模式返回地球，在加州范登堡空军基地或者爱德华兹空军基地着陆。X-37B空天飞机长约8.9米，翼展约4.6米（约为美国现役航天飞机的四分之一），起飞重量近5吨，其最高速度能达到声速的25倍以上。

图27-3　X-37B空天飞机

中国的航天飞机起步于20世纪80年代，成绩令世界瞩目。据2023年5月8日中国官方发布的消息：可重复使用试验航天器在轨飞行276天后，成功返回预定着陆场，这标志着中国在可重复使用天地往返运输技术领域取得了重大进展。

航天飞机的机身覆盖着数以万计的特殊防热瓦，它们能承受再入大气层时产生的高温，保护机体结构。而对空天飞机，要求就更严格了，因为在进出大气层时，头部和机翼前缘的温度可达2800℃左右，必须要用一种新型复合材料，甚至还要加上局部冷却。

三、往返于星球之间的飞机

人类经过千百年的努力，飞天梦想早已成为现实。现在，人类不仅能上天，还能登月。截至2025年4月，我国已通过“神舟”系列飞船成功完成多次载人飞行任务，累计将26位中国航天员送入太空（飞行总人次达41人次），“天宫”空间站（图27-4）也已全面运营，实现了“嫦娥”奔月、“祝融”探火，能尽情探索宇宙奥妙，将远古神话梦想变成了现实。

图27-4　中国“天宫”空间站

2024年1月24日是中国空间站天和核心舱发射入轨后第1000天。在太空的1000个日夜里，天和核心舱共迎来了6个航天员乘组、6艘货运飞船，与问天实验舱和梦天实验舱完成交会对接，形成中国空间站“T”字基本构型。

现在，航天大国都在设计和研制一种能在火星大气中飞行的航天器，被称为“火星飞机”，坐上这种飞机，能到达火星，以后还能到达更远的太阳系星球。

2010年，SpaceX成功发射“龙飞船”并实现轨道飞行后的安全回收，标志着商业航天的重大突破。其后续在火箭可重复使用技术上的进展，显著降低了太空发射的成本，推动了航天商业化的发展。

未来空中交通前景广阔，相信人类在守护好这片蔚蓝星球的同时，也必将以更轻盈的姿态奔赴星辰!

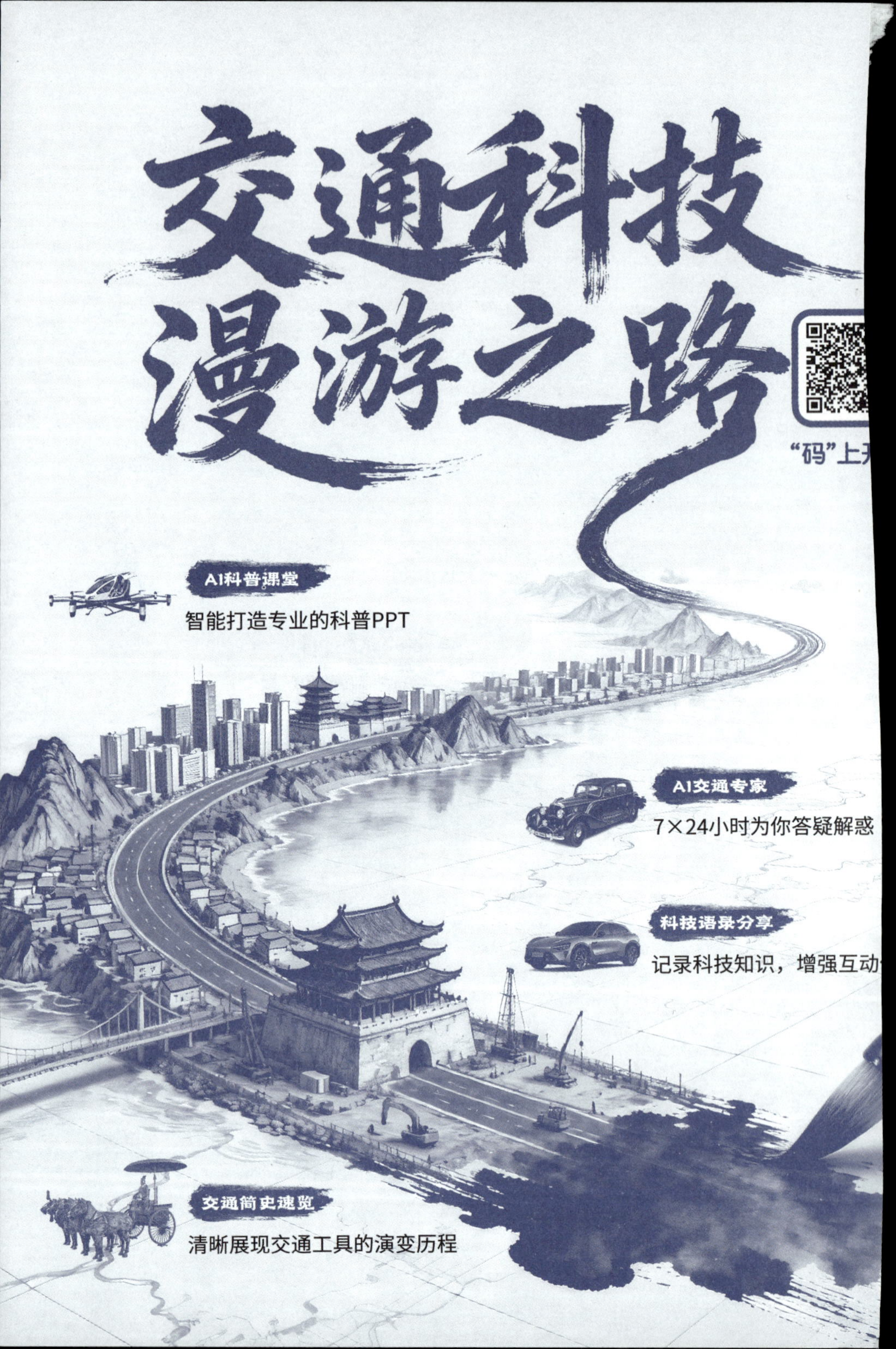
交通科技
漫游之路
“码”上
AI科普课堂
智能打造专业的科普PPT
AI交通专家
7×24小时为你答疑解惑
科技语录分享
记录科技知识，增强互动
交通简史速览
清晰展现交通工具的演变历程